ちくま新書

建築から見た日本古代史

武澤秀一
Takezawa Shuichi

1247

はじめに

古代は現代人と接点がないのだろうか？

確かに古代は遥か遠い昔のこと。しかし古代は現代に通じていると著者は実感しています。現代日本人が、その存在を当然として受け入れている天皇。また自分も最後は墓に入ると思っている、その墓が属すのはお寺。天皇もお寺も、まさに古代のある時期に生まれた、ひと続きの出来事といっていい。

現在、反グローバル化の渦が世界的に巻き起こっています。その中にあって浮足立つことなく、日本という国のはじまりをじっくりと見つめなおし、我々自身のありかを知る必要がありそうだ。我々はどのようにしてはじまったのか、その拠って立つところは何なのか？〝変わっている〟〝不思議な〟〝クールジャパン〟に安んじているだけではすみそうにありません。

日本古代史という壮大な過去は、文献史学と考古学の膨大な蓄積で成り立っています。しかし残念ながらそこへの関心は、一部のマニアックな範囲以上には、なかなかひろがっていないように見えます。本書はこれら二分野に依拠しつつも、あたらしい視点に立ち、あらためて現代に、現代とつながる古代史を立ち上げようとするものです。

著者は建築家として前半生をおくり、現在は建築家の眼で、日本の古代を透視せんとしています。近年、しきりに胸に去来するのは、

建築を舞台とする人間の夢と野望、約束と裏切り、

建築を生み出す人間の、こころの底に蠢く本音……

ハード・ソフト両面にわたる建築的経験の、あらん限りを使いこなして、建築的想像力の一切を日本古代史に注入したい。古代史を建築的に三次元化し、さらに時間をふくめて、これまでないほどに活写してみたい。して、その目的は？

――日本という国が出来上がるプロセスを現代に蘇らせるために。

「日本」誕生の具体的な過程のなかに、現代でも脈動している〝遺伝子〟と〝環境因子〟を探し出すのです。国のなりたちを規定した建築から、そして建築にかかわる営みのなかから現代につながる「日本」の遺伝子と環境因子を見いだし、これを露わにする――。すなわち本書は、建築的想像力を駆使して日本古代史を現代に、あらたに構築する試みなのです。

それにしても、なぜ建築なのか？

いったい、建築が古代史再構築の有効な足掛かりになるというのか？

然り――

歴史の舞台背景としてだけではなく、古代史の核心を牽引したのが、ほかでもない、権力者たちが駆使した建築という政治的言語だったのです。

建築から見た日本古代史【目次】

Ⅲ　誕　生

概要

本書で見てゆくのは、仏教公伝のあった六世紀半ばから、天皇制国家「日本」がスタートした七世紀末まで。時代区分でいうと、古墳時代後期から飛鳥時代末までだ。

——仏教公伝後、蘇我馬子により我が国初の本格的仏教伽藍、飛鳥寺が建立された。馬子の構想下、外交交易の玄関口である難波との中継点・斑鳩に、甥の厩戸王子により法隆寺が創建。公伝を機に飛鳥の都に、大陸文明が怒濤のごとく押し寄せた。新文明の衝撃は大きく、その後、長期にわたり政治・宗教・社会・文化に影響を及ぼす。これが最初の文明開化だった。

当初様子見だった大王《おおきみ》も仏教に積極的に関与し出す。それが初の勅願寺であり、我が国固有の伽藍配置をもつ巨大な百済《くだら》大寺だった。新文明の不断の流入がついに自国アイデンティティの覚醒を呼んだ。しかし蘇我氏とは緊張がつづいた。七世紀半ばに大王側がテロを仕掛けて蘇我本家が滅亡（乙巳《いっし》の変）。一気に〈非蘇我〉系の大王譜が浮上した。

大唐帝国の圧力と朝鮮半島の激動に晒されながら白村江《はくすきのえ》の敗戦、そして王位争奪戦となった壬申《じんしん》の乱をへて、豪族連合から中央集権へ、大王から天皇へと国家体制が進化する。一連の政治的動きのなかで天孫降臨神話が創作され、天皇の望む皇位継承を神話が裏付けた。生前退位が実行されて、万世一系の天皇制国家「日本」がスタートを切った。

以上、新文明の衝撃から天皇制国家「日本」にいたるまで、三つの段階を認めることができる。建築に焦点を当てて整理すると、

Ⅰ　**開化**：欽明《きんめい》の磯城嶋金刺宮《しきしまのかなさし》における仏教公伝から、蘇我馬子の飛鳥寺建立および国土のグランド・デザイン、聖徳太子による法隆寺、四天王寺創建まで

Ⅱ　**胎動**：舒明《じょめい》による百済大寺建立から、中大兄らによる大化改新および孝徳の難波宮建設、そして白村江の敗戦をへて天智による法隆寺新創建の開始まで

Ⅲ　**誕生**：壬申の乱をへて飛鳥浄御原宮《きよみはら》での天武天皇即位から、持統即位および同年の伊勢神宮初の式年遷宮と神明造りの誕生、そして藤原京の建設まで

一世紀半にわたるこの過程を、本書は歴史文献のみならず、歴史の舞台となり、かつ歴史を牽引したといえる建築を指標とし、古墳も含めて具体的に見てゆく。歴史的建造物、そしてこれに関わった人びとのあやなすドラマを紡ぎ出し、そこから天皇制国家の誕生をリアルに浮かび上がらせたい。これまで明確でなかった「万世一系」の天皇制国家誕生の具体相、その実態が、今より立体的にくっきりと見えてくることを目指す。

系図

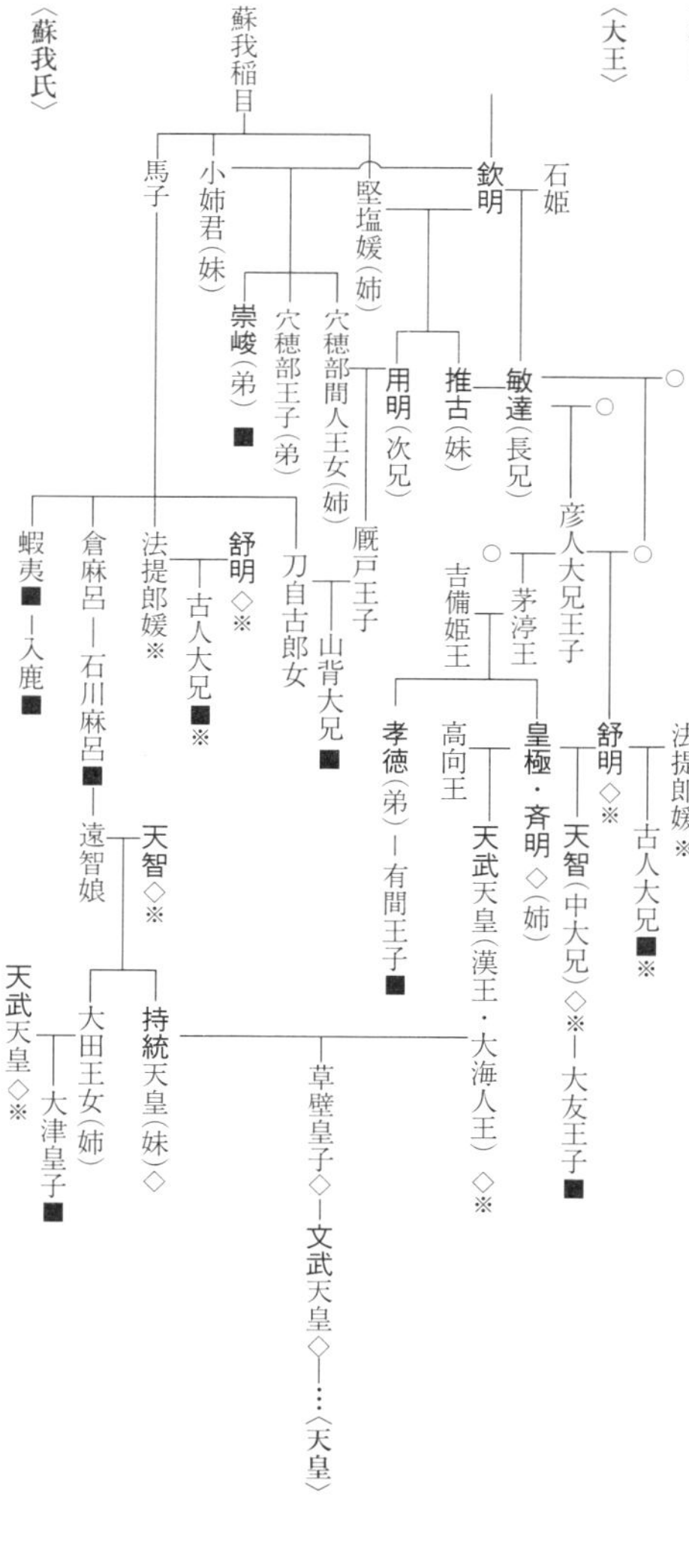

○＝本文で名の出ない人物
■＝自死、刑死、殺害など
◇＝墳墓が八角墳
※＝重複表示

I 開化

飛鳥大仏／飛鳥寺(撮影：飛鳥園)

Ⅰ 年表

552年	大王欽明の磯城嶋金刺宮に百済王から仏教公伝（『元興寺縁起』では538年）。王権内で崇仏派・蘇我氏と廃仏派・物部氏が激しく対立。以後、王権内で闘争つづく
570年	蘇我稲目没（五条野丸山古墳〈前方後円墳〉、奈良県橿原市。のちに都塚古墳〈階段状方墳〉に改葬か、奈良県明日香村）
571年	欽明没（梅山古墳〈前方後円墳〉、明日香村）
572年	欽明長男、即位（敏達、非蘇我系）
585年	敏達、廃仏を宣言、蘇我氏にのみ仏教信仰を許す。この年、敏達没 敏達の異母弟、即位（用明、蘇我系）。この年、『日本書紀』に「伊勢神宮」が初出するも祭神名は「日神」、アマテラスの名を得ていない
587年	用明、磐余の池辺双槻宮で迎えた臨終の時、仏教帰依を願うも没（春日向山古墳〈方墳〉、大阪府太子町）。〈蘇我―物部〉戦争が勃発し、蘇我馬子勝利。物部守屋没 用明の弟、即位（崇峻、蘇我系）
588年	百済から僧・慧聡ら遣わされる。馬子により飛鳥寺着工（既存家屋解体）
589年	隋が中国統一
592年	飛鳥寺の中金堂工事はじまる。馬子との確執のすえ、崇峻殺害さる 用明の妹（敏達大后、蘇我系）、即位（推古三十九歳、史上初の女帝）

593年	飛鳥寺五重塔の心礎内に舎利が安置され、心柱立つ
595年	高句麗から僧・慧慈、遣わされる。東西二金堂の追加工事はじまる
596年	飛鳥寺ほぼ完成。慧慈および慧聡、飛鳥寺に住み込む
600年	第一回遣隋使、遣わされる（『日本書紀』に記述なし。『隋書』による）
601年	用明の息子・厩戸王子、**斑鳩宮**の建設開始
603年	推古、豊浦宮から**小墾田宮**に遷る（第一回遣隋使帰国報告の影響か）
605年	馬子、**飛鳥大仏**の造立発願
	飛鳥大仏鍍金のため高句麗王から黄金三百両が贈られる
	厩戸、斑鳩宮に移り住む
607年	厩戸創建の**法隆寺**（**斑鳩寺**）金堂完成（〝根本本尊〟薬師像光背銘文による）。厩戸による
	四天王寺金堂工事はこの後か
	第二回遣隋使、派遣される（小野妹子、翌年帰国）
609年	飛鳥大仏、完成（『元興寺縁起』による）
618年	唐勃興（翌年に隋滅亡）
622年	厩戸没（現法隆寺金堂本尊の釈迦三尊像銘文による）
623年	釈迦三尊像完成（厩戸等身）、創建法隆寺金堂に納められる（同前）
626年	馬子没（**石舞台古墳**〈方墳〉、明日香村）
628年	推古没、享年七十五（**山田高塚古墳**〈方墳〉、太子町）

六世紀半ば、朝鮮半島は百済《くだら》からもたらされた金色《こんじき》の仏像。

茅葺《かやぶ》きの薄暗い王宮で、初めて目にした大王《おおきみ》は――このころ天皇という語はまだない――、

「仏の相貌《かほ》端厳《きらぎら》し。全《もは》ら未だ曽《かつ》て有《あら》ず」

と驚嘆した。仏教はまず、形あるもの、絢爛豪華なものとして伝わったのである。

以後、紆余曲折をへながらも、仏像や伽藍という可視化された権威をとおして国のかたちが整えられていった。その幕開けとなったのは、最有力豪族に昇りつめた蘇我氏による飛鳥寺《あすかでら》建立だった。

――五重塔を囲んで三金堂《こんどう》をもつ、甍《いらか》の波に覆われた壮麗無比の大伽藍。

この、我が国初の本格的寺院は仏教のみならず、儒教や道教、漢字教育から暦法や天文地理にいたるまで多彩な大陸文化を導入する窓口となった。我が国古代の〝文明開化〟を推進する一大センターとして機能するのである。同時にそれは蘇我氏を、大王をも凌駕する存在に押し上げるのであった。

蘇我氏が導入した新文明は、しかし、そこにとどまらなかった。蘇我氏をこえてさらに、この国のあり方をも造り替えてゆく。

第1章 仏教公伝はどのような場でおこなわれたのか

1 欽明王宮のあった場所

†三輪山のふもと、初瀬川のほとり

『日本書紀』によれば「欽明《きんめい》天皇」十三年（五五二年）に〝仏教公伝〟がなされました。百済の王から大王欽明のもとに仏教が伝えられたという。欽明の営む磯城嶋金刺宮《しきしまのかなさしのみや》に、金メッキされた銅製の釈迦仏一体、およびこれを荘厳《しょうごん》する幡《はた》・蓋《きぬがさ》そして経典数点が百済からもたらされたのです。聖明《せいめい》王からの国書が添えられて。

――『日本書紀』が仏教公伝の年とする五五二年には異説があり、『元興寺《がんごうじ》縁起』（元興寺の前身が飛鳥寺）や『上宮《じょうぐう》聖徳法王帝説』は五三八年と伝える。こちらのほうが有力視されてい

ましたが近年、新説も提唱されており一概にいえない。編年に混乱が見られますが、いずれによるにせよ六世紀半ばころ、欽明王宮の磯城嶋金刺宮において仏教公伝があったのは確かといえます。なお〝公伝〟とは、あくまでも政府間交渉をとおしてのもの。信仰そのものは渡来人などをとおして以前から列島に伝来していた。

さて欽明という名も、〝仏教公伝〟と呼ばれる出来事も、聞き覚えはあるものの従来、その具体性は意外と希薄だったように思われます。本書では、仏教公伝を日本という国家誕生にいたる大きな起点と位置づけ、その具体的イメージを探りたいと思います。

✝仏教公伝の宮は、どこにあったのか?

それでは、仏教公伝がなされた磯城嶋金刺宮について――。この宮は現在、地上に姿を見せていません。そもそもこの宮は、どこにあったのか?

『日本書紀』欽明元年(五四〇年)の条に、つぎのように見えます(訓み下し文は原則として岩波文庫版による)。

都を倭国《やまとのくに》の磯城郡《しきのこほり》の磯城嶋に遷《うつ》す。仍《よ》りて号《なづ》けて磯城嶋金刺宮とす奈良盆地東南の隅に、人びとから神奈備《かんなび》と崇められる三輪山があります。神奈備とは、円錐状の整った姿を見せる御神体としての山。古代において磯城は、東から盆地に入って来た初瀬川が、三輪山を中心として南麓から西麓にぐるりと回り込んで流れる一帯（奈良県桜井市）。「磯城郡の磯城嶋」とは、磯城郡磯城嶋村といった意味合い。「嶋」は、水に囲まれた地形、または、そのような島をもつ庭園。村全体がそのように見えたのか、あるいは立派な「嶋」のある村だったのか。

当地出身で日本浪曼派を代表する保田與重郎《やすだよじゅうろう》は、この宮が初瀬川と南から流れて来て西に向きを変える粟原《おおばら》川に挟まれた地にあったと書いている（『わが萬葉集』）。その筆になる碑が市内磯城嶋公園に立つ（「欽明天皇磯城嶋金刺宮址」）。

――昭和十七年に町村合併があるまで、ここは磯城郡城島《しきしま》村だったという。村名はすでに喪われたものの、現在でも「磯城嶋《しきしま》」公園、「城島《しきしま》」小学校があり、初瀬川には「式島《しきしま》」橋が架かっている。使う漢字はさまざまだが、シキシマの豊富な地名伝承がある。

碑のために揮毫までした保田は、地元に伝わる地名伝承によったのでしょう。確かにここは、欽明の磯城嶋金刺宮の有力な候補地です。

三輪山の南西にあって二つの流れの間に挟まれたこの地には城島《しきしま》遺跡がひろがっており、弥生時代からひとの営みが盛んでした。しかしながら、欽明王権（五三九～五七一年）に関わる顕著な建築遺構は見いだされていないのです。これを以て欽明王宮の大半はすでに消失しているとの見方もあります。

しかし初瀬川と粟原川に挟まれ、かつ流れの向きを変えるこの豊かな土地は往時、しばしば氾濫を受けたのではないか。王宮の立地場所として、あるいは避けられた可能性があるように思われます。〈シキシマ〉はこの場所だけとは限らないでしょう。

初瀬川を東にすこし上って谷間に入り、近鉄「大和朝倉」駅を過ぎて五〇〇メートルほどの地域から、掘立《ほつた》て柱の穴が建物形状をなして並ぶ大型遺構が発掘されています（脇本《わきもと》遺跡、橿原《かしはら》考古学研究所、桜井市教育委員会）。さきに述べたように磯城は三輪山南麓を含む広域的な地名であり、ここも磯城に含まれます。

発掘調査の結果、三世紀から七世紀まで集落が継続して栄え、断続的に王宮が営まれていたとみられるのです。五世紀後半には大王雄略《ゆうりやく》の泊瀬《はつせ》朝倉宮があったほか、六世紀後半の欽明王権に関連するとみられる大型建物跡が出土しています。一般にはそれほどよく知られていないかもしれませんが、ここも注目すべき地域なのです。

†地名伝承と遺構の在り処

脇本遺跡の、六世紀後半とみられている二つの大型建物跡に注目してみたい。文献史学で仏教公伝は六世紀半ばとされますが、リンクさせる余地がないとはいえないでしょう。

注目するのは東西に位置する二棟の大型掘立て柱建物跡。両者とも棟は南北方向ですが、東の建物は西に一四度、西の建物も二〇度振れています。両者は一〇〇メートル以上離れており、また同一軸線上に並んでいるわけでもありません。

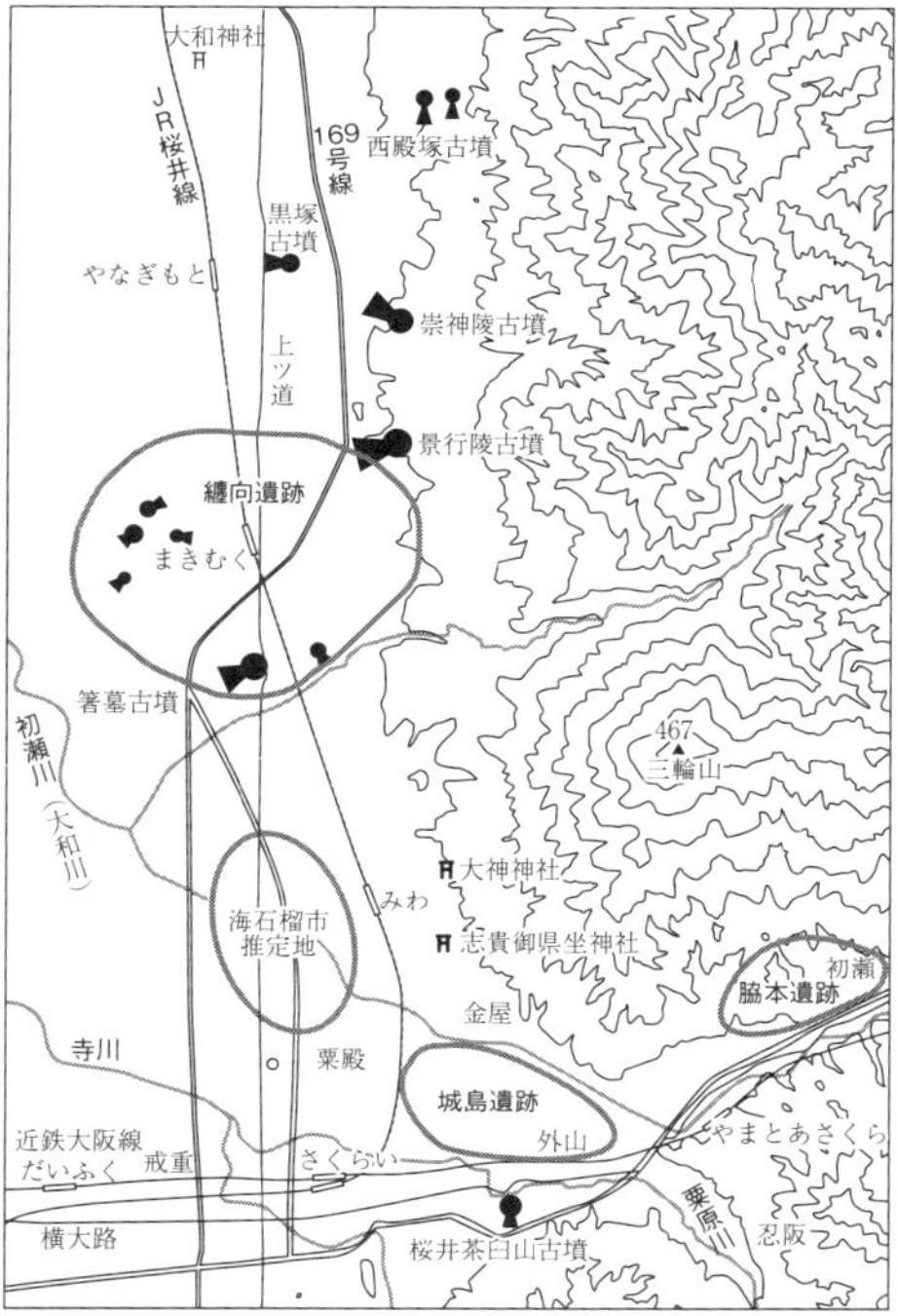

磯城地域／遺跡分布図（辰巳和弘『聖樹と古代大和の王宮』より作成）

——南面していないことを以て王宮の可能性を否定する見かたもあるが、必ずしもそうとはいえない。仏教公伝前、我が国では日が昇る東の方向が重んじられていた。それは邪馬台国の所在地かと注目を集める磯城の纏向《まきむく》遺跡の主要建物群（三世紀）についてもいえる。

脇本遺跡にもどりますと、東の建物の柱の径は三八センチ。建物の規模は東西二間。二間とは現代の一般的用語法と違って柱間《はしらま》が二つという意味です（柱間とは柱と柱の間の空間）。つまり柱が三本で、東西幅は七・三メートルと報告されています。この建物は六世紀末〜七世紀初めに柱を太くして建て替えられていました。

じつは、この建築遺構は国道一六五号線によって分断されており、判明しているのは一部にとどまります。発掘されたのは南北方向に三間までで、長さにすると七・三メートルほどですが、さらに国道下にまで及んでいるとみられるのです。

発掘調査報告書は、この建築遺構を磯城嶋金刺宮とみることは難しいという。王宮というよりは欽明王権に関連する遺構と位置づけ、行宮《あんぐう》・泊瀬柴籬宮《しばかき》を示唆しています（橿考研「脇本遺跡第一五次調査報告」二〇一〇年）。

行宮とは大王が行幸の際、訪れた先で利用する宮で、いわば仮宮《かりみや》。『日本書紀』には五七〇年に欽明が泊瀬柴籬宮に行幸したとあります。

すでに触れたように、この建物は柱を太くして建て替えられたことがわかっています。仮殿に、はたしてそのようなことがおこなわれるだろうか？　あり得ないとはいえないものの、疑問も残ります。

ところが二〇一二年の第十八次調査現地説明会資料では、行宮とともに、取り下げていた金刺宮の名も挙げられている。可能性の幅をひろげたのかもしれません。しかし同じ脇本遺跡に本宮と行宮の共存は考えにくく、さらに絞り込みがもとめられるところでしょう。碩学上田正昭氏は「欽明天皇の金刺宮とみなしてよい」という（『私の日本古代史』（下））。

さて、西にある、もう一つの大型掘立て柱建物跡は〈東西二間×南北八間〉で、〈東西八・七メートル×南北一七・五メートル〉（「磯城・磐余《いわれ》諸宮調査会」第六次調査）。東の建物の南北寸法が不明ですので比較できませんが、東西寸法から、西の建物のほうが大規模のように見えます。しかし、これだけで判断するのは難しい。

なお地名伝承に重きを置いて城島《しきしま》遺跡を所在地とみなし、欽明王宮の大半はすでに失われているとの見方もあります。だが平安後期の文献によると、「城島」の名を冠した荘園が、なんと脇本遺跡のほぼ中央にあったという。その「城島」が「磯城嶋」にさかのぼる可能性もあるのではないか。脇本であっても、初瀬川の流路が磯城嶋と呼び得る地形をつくり出していたかもしれない。

†場所は確定できなくても

脇本遺跡では多くの建築遺構がなお住宅や小学校の下に眠っているとみられ、いつ陽の目を見るかわかりません。磯城地域内の他の遺跡を含め、もし今後あらたに欽明当時の大型建物跡が出現すれば、別の可能性も浮かび上がります。現状がこのようですから確定的なことをいうのは控えるべきでしょう。しかしこれまでの発掘調査から、欽明王宮の具体的なありようをある程度、絞り込むことができるように思われます。

東西一キロほどの距離を隔てた「脇本遺跡」にせよ、「城島遺跡」にせよ、磯城嶋金刺宮は三輪山のふもと、初瀬川のほとりにあった。

建物はみな掘立て柱であった。注目した大型建物の柱は他より太く、四〇センチ程度。柱間も他の建物より広かった。

そして屋根は茅葺《かやぶ》きでした。宮殿なら優美な檜皮葺《ひわだぶ》きと思われるかもしれませんが、この時点では考えにくい。また瓦葺きは、公伝後に造営された飛鳥寺が最初でした。

2　三輪山の信仰

†蛇の神と歴代遷宮

　ここで話は、さらにさかのぼる。三世紀後半にはじまった大和王権は、初期において三輪山山麓の磯城地域に展開しましたが、その遥か前から、三輪山は信仰の山として崇められていたとみられます。磯城は、三輪山の神の領域だったのです。

　奈良盆地を取り囲んで青垣をなすごとく、なだらかな山並みがつづいています。そのなかで、ひときわ目をひくのが三輪山――

　標高四六七メートルと低山ですが、さきに触れたように、末広がりの円錐形を示すその整った山容は、神が依り憑《つ》く山、神奈備として古くから信仰の対象となってきました。その三輪山の主は、昔も今も蛇の神。それは、低い円錐形の山容が大蛇のとぐろを巻く姿を連想させたからだともいわれます。

　蛇は古い皮を脱ぎ棄てて、新しい皮をまとう。そのようにして蘇生を図り、しなやかに生きつづける。

『古事記』『日本書紀』には三輪山の蛇にまつわる話が頻出し、蛇神は大物主《おおものぬし》と呼ばれます。「物」とは単なる物体ではなく神秘な霊力を帯びている存在を意味し、いかにも蛇神にふさわしい。しかし、大いなる霊力の持ち主であることを意味する「大物主」という名はあまりに説明的であり、命名は両書編纂時におけるものでしょう。出雲の神オオナムチが大国主《おおくにぬし》と命名されたように——（大物主は大国主の別名とも）。

今ではなかなか想像しにくいと思われますが往時、蛇信仰は列島各地にひろがりを見せていました。神社に付きもののしめ縄は、雄と雌の蛇がつるんで交尾をしている姿ですし、正月に飾る鏡餅は蛇がとぐろを巻いた姿に由来するといわれます。これらはかつて列島に根を張っていた蛇信仰の名残。そして三輪山はその聖地として、強烈な磁場を張っていたのです。

この一帯はまた、初期の前方後円墳が大小、多数分布することでも知られています。そのなかには、三輪山の蛇と交わったヒメが葬られたと『日本書紀』が伝える箸墓《はしはか》古墳が含まれます。それは三世紀半ばに造営された最古の巨大前方後円墳。全長二七七メートルと、最初期とは思えないほどの巨大さで、邪馬台国の女王卑弥呼《ひみこ》の墓とみられています。

この時代には大王の代替りごとに、敷地ごと宮を遷す〝歴代遷宮〟と呼ばれる慣行がつづいていました。古墳のみならず歴代の王宮をも、初期大和王権は三輪山山麓の磯城につぎつぎと建てていたのです。あたかも蛇が脱皮を繰りかえすたびに、生命力を蘇らせるように。

——実質的に初代であったとみなされる大王崇神《すじん》の磯城瑞籬《みずがき》宮は、大神《おおみわ》神社南にある志貴御《しきのみ》県坐《あがたにます》神社が伝承地（三世紀後半～四世紀初めか）。第二代・垂仁《すいにん》の師木玉垣宮（＝纏向珠城《たまき》宮。

四世紀前半）も磯城にありました。つづいて第三代・景行《けいこう》の纏向日《ひ》代《しろ》宮も磯城に営まれます（宮名は『古事記』『日本書紀』）。

蛇の脱皮と同様に歴代遷宮においては、古い器（建物）に替えて新しい器を造り、そこにあたらしい王が入ります。歴代の王は建築を介して王権の呪術的蘇生を図ったのです。三輪山を旧くは三諸《もろ》山、御室《むろ》山といいました。蛇神の籠るムロとみられます。歴代遷宮という建築的慣行のおおもとに、蛇信仰が息づいていたのです。

3 欽明王宮の実態

†「金刺宮」とは——再び欽明王宮について

三輪山の南には押坂《おっさか》の山があり、東から西に抜ける谷筋を初瀬川が流れ下ってきます。朝日はこの谷間から昇り、一日がはじまる。大和の国は、まことに小さかった。保田は自身の故郷に稚国《わかくに》の誕生を見いだしている（前掲書）。

この山峡の谷間から昇る太陽が日出づる国の実景である。（略）その国は、「初国小さく作らせり」と神話にしるされた、可憐にかなしい国である。

さて、仏教公伝のなされた磯城嶋金刺宮の「金刺」とはどういう意味か。

――日本国語大辞典（小学館、第二版）によると、「金串で物を刺し通すこと」とある。そのままでは意味が通りそうにない。「サシ」は古代朝鮮語で城を意味するから、金刺宮は「鉄製の門扉を備えた、壮大な城郭のごとき宮殿か」との見方がある（和田『古代天皇への旅』）。『古事記』はこの宮を「師木嶋《しきしま》大宮」と呼んでおり、王宮としても規模が大きかったとみられる。

今となっては解釈の難しい「金刺」の名を冠する宮とは、はてどんなものだったのか？　その外観をイメージしてみましょう。

仮に「金串を刺している」王宮という意味とすれば、伊勢神宮に見られるような、飾り金物で被覆された千木《ちぎ》が連想されます。今日、神社建築に見る千木は、出雲大社に見るように、屋根の棟に後から置かれている場合が多い（置き千木）。だが千木は、伊勢神宮に見るように、もともと破風《はふ》や垂木《たるき》とひと続きになって屋根の茅を刺し抜いていたのです（次頁、出雲大社では古形から変化している）。

金刺宮では伊勢神宮に見るように、金物で被覆された千木が茅を刺し抜き、空にむかっていたのでしょうか。それが「谷間から昇る太陽」（保田、前掲）の光を受けて、煌《きら》びやかに輝いて

神社の千木／左が伊勢神宮内宮、右が出雲大社。伊勢神宮では、屋根の茅に金物が突き刺さっているように見える

いた……

夜の闇の谷に眠っていた宮。昇る太陽の光の一閃。その時、千木が金色に輝き出します。狭い山峡であることが絶好の舞台装置となりました。千木は瞬く間に金色の光と化し、宮は燃え上がるような神々しさを発揮するのです。

なにも日の出の一瞬に限ることはありません。もっとも印象的な場面を素描しましたが、金物で被覆された千木はとても珍しかったのです。伊勢神宮の千木に金物が被せられたのは、現代人の思い込みからは信じがたいほど遅く、十一世紀前半で平安中期でした。

日の光を受けて、金物に被覆された千木が輝く稀有な光景への賞讃。これが金刺宮の名を生んだのではないか。

さきに述べたように、この宮のある磯城は三輪山の神が支配する領域。その真只中で六世紀半ば、仏教公伝がなされたのでした。三輪山のふもとにあるこの宮は神奈備・三輪山への信仰はもちろんのこと、山の主である蛇神の呪術的世界に浸《ひた》され、かつ金属を纏う千木の輝きによって神々しさを弥増《いやまし》に増していたのです。

†どのような場で――王宮の実態

確かに大王の宮は大型の建物であり、当時の人びとにとって賞讃の的だったことでしょう。しかし現代人の多くが抱くイメージとはギャップがあるように思われます。王宮というと、たいそう整った、洗練された立派な建物をイメージされるのではないでしょうか。基壇《きだん》に据えられた礎石《そせき》の上に太く逞しい柱が立ち、屋根には重厚な瓦が載って威風堂々としているか、あるいはもっと和風に、檜の樹皮で葺かれた屋根が優しく雅《みや》びな曲線を描いている、というような――しかし、実際は大いに違いました。六世紀の当時、大王の宮殿といえども、茅をはじめとする植物系素材で素朴に葺かれていた。茅葺きも今日、各地の縄文・弥生や古墳時代の遺跡で復元されているようには整っておらず、いわば頭はボサボサでした（復元建物の茅葺きは、総じて、きれいに揃え過ぎている）。

当時、伊勢神宮の前身や出雲大社は存在していたと思われますが、それらもボサボサの茅葺きで、現状よりもっと素朴で簡素な印象だったはずです。これは中世の伊勢神宮ですら、屋根の茅を〝整髪〟していなかったことからの推定です（出雲大社の現状は優美な檜皮葺きだが、後世の変更とみられる）。

足元はといえば、地上に据えた礎石に柱を立てる工法をまだ知りませんでした。王宮であっても縄文以来の掘立て柱だったのです。とはいえ多くの場合、大型の高床建物で、それなりに太い丸柱。当時は大工道具が発達していなかったため角材を作るのは難しく、丸太のまま使っていたのです。

上部構造もイメージしてみましょう。梁《はり》や桁《けた》といった横架材《おうかざい》や屋根を支持する斜材の垂木も、柱間が大き目であるだけに、頑丈なものだったでしょう。

しかし、それらもゴロゴロした丸太でした。その結合法は、太めの縄をぐるぐる巻きにして固定するやりかただったと考えられます――現在でも岐阜の白川郷で見られるような。およそ、今日ふつうにイメージされる天皇の宮殿とは程遠いものでした。

その室内には、天井が張られていなかったでしょう。そもそも茅葺き屋根は、葺いた茅の厚みの中に雨水を吸収することにより成り立つ。水気を含んだ茅は室内に露出することにより、通気や焚かれる火の熱気、生じる煙によって乾燥を得ます（虫も燻《いぶ》される）。大王の宮殿といえども、屋根裏を見上げれば、ボサボサの茅が全面的に露出し、通気口が雨の入らぬ程度に開いている程度でした。そこは昼でも薄暗がりが、たゆたっていたのです。

内部も外部も、いわば〝原初性〟を漂わせていました。仏教公伝は、そのような場でおこなわれるのでした。

†「仏の相貌端厳し」——その光景

簡素で素朴、薄暗い大型建物の中に、表面に金が施された銅製の仏像、つまり金銅仏《こんどうぶつ》一体が運び込まれました。『日本書紀』によれば欽明は、居並ぶ群臣を前に言う。

「仏の相貌《かほ》端厳《きらぎら》し。全《もは》ら未だ曾《かつ》て有《あら》ず」

端厳しとは、端麗な、端正なという意味。その時の状況を想いうかべてみましょう。

茅葺き屋根の重く深い闇の下、床置きの灯火がチラチラと燃えている。その明かりを受けて反射する一体の金銅仏。周囲にひろがる薄暗がりの中にある、見たこともない異様な鈍い輝き——

この国の神々はそもそも、みずからの姿を直接見せることはありませんでした（蛇神といえども、それは神の化身）。だからこそ、山川草木にとどまらず奇岩・巨岩も含め、あらゆる存在、あらゆる現象が神とみなされ得るのでした。

ところが、ほとけなるものは人の形をしている。しかも、全身が金で覆われていた。これはいったい何なのか？

往時、金色の仏像を人びとは金人《きんじん》といった。金色に光り輝く、人の形をした礼拝対象。列島の神々とは全く違う、神の観念をこえた神――

実際、目にしたことのあるなかで仏像に見合うものといえば、祭りでつかう素朴な仮面、あるいは埴輪ぐらいだったわけですから、初めて仏像を目にしたときは、息をのむほどの衝撃を受けたにちがいありません(それにもかかわらず、神とほとけは習合してゆく)。

〝仏教公伝〟記事はこの後の展開もドラマチックで、『日本書紀』のなかでも、のちに述べる大化改新や壬申《じんしん》の乱とならんで、もっとも心躍る場面といえます。しかし、それが故にまた、脚色の濃いものでした。

「相貌端厳し」という欽明の言葉には臨場感があり、書き手がその場で聞いたかのようです。しかしこれは後期大乗経典『金光明最勝王経《こんこうみょうさいしょうおうきょう》』に出てくる「容貌端厳」の借用とみられています(同様の表現は『日本書紀』の他の箇所にも)。この仏典の漢訳は八世紀初頭。それが六世紀半ばの記事の内容に反映することはあり得ず、欽明のナマの言葉とはいい難いのです。

『日本書紀』の完成は七二〇年ですから、八世紀初頭の情報にもとづいて六世紀半ばの出来事を脚色することは可能でした。漢訳『金光明最勝王経』は『日本書紀』の完成前に、唐から帰国した留学僧によって我が国にもたらされたとみられます。

†〝仏教公伝〟の実際

こうなると仏教公伝の場面については相当、脚色や誇張があるとみなければなりませんが、わたしの脳裏に浮かぶのはつぎのようなシーンです。

——茅葺きで掘立て柱の大型の建物。その暗い空間の中で、灯火の微光を集めて鈍く金色に輝く一体の「釈迦仏《しゃかほとけ》」（『日本書紀』）。驚き、見つめる面々。

〝仏教公伝〟とは、これ以上でも以下でもなかった。人の形をした神から発せられる霊力の享受、その驚きと感動。同時に忍び寄る、なにか得体の知れぬものの不可思議さ。これが全くあたらしい神のかたちなのか……。その受け入れの是非をめぐって王権は大きく揺れる。こうした地平から、この国の仏教はスタートしたのです。

第2章
仏教公伝とその後

1 公伝をめぐって

†仏教を契機として

つづいて仏教公伝後の展開を見ておきましょう。事態がスムースに進んだわけではありません。激動の展開が待っていたのです。『日本書紀』によれば、仏教が権力中枢に定着するまで、王権を揺るがす抗争が四、五十年ほどつづくのでした。それについてはこれから述べることになりますが、ここで付言しておきたいことがあります。なぜ本書が仏教公伝から話がはじまったのか、疑問をもつ読者もおられると思いますので。

――縄文・弥生からつづく素朴なアニミズム的自然信仰や呪術信仰、そして氏族社会をささえていた氏神信仰や祖霊信仰など、従来の信仰習慣は個々の場所や血脈につよいこだわりをもっていた。この点に関し、伝来した仏教は異質だった。仏教は個別の事情をこえた普遍思考に基盤を置いており、そこがあたらしかった。

また大王は諸豪族の盟主的地位にあったが、それは豪族間の力の均衡によって保持されていたともいえる。それが仏教導入により、ほとけという絶対の権威をとおして、透徹した秩序が実感される。個々の違いにとらわれない開明的な世界——。これが社会に思いもよらぬ影響をもたらす。

このあたらしい思考傾向が契機となり、地域や氏族の違いをこえて統一国家が誕生する可能性が開かれてゆく。こうした思考のあり方があってこそ、統一国家が起動するからだ。もちろんこうした面が最初からスムースに浸透したわけではなく、さまざまな抗争をともなう長い経過を要した。

この方向に進むと、従来のように氏族それぞれの利害に固執する行動パターンを脱して、国家全体をつらぬく統一的秩序の形成、具体的には、中央集権的な律令国家の樹立にむかうことになる。

仏教の導入に関して百済、新羅《しらぎ》、高句麗《こうくり》の朝鮮半島三国は我が国に先行していました。それらの国においても、仏教の浸透と中央集権化の進行が、ほぼ重なっていました。

――仏教の導入は大陸を風靡する先進普遍文明の摂取に扉を開き、律令国家の形成への道筋をつけることになった。当時東アジアで圧倒的隆盛を誇っていたのは中国であり、これを強力に牽引していたのが中国仏教。それは個の救済よりも国家鎮護を重視する、きわめて中国化した仏教だった。

中国を核とする東アジア世界において、仏教は文明国家が具備するべき基本要件となっていた。中国仏教の導入なしに先進文明の摂取はままならず、先進国入りは無理であった。この意味で仏教導入問題は外交問題でもあった。

中国文明には古来、儒教や道教が浸透していた。したがって中国仏教はそれらにかなり影響されている。とくに江南地方を中心に根付いていた道教は仏教より早い段階で我が国に流入していたとみられる。

それでは、仏教公伝からの展開を『日本書紀』はどう伝えているのか、具体的な出来事をたどってみましょう。

†「欣喜踊躍」する大王

仏教公伝の場で百済王からの上表文を聞き、欽明は「欣喜踊躍《きんきようやく》」した、つまり踊りださんばかりに喜んだ。そして、つぎのようにいったという。

「朕《ちん》、昔より来《このかた》、未だ曾て是《かく》の如く微妙《くは》しき法《のり》を聞くこと得ず」

この箇所はあまりに演出過剰で、話を相当割り引く必要があります。乗り気になった欽明でしたが自ら最終判断を下すことはなく、臣下たちの議論に委ねる。ところが、かれらは激しく対立し紛糾を極める。議論が仏教の何たるかをわきまえたものになるはずもありません。この段階で仏教の内容を十分に咀嚼していたわけではなかったからです。さきに触れたように、縄文以来のアニミズム的自然信仰や、弥生以降の道教色を帯びた呪術が綯《な》い交ぜになったまどろみのなかに、人びとはひたっていたのです。

そんな状況の下、積極的に仏教導入を図る勢力にとっても、新来の仏教とは金色に光り輝く仏像そのものであり、その先には、なにかよくわからないが、とにかく凄くてあたらしい、壮大な文明世界がひろがっているのでした。まずは形ある、目に見えるものから享受がはじまったのです。

激しく対立する両陣営

それでは、仏教導入をつよく主張する蘇我稲目《そがのいなめ》のことばを聞きましょう（稲目は蘇我馬子の父）。

「西蕃《にしのとなりのくに》の諸国《くにぐに》、一《もはら》に皆礼《ゐやま》ふ。豊秋日本《とよあきづやまと》、豈《あに》独り背かむや」

当時はまだ日本という呼称はなく、編纂時の言い換え。かたや、物部尾輿《もののべのをこし》らから強硬な反対論が噴出する（尾輿は物部守屋の父）。

「我が国家《みかど》の天下《あめのした》に王とましますは、恒に天地社稷《あまつやしろくにつやしろ》の百八十神《ももあまりやそかみ》を以て、春夏秋冬、祭拝《まつ》りたまふことを事《わざ》とす。方に今改めて蕃神《あだしくにのかみ》を拝みたまはば、恐るらくは国神《くにつかみ》の怒を致したまはむ」

稲目のことばは大陸諸国がみな仏を拝んでいるのだから、我が国だけやらないと、近隣諸国から孤立し、後れを取るというもの。いま振りかえれば、歴史のながれにおいて導入は時間の問題であり、結果的には正しい選択でした。しかし当時の蘇我氏がそこまで明察していたかどうかは疑問であり、仏教導入を介しての権力闘争の意味合いがつよかったとみられる。むしろ当人たちはそのことで頭がいっぱいだったのではないか。

これにたいして物部氏が張った論陣は、従来の神まつりの慣習に固執するものでした。天下を治める王は常に我が国土の神々を拝むことこそが本務（!）であり、「蕃神」（＝他国の神）、つまり仏を拝んだりしたら、「国神」（＝在来の神々）の怒りを買うというもの。嫉妬に狂うというのはありそうな話に聞こえますが、しかしよく考えてみると、古来の多神教的性格に照らすなら疑問符が付く。反対の本音は、「国神」のもとで軍事と祭祀を担うかれらの既得権益を死守するというところにあったのです。結局この場では決着がつかず、欽明の判断により、とりあえず仏像は蘇我稲目に授けられた（欽明は稲目の娘を二人娶《めと》っており、稲目と緊密な姻戚関係をむすんでいた）。

†一方的な動きだったか

〝仏教公伝〟記事は、百済から贈られた仏像を前にして、戸惑い混乱する王宮内の様子を活写する。この箇所だけを読むと、百済から一方的に仏像がもたらされたような印象を受けます。

仏教を最大限評価する観点から、公伝をドラマチックに描いているわけですが、すでに述べたように、かなり脚色されているとみなければならないのです。

仏教公伝には、そこにいたる背景がありました。新羅からの圧迫に苦しむ百済は倭国に軍事提携をもとめていました。その見返りとして仏教公伝がおこなわれたとみられるのです。

この場合、我が国がもとめているものを提供するのでなければ、効果はない。必要とされているのかいないのか不明であり、内紛の原因になるような代物を贈ったところで、かえってマイナスになる。外交を一手に担っていた蘇我氏からの働きかけがあったうえでの〝仏教公伝〟だったのではないか。なお中国の正史『隋書』倭国の条には、「仏法を敬し、百済より仏経を求め得て、始めて文字有り」（藤堂ほか訳）とある。やはり倭国側からのアプローチがあったようだ。

六世紀半ばのこの時期、実際、欽明王権と百済の聖明王はしばしば相互に使者を遣わしていた。六世紀初め、倭国は朝鮮半島南端の任那《みまな》を新羅に奪われていた。その復興をもくろむ欽明王権は新羅対策について、百済と熱心に協議を繰りかえしていた。当時、朝鮮半島はきわめて不安定な情勢にあった。

†百済から来ていた〝お雇い外国人〟

それでは、仏教公伝にいたる倭国と百済の人的交流を『日本書紀』に見ておきましょう。欽明が即位してから仏教公伝まで、かれこれ十年あまりのあいだに百済への使者の派遣は六回を数える。ほぼ二年に一度と、かなりの頻度です。百済救援のために三七〇人の兵を動員し、麦の種一〇〇〇石を援助してもいる。

いっぽう百済からの派遣は九回を数え、さらに上回る。援軍要請も一度ならずあった。一連の動きから、その意図がどこにあったかが見えてくる。軍事援助がほしい百済は活発な外交攻勢をかけていたのです。

欽明王権は軍事援助の見返りとして、入替え制での文化人の長期滞在（概ね五～八年程度）を百済から得ていた（「文明開化」を推進する明治政府が、欧米から招いた〝お雇い外国人〟を彷彿とさせる）。そこには儒学者などにくわえ、じつは仏教僧も含まれていた。仏教公伝の前から、大陸の学問文化の摂取に努めていたのです。こうした状況下で、仏教公伝がなされたのでした。

その後も援軍の要請がつづく。これらの記事については、前章冒頭に述べたように編年に混乱が見られるものの当時、朝鮮半島が緊張をはらんだ不安定な情勢にあり、軍事援助の見返りに倭国への文化人の長期派遣があったのは事実。文化には軍事に匹敵するだけの国家的価値があったのです。

欽明即位以来、外交を一手に担っていたのが蘇我氏でした。以来、蘇我氏は交渉・交流をつうじて百済との関係を深めていたのです。以上の経緯を押さえるなら、いきなり百済から仏像が持ち込まれたわけではなく、じつは蘇我氏が周到に仕組んだうえでの〝仏教公伝〟だったことがわかります。

『日本書紀』によれば五五二年、蘇我稲目は大王からあずかった金銅仏を小墾田《おはりだ》の私宅「向原《むくはら》の家」に安置する。さらには、ほとけの道を修めようとこの家を喜捨して「寺」にしたという（現・向原寺《こうげんじ》の境内が故地。明日香村豊浦）。「寺」とはいえ、この場合は瓦葺きの伽藍建築ではなく、茅葺きで掘立て柱の私宅を用途替えしたものでした（この段階を〝私宅仏教〟と呼ぶ）。

いっぽう、軍事および神祇の職掌を担っていた物部氏らは、仏教導入がもたらす蘇我氏の権勢拡大をなによりも恐れたのです。取りもなおさず、それはかれらの既得権益の衰退につながるからです。あくまでこれを阻止し、既成の体制と既得権益を守ろうとするのでした。

2 揺れる王宮

†「天皇、仏法を信けたまはずして」

『日本書紀』によれば、五七〇年に蘇我稲目が、翌五七一年には欽明が没する。欽明崩御の翌年、五七二年に息子の敏達《びだつ》が即位。すでに述べたように欽明は稲目の娘二人（姉の堅塩媛《きたしひめ》、妹の小姉君《おあねのきみ》）を妃としていましたが、敏達の母は石姫といい、稲目の娘ではありませんでした。当時の権力者は一夫多妻、それも多くは政略結婚でした。敏達は蘇我氏の血を全く引かない大王だったのです。『日本書紀』は敏達をつぎのように評します。

天皇《すめらみこと》、仏法を信《う》けたまはずして、文史《しるしふみ》を愛《この》みたまふ

『日本書紀』は全ての王（大王）を、のちに成立した天皇という呼称で通しています。仏教を嫌い、漢籍つまり中国聖賢の書を好んだというのです。もっぱら蘇我氏によって仏教の導入が図られただけに、仏教の隆盛は蘇我氏の増長につながる。それは蘇我氏と血縁をもた

ない大王にとって好ましいものではなく、そこに敏達と仏教との埋め難い溝がありました。じつは仏教導入そのものの是非よりも、蘇我氏との血縁関係の有無こそ、仏教にたいする敏達の立場を決定する要因になったとみるべきでしょう。

その蘇我氏はといえば、稲目亡き後、息子の馬子が後を継ぎ、さらに強力に仏教の導入・定着を推し進めます。いっぽうの物部氏も尾輿から守屋《もりや》に代が替わり、ますます仏教排斥の動きをつよめ、両者の対立はもはや抜き差しならぬものになってゆく。関係改善を図るためか、守屋の妹と馬子とのあいだに婚姻関係がむすばれましたが、良好な関係が定着することはありませんでした。なお守屋の妹の産んだのが、次の氏上《うじのかみ》となる蘇我蝦夷《えみし》なのでした。

†馬子の多面的活動

『日本書紀』によれば五七七年、百済の昌王《しょうおう》（仏教公伝をもたらした聖明王の後継者）が経典ならびに僧・尼僧、造仏工、造寺工ら六人を倭に派遣してきました。これは蘇我馬子の要請に応じたのでしょう。この時、派遣された造仏工、造寺工がそれぞれ一人であることから、造仏、造寺の職人教育に当たったとみられます。これがやがて我が国初の本格的伽藍・飛鳥寺建立の素地をつくるのです。馬子の胸中には、本格伽藍建立の計画が既にあったのです。

五七九年、今度は新羅から仏像が送られてきます。これまで倭国は主に百済と交流していましたが、新羅も交誼《こうぎ》をもとめてきたのです。不安定な半島情勢から、倭との関係改善を図る新羅の動きとみられます。

五八四年には百済から弥勒《みろく》仏の石像がもたらされ、馬子がこれを引き取る。仏教指導者をさがしていた馬子は、弾圧を恐れて播磨《はりま》国で還俗していた高句麗僧・恵便《えべん》を見いだし、師とする。馬子を導いた仏教の師は高句麗僧だったのです。またこの僧の許に渡来人の娘、善信尼《ぜんしんに》らを出家させる。

馬子は私宅の東に仏殿を営み、ここに百済伝来の弥勒石像を安置。これに恵便や尼僧らが仕えました。馬子は仏教の摂取に貪欲であり、そこに百済も新羅も高句麗も、区別はなかったのです。三国それぞれの思惑をよそに。

蘇我氏は、もともと百済系渡来人との関係が深かったのですが、仏教公伝をとおしてさらに百済本国とのむすびつきをつよめました。それには百済側に切羽詰まった事情があったのです。半島情勢において当時、百済は新羅との軍事的緊張を抱えており、倭国の外交を担う蘇我氏との関係をつよめていました。しかしながら仏教の摂取において馬子は多面的に行動しており、必ずしも百済一色というわけではありませんでした。

『日本書紀』によれば六世紀後半のこのころ、五八七年に〈蘇我―物部〉戦争が勃発するまで、仏教をめぐり両者のあいだで、つばぜり合いが激しさを増してゆく。五八五年、馬子が大野丘（橿原市和田町か）の北に塔を立てた。「塔の柱頭」には舎利《しゃり》が納められたという。

この、「塔の柱頭」といういい方からして、塔といっても、これはむき出しの掘立て柱だったと思われます。つまり、地中に深く穴を掘り、そこに柱を落とし込んで立てた柱を塔と呼んでいるのです。

その後まもなくして馬子は一時期、病に伏す。そして国中に疫病が流行り、死者が多数出た。ここぞとばかり守屋は、蘇我が信奉する仏法が原因だと上奏。敏達は、

「仏法を断《や》めよ」

との裁可を下す。大王の許可を得た守屋は「其の塔を斫《き》り倒して」、火をつけて焼いたという。こうした表現からも、塔とは掘立て柱そのものを指していることが裏付けられます。さきにも引いた『元興寺縁起』では「刹柱《さっちゅう》を伐り倒し」と、塔をズバリ刹柱、つまり祭祀のために立てられた独立柱と表現し、くわえて、事件を主導したのは敏達であったと記しています。このように大王が廃仏の先頭に立っていた可能性があるのです。このような塔としての掘立て柱が、やが

て飛鳥寺五重塔の真ん中に立つ心柱《しんばしら》となるのでした。

この時、塔だけでなく仏殿や仏像も焼かれ、残りの他の仏像は難波の堀に棄てられたと『日本書紀』はいいます。馬子から「私の病は、ほとけの力なしには治癒しません」との嘆願を受け、敏達は馬子にのみ仏教活動を許す。かれは出家僧の生活と修行の場である精舎《しょうじゃ》を造り（高市郡の石川精舎）、尼僧をむかえました。

✝祭祀氏族を重用する敏達

なお『日本書紀』には「或本《あるふみ》に云はく」として、大三輪氏が物部氏らと一緒になって寺塔を焼き、仏像を棄てたとあります。大三輪氏は三輪山の蛇神をまつる氏族。仏教排斥に回るのは立場からいって当然のなりゆきだったでしょう。

また、大三輪氏を敏達がことのほか重用し、内外のすべてを委ねていたと『日本書紀』は伝える。初期大和王権は三輪山信仰とは無縁の外来勢力とみられますが（拙著『伊勢神宮の謎を解く』）、この時点ではすっかり馴染んでいたことがわかる。蘇我氏への警戒心は、大三輪氏との距離をいっそう縮めたことでしょう。

敏達はまごうことなく守旧派であり、廃仏に動いた。蘇我氏は物部氏ら有力豪族にくわえて、大王をも相手にしなければなりませんでした。それでも崇仏の命脈が絶えなかったのは、蘇我氏の勢力がそれだけ強大だったという面があったでしょう。蘇我氏は大王にたいしても己の意思をつらぬく力をもっていたのです。

†「朕三宝に帰らむと思ふ」

五八五年に敏達が没し、異母弟の用明に代が替わると空気が一変する。用明は稲目の娘堅塩《きたし》媛《ひめ》と欽明とのあいだに生まれた人物で、敏達とは打って変わって崇仏派。『日本書紀』は用明をつぎのように評します。

天皇、仏法を信《う》けたまひ神道《かみのみち》を尊《たふと》びたまふ

仏教に親近感をもつのは母方に蘇我の血が入っているが故でしょう。「信けたまひ」とまで踏み込むと同時に、「神道」も重んじたという。すでに述べたように、ここにいう「神道」は今日ふつうにイメージする神社神道とは趣きを異にします。後述するように神社神道は天武以降とみられ、ここでは古墳時代当時の神まつりを指しています。

用明二年（五八七年）四月二日、即位して僅か一年半で重病に陥った大王は、群臣たちにつぎのように告げたという。

「朕《われ》、三宝《さむぼう》に帰《よ》らむと思ふ。卿等《いましたち》議《はか》れ」

「三宝」とは仏―法―僧、つまり仏教のこと。大王は仏教受け入れの意思を示したのですが、最終判断は群臣に委ねた。しかし依然として物部氏らは廃仏の姿勢を変えなかった。当時の有力豪族は、大王の示した意思をも無視しえたのであり、大王といえども、その権威は今日われわれが想像するレベルにはなかったのです。

蘇我氏と物部氏の確執は深刻の度をいよいよ深め、用明の後継問題を契機に、武力衝突に突入する――

†後継争いから内戦、そして飛鳥寺建立へ

用明が仏教受け入れの意思を、いわば遺言としてあきらかにしたにもかかわらず、物部氏は受け入れなかった。のみならず胸中、次期大王に穴穂部《あなほべ》王子の擁立を画策していた。

穴穂部の父は欽明で、母は稲目の娘・小姉君。用明の異母弟にあたる。欽明の後、敏達―用明と、その息子たちがつづいて即位しているので、順番としてはあり得た。しかしこの人物は、敏達の大后《おおきさき》（大王の正妻）だった炊屋姫《かしきやひめ》（のちの推古）を犯そうとするなど、深刻な問題行動を

起こしており、大いに顰蹙を買っていたのです。

「朕、三宝に帰らむと思ふ」と宣言した七日後の四月九日、大殿にて大王が崩御。このままでは天下が乱れてしまうことが危惧された。だが大王空位ゆえ、王権に代わって命令を発することは叶わない。そこで同年六月、馬子は大后の炊屋姫を奉じてお墨付きを得る。こうして穴穂部誅殺が実行されました。

同年七月、いよいよ蘇我氏が支持勢力を糾合して物部討伐軍を組織。そこには、穴穂部の実弟・泊瀬部《はつせべ》王子や厩戸《うまやと》王子（聖徳太子、当時十四歳）など諸王子や有力豪族らが参軍していました。ここに〈崇仏―廃仏〉の争いは、権力をもとめる武力闘争の様相を呈します。というよりも、その実、最初から仏教政策をまとった権力闘争だったとみられるのです。

激戦の末、守屋を討ち取り大勝した馬子は討伐軍の一員であった泊瀬部を擁立、こうして即位したのが崇峻《すしゅん》です。新大王の誕生がもっぱら蘇我氏の力によることは、最早だれの目にもあきらかでした。

物部守屋を亡き者として廃仏派を一掃した馬子は、物部本家が所有していた莫大な財産を没収。そして我が国初の本格的伽藍の建立を発願した。それが飛鳥寺です（正式名称は法興寺《ほうこうじ》）。この寺は仏教を具体的な形を以てこの国に根付かせる拠点となるとともに、蘇我氏の並ぶものなき権勢を天下に知らしめるものとなったのです。それはまた、前方後円墳に象徴された古墳時代の終わりを告げることになりました。

3 前方後円墳の終焉

†最後を飾る二つの前方後円墳

仏教公伝に揺れたこの時期は古墳時代後期にあたります。仏教導入に並行して、大きく変化してゆく古墳造営の様子を見ておきましょう。

『日本書紀』によれば、五七〇年に蘇我稲目が没しました。翌年四月には欽明が没し、同年九月に檜隈坂合陵《ひのくまのさかひのみささぎ》に葬られたという（稲目の墳墓についての言及なし）。江戸中期に編纂された『大和志《やまとし》』によれば、欽明陵は平田村にあり、俗に梅山と称されるという。この平田梅山古墳は全長一四〇メートルの前方後円墳で現在、宮内庁により欽明陵に治定《じじょう》されている（奈良県明日香村平田）。

ところがその七〇〇メートルほど北に、丘陵を利用して造られた、奈良盆地最大の巨大な前方後円墳がある（五条野丸山古墳）。その造営は六世紀後半。所在地は奈良県橿原《かしはら》市五条野町・大軽町・見瀬町。全長三一八メートルと、古墳時代後期において例外的な巨大さをもち、権力誇示がなお巨大な前方後円墳に託された畿内最後の例。

一キロ以内の近さに造営された二つの古墳は、畿内における前方後円墳の最終段階を刻印していて注目されます（以下、それぞれを梅山古墳、丸山古墳と表記）。

梅山古墳が欽明陵と治定されていることにたいし、これを疑問視する声が考古学では優勢です。そのあまりの巨大さ故に、これが大王陵にちがいないと考え、現在宮内庁の参考地指定にとどまる丸山古墳を欽明陵とする説が有力視されているのです。この場合、梅山古墳が稲目の墓に当てられます。

†大王陵は臣下の古墳より常に大きいか？

丸山古墳と梅山古墳、蘇我稲目と欽明。さて、どちらがどうなのか？

全長比にして丸山古墳は梅山古墳の二倍余りある。しかしこれは丸山古墳が当時として異例に大きいのであり、大王陵として梅山古墳の規模は時代の趨勢にかなったもの。古墳時代後期は中期（五世紀）にくらべ、概して規模が縮小化していたのです。

『日本書紀』には六二〇年、檜隈陵（＝欽明陵）に石を葺き、周囲に土を盛って柱を立てたとあります。この時のものと思われる葺石も、盛土も、立柱の痕跡も梅山古墳で確認されている。つまり『日本書紀』の記述に符合しているのです。

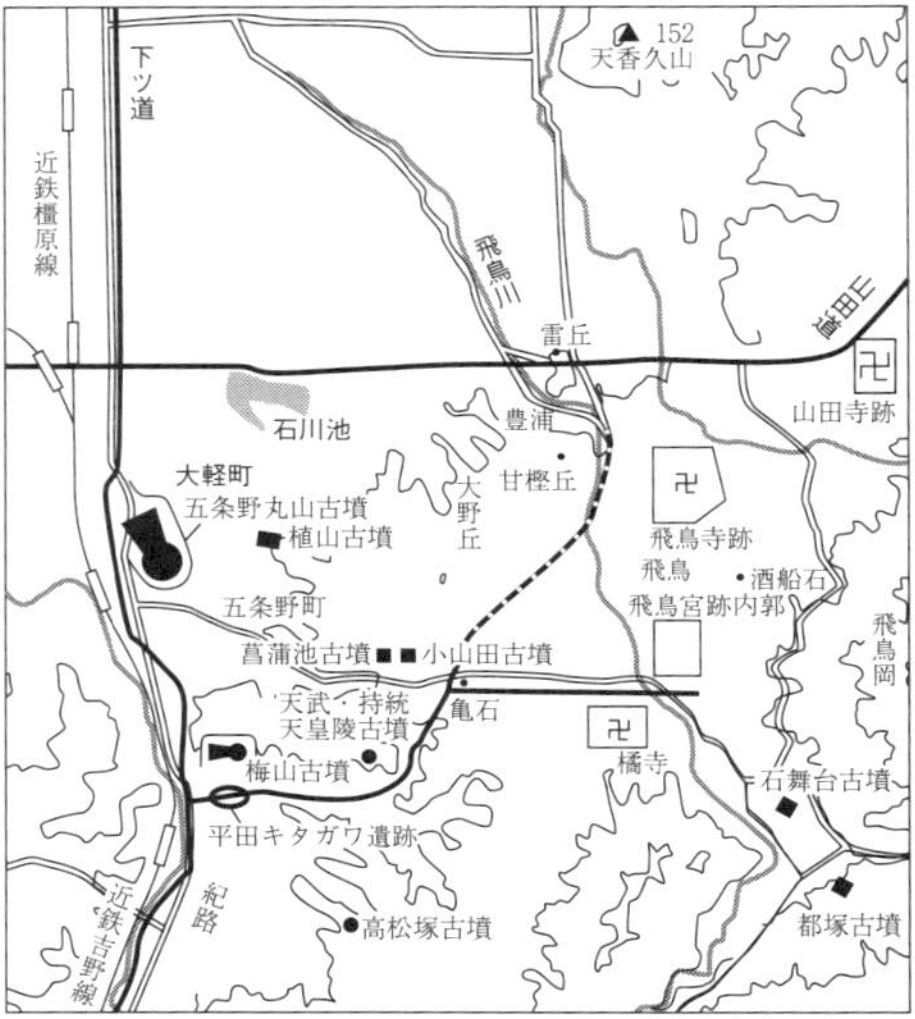

飛鳥地域／終末期古墳分布図（辰巳、前掲書より作成）

いっぽう丸山古墳には、『日本書紀』に符合する要素が認められていません。葺石も、盛土も、立柱の痕跡も見いだされないのです。したがって多くの問題が指摘される天皇陵治定ですが、欽明陵については疑う必要はありません。文献史料と考古史料が見事なまでに一致している珍しい事例とさえいえます。

〈欽明陵＝梅山古墳〉に疑問が投げかけられてきた最大の理由は、すぐ近くに、隔絶した巨大さを誇る丸山古墳があるからでしょう。こちらが大王陵にちがいない、なぜなら大王が臣下より小さい古墳に入るはずはないから——

しかし、〈欽明陵＝梅山古墳〉への疑問に対する疑問があります。疑問の前提そのものを疑う必要があるように思われるのです。

今述べたばかりですが、六世紀の大王陵は五世紀のものにくらべて相対的に縮小化していました。そもそも、隔絶した巨大さにさほどの意味を感じなくなってきていたとみられるのです。そうした全体的傾向のなかで、もし丸山古墳が大王陵だったなら、むしろ〝狂い咲き〟というべき異様さを示していることになります。当時の大王家に、そのような事態を呼び起こす要因があったでしょうか？

†蘇我氏が握った生殺与奪の権

大王が古墳の巨大さにそれほどの魅力を感じなくなっていたとしたら、丸山古墳という、この例外的な巨大古墳を造営したのは当時、最大の権勢を誇った豪族ということになるでしょう。これを造り得た豪族といえば、五八七年に勃発した〈蘇我―物部〉戦争に大勝利を収め、王権を実質的に支配した蘇我馬子以外にはいない。急成長して巨大権力を掌中に収めた馬子が、高ぶる気持ちそのままに父稲目の墓を、前世紀の巨大大王陵に匹敵する前方後円墳として造営した。そして大王を凌駕するほどの権勢を誇示しようとした――

いっぽう、蘇我氏と物部氏の危うい均衡のうえに成り立っていた大王権力でしたが、物部氏が総崩れとなって蘇我氏が軍事的に天下を取った状況下、大王といえども蘇我氏を諫めることはできなかったでしょう。

当時は有力豪族間の協議によって大王が決められていました（慣習であり、成文化されたものではない）。そのような前提の下で〝蘇我一強〟となった今、大王は見て見ぬふりをするしかなかった。率直にいって大王は蘇我氏にある種、怖れを抱いていたのではなかったか。丸山古墳は馬子の父・稲目の墓であったとみて差支えないでしょう。

その丸山古墳は飛鳥寺の西二キロほどの所にあり、さきほど述べたように、丸山古墳の七〇〇メートルほど南に梅山古墳（＝欽明陵）がある。二つの古墳は蘇我氏の勢力圏内にあり、ともに蘇我氏の主導であったことを物語っています。

異説もあり、決定的なことはいえないにしても、〈蘇我―物部〉戦争の後、畿内最後の段階を飾る二つの前方後円墳が蘇我氏の勢力圏内に造られたことは動きません。それは、前方後円墳の生殺与奪の権を蘇我氏が握ったことを意味しているともいえます。やがて前方後円墳はぷっつり途絶え、蘇我氏によって葬送の形は仏教伽藍と方墳の併存という、あたらしいやり方に移行してゆくのです。

方墳自体は別にあたらしい形式ではなく、かねてよりありました。しかし伽藍建立を果たした蘇我氏が前方後円墳を放棄し、伽藍とセットであらためて方墳を打ち出したのです。それは単に後円部がなくなっただけでなく、石垣を積んで階段状をなす特異な方墳でした。これにより巨大な前方後円墳はすっかり色褪せ、時代遅れのものになります。いわば〝無用の長物〟と化すのでした。

†前方後円墳から方墳へ

前方後円墳といえば、埴輪をもちいた祭祀が付きものでしたが、丸山古墳からは埴輪の類が見いだされませんでした。これは前方後円墳に特有の祭祀が最早、おこなわれなくなっていたことのあらわれです。それにもかかわらず、前方後円墳の形だけが踏襲されていたのです。

さて二〇一四年、ある古墳が俄然注目を浴びることとなりました。「階段ピラミッド」「蘇我稲目の墓か」と大きく報道された都塚《みやこづか》古墳です。石室の形から六世紀末に造営されたとみられます。土砂をかぶっていたため墳丘形状がよくわかっていなかったのですが、頂と裾の一部を調査したところ、全体として、石垣が階段状に積み上がった方形であることが判明したのです(明日香村教育委員会・関西大学)。

稲目の墓とみられる理由は、まず、『日本書紀』が馬子の墓と書く「桃原墓《ももはらのはか》」(=石舞台古墳)の南東四〇〇メートルと場所が近いこと。くわえて、同じ形状で規模も近いこと。

石舞台古墳は墳丘を形成していた封土がすっかり除かれて現在、巨大な石室が露出していますが、かつては土に覆われていた。石舞台古墳が五〇メートル四方の方墳であったとみられるのにたいし、都塚古墳は東西四一、南北四二メートルの方墳。ともに横穴式石室をもち、方墳としては大型。このように、近距離にある二つの古墳は同じ形状で規模も近いのです。以上のことから、都塚古墳は馬子の父稲目の墓とみられるのです（前言を翻すのかとお思いでしょうが、ちょっと待ってください）。

†最後の巨大前方後円墳の無残

稲目の墓が都塚古墳だとすると、丸山古墳はやはり欽明陵なのか。〈丸山古墳＝欽明陵〉説がさらに勢いを増してきました。なかには、「これで確定的だ」という研究者もいる。しかし、そうとは限らない。

仏教伽藍に対応したあたらしい時代の墓形が蘇我氏によって模索された――。その過程において、前方後円墳から方墳へと大きく舵が切られたとみられるのです。つまり当初、稲目は旧来どおり前方後円墳である丸山古墳に葬られました。ところが飛鳥寺と関連づけられるあたらしい葬送の形がもたらされ、場所を変えて方墳に改葬された――。それが都塚古墳なのではないか。

ところで一九九一年、丸山古墳の石室には二つの石棺が納められていたことがわかりました。最初に納められたのが五七〇年に没した稲目とみられますが、その遺骸は今述べた都塚古墳に改葬されたと考えられます。

その後、空になった棺を石室の壁際に沿う形に移動させた。そして石室の正面奥に、稲目の娘で欽明妃の堅塩媛を納めた棺が安置されたのではないか。『日本書紀』によれば六一二年、堅塩媛は欽明の檜隈大陵（＝梅山古墳）に改葬されたとありますので、それはこの石室から移されて梅山古墳に合葬されたのでしょう。つまり、丸山古墳の石室内、二つの石棺はともに空《から》になったと推定されるのです。

丸山古墳はその巨大さにもかかわらず、『日本書紀』をはじめ当時の文献に登場しません。葺石も施されず、空の墓と化した最後の超巨大前方後円墳――。価値観の激変に取り残され、哀れ未完成の状態で無残にも〝無用の長物〟として打ち捨てられたのか。造りはじめたが、途中であたらしい葬送の形を知り、結局放棄することにしたのは、誰あろう、蘇我馬子以外に考えられません。

巨大事業が遂行の途上で大きく方針転換される事例は、古代にあって、じつはそう珍しくありません。我々から見ると、これだけ巨大な建造物を造りながら勿体ない……と思えるのですが。こうした例をこれからも目にすることになるでしょう。

†あたらしい葬送の形

都塚古墳が一段数十センチの石垣の繰りかえしからなっていたことが大きな驚きを呼びまし

高句麗の階段状墳墓／中国吉林省周安（池内宏『通溝』）

た。斜面と水平面を繰りかえす段築《だんちく》工法はかねてよりありましたが、これだと目から遠ざかってゆくので、実際より低く小さく見え、おだやかな印象を醸し出します。この点、ほぼ垂直の石垣を繰りかえす段築は威風堂々とそそり立ち、迫力がある。このような階段状方墳は我が国に珍しく、あたらしいものでした。都塚古墳につづく石舞台古墳も同様であった可能性が高いでしょう。

それまでの古墳に見られない、列島の文化伝統においても異質な階段状方墳は、どこから来たのか？

じつは二世紀以降の朝鮮半島の高句麗に（現在の北朝鮮および中国吉林省あたり）、このような形状をもつ王墓の伝統が連綿とありました。これが入ったとみられるのです。

高句麗仏教では、伽藍建築と段築方墳がセットになっていた。当時、朝鮮半島では軍事的緊張が絶えませんでした。そのため半島諸国は、それぞれ倭国と誼《よしみ》をむすぼうとしましたが、高句麗は伽藍と共存する独自の墳墓情報をもたらしたと考えられます。現在、日本と北朝鮮は深刻な問題を抱え、国交もないだけに、高句麗は視野に入りにくい。しかし、我が国初の本格的仏教伽藍である飛鳥寺の建立にも大変重要な貢献をしていました。

†蘇我氏の方墳が大王家にも

時代の波はひたひたと前方後円墳の終わりに近づいているのでした。それは過剰なコストと労役を要する墳墓の適正規模化のはじまりでした。あまり意味を感じなくなっていたにもかかわらず、慣例として前方後円墳をただ営々と三百年以上、造りつづけていたのです。そこからの脱却は合理的思考への接近であり、目覚めといえましょう。そこで仏教の果たした役割は甚大でした。

六四五年の〝大化改新〟の一環として薄葬令が出ますが、前方後円墳の廃絶に見られるように、墳墓の規模縮小化はその前からはじまっていたのです。

蘇我氏が推し進めてきた仏教導入が、この国のありかたを根底から揺るがしました。在来の祭祀や信仰のみならず、長い歳月のうちには社会の根本的なあり方にいたるまで影響を受ける。それはものの考え方、というか思考原理にまで及ぶのでした。いうまでもなくインドに生まれた仏教は東アジア世界を席巻し、人間と社会を呑みこむ一大文明体系だったのです。先回りしていえば、律令国家建設の礎《いしずえ》となったものは——公民制や官僚制も、建築技術も古墳の縮小化も——、仏教の導入によってレールが敷かれたといえるでしょう。

在来祭祀と仏教は同じジャンルですから、変化の兆しが、まず葬送という祭祀のありようにあらわれたのは自然なことでした。

『日本書紀』によれば用明は最初、磐余池上陵《いわれのいけのへのみささぎ》に葬られるも、五九三年に河内《かわち》に改葬されました（この年の正月に、飛鳥寺の塔の心柱が立てられている）。磐余とは、磯城と飛鳥に挟まれた地域で、天の香久山の北東麓、寺川の左岸に当たります。

改葬された用明陵は春日向山《かすがむかいやま》古墳とされています（大阪府太子《たいし》町）。これは歴代大王が前方後円墳だったのと異なり東西六五メートル、南北六〇メートル、高さ一〇メートルの方墳。前方後円墳を脱却した、大王初の方墳として特筆されます。あたらしい葬送形式（寺と組み合わされた権力表現でもある）を模索する馬子の主導によるものでしょう。

蘇我氏が採択した葬送の形式が大王にも適用されたのです。大王陵の形式すら変えてしまう蘇我氏の権勢は、向かうところ敵なしの勢いです。

第3章　飛鳥寺の出現

1　驚くべき大伽藍、驚くべき伽藍配置

†焼失した我が国初の伽藍建築

我が国仏教文化のあけぼのとして教科書に必ず登場する飛鳥寺。訪れると、意外にも外観はふつうのお寺と何ら変わりなく見えるかもしれません。ですが堂内に入りますと、凜とした空気にだれしも打たれることでしょう。静けさのなか、本尊の釈迦如来坐像、通称〝飛鳥大仏〟の存在感が迫ってくるのです（第Ⅰ部扉写真を参照）。

高さ二・七五メートルと、〝大仏〟にしてはそれほど大きくはありません。しかし初発《はじまり》だけがもつ素朴な勁《つよ》さを湛《たた》えていて、その厳かさから滲み出てくる迫力に圧倒されます。銅の鋳造

仏で、今は照明を受け黒光りしていますが、当初は全身、金で覆われていました。金色に輝くみほとけは如何ばかりだったでしょうか。

——迫力あるほとけと簡素な御堂の取り合わせにやや戸惑うかもしれない。じつは、鎌倉初期に落雷があり、馬子建立の大伽藍は全焼してしまった。大仏も損傷を免れ得ず、痛々しい修復の跡が見られる。長らく野晒《のざら》し状態がつづいたが、江戸初期には、草屋根の簡単な建物で保護されるようになった。しかし、これではおいたわしやと、ある尼僧の努力で建立されたのが現在の御堂。

創建当初は現在と違いました。鈍く光る甍《いらか》の波が重なるように連なって空を圧し、基壇上、礎石《そせき》に立つ太い円柱が大地を踏みしめ、塔と金堂からなる建築群の四周を列柱回廊がめぐっていたのです。木部は目にもあざやかな朱と緑に塗り分けられ、壁面は真っ白な漆喰。そのコントラストに度肝を抜かれたことでしょう。さらに建物の随所に金色に輝く金物が取り付けられました。じつに堂々たる大建築群が建ち並んでいたのです。

その規模を回廊で囲まれた聖域面積で見るなら、現在の法隆寺や四天王寺を大幅に上回っていた。四天王寺の一・四倍、法隆寺の一・八倍です。

そしてなによりもユニークなのは、その伽藍配置。以後、我が国の歴史において、同様の伽藍配置は一つとしてあらわれていない、壮麗な伽藍配置だったのです。

なんと我が国初にして無二のユニークな伽藍がいきなり出現したのでした。それは三百年以上にわたった古墳時代に幕を下ろし、あらたな時代の到来を高らかに告げました。庶民の多くが竪穴《たてあな》住居に住み、大王の宮殿も茅葺き屋根に掘立て柱であった時代です。飛鳥寺に見る大陸伝来の建築のありようは、あたらしい世界の幕開けを圧倒的なスケールで繰りひろげたのでした。それは目も眩《くら》むような衝撃だったにちがいありません。

もし今、飛鳥寺が当時のままの雄姿を見せていたなら、現代人のだれもが驚嘆し、讃美を惜しまないにちがいない。そして、こう思うでしょう。とても初めてとは思えない……。どうして最初から、これほどまでに壮大で完成度の高い伽藍が可能だったのか、と。

†驚くべき発掘調査の結果

それでは具体的に見てゆきましょう。昭和三十一年（一九五六年）に着手された発掘調査で驚愕の事実がつぎつぎとあきらかになりました（奈良文化財研究所）。通常、発掘調査においては作業効率を上げるために、事前に予想を立て、これをもとに作業に入る。飛鳥寺の発掘現場では〈中門《ちゆうもん》—塔—金堂〉がタテ一列南北に連なる、いわゆる〈四天王寺タイプ〉を念頭に置いていたといいます。当時、交流の深かった百済の伽藍配置はみなこのタイプと思われていましたし、飛鳥寺の後に建立された斑鳩寺《いかるがでら》（＝創建法隆寺）もそうだったからです。しかし結果は予想だにしないものでした。
(一) 南北にとおる伽藍中軸線《ちゆうじく》上、五重塔の背後(北)に金堂があるほか、塔の真東と真西にも金堂がある(一塔三金堂《いっとうさんこんどう》)
(二) 東金堂と西金堂は同形同大(伽藍中央にある塔からの距離も等しい)
(三) 三金堂はいずれも塔に正面を向ける
(四) 本体を載せる基壇《きだん》の造りが塔・中金堂と東西金堂とで異なる(東西金堂は簡素)
(五) 一塔三金堂を列柱回廊が取り囲む。その面積は三三〇〇坪
とりわけ衝撃的だったのは、塔を中心に、三棟の金堂がこれを取り囲むという我が国に例を見ない、一塔三金堂の伽藍配置だったことです。

†いったい、どこから?

これはいったい、どこからもたらされたのか?

仏教公伝をはじめとする当時の百済との密接な交流から、まず百済からとだれしも思う。しかし百済からは、このような一塔三金堂の伽藍配置は見いだされていないのです。

ところが近年、百済の都のあった地から飛鳥寺のモデルとなったとみられる伽藍配置が発見されたと大きく報道され、注目を集めました(王興寺《おうこうじ》跡、六世紀後半、韓国・扶余《プヨ》)。国立扶余

文化財研究所による発掘調査を受けて二〇〇八年に日韓中合同シンポジウムが開かれ、王興寺の飛鳥寺への影響がつよく指摘されたのです。しかしのちに書かれた論文を読むと、伽藍配置に関しては、建築的見地から無理があるといわざるを得ません。もっとも、論文のなかで論者自身が「強引であろうか」と躊躇の色を見せているのですが（佐川「王興寺と飛鳥寺の伽藍配置・木塔心礎設置・舎利奉安形式の系譜」）。

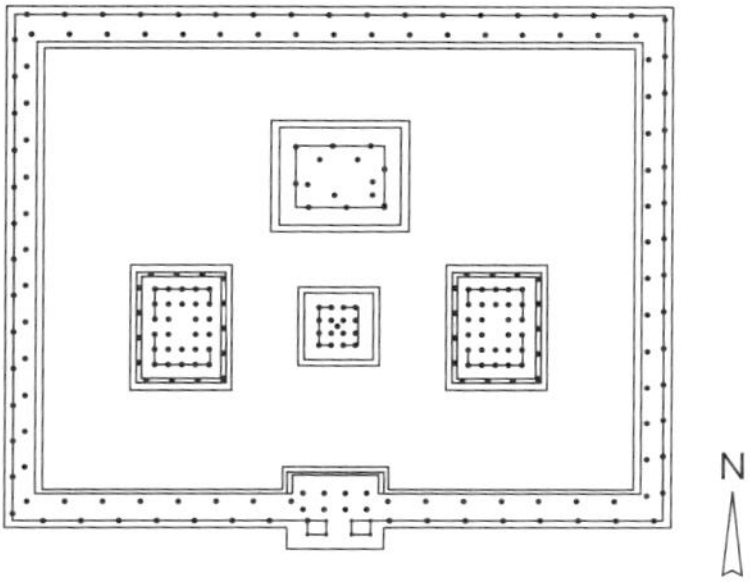

飛鳥寺／配置復元図

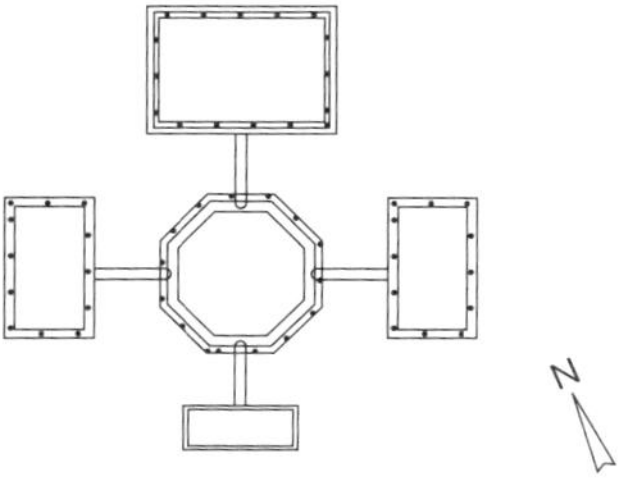

高句麗／清岩里廃寺配置復元図／北朝鮮平壌郊外
（ともに大橋一章『飛鳥の文明開化』より）

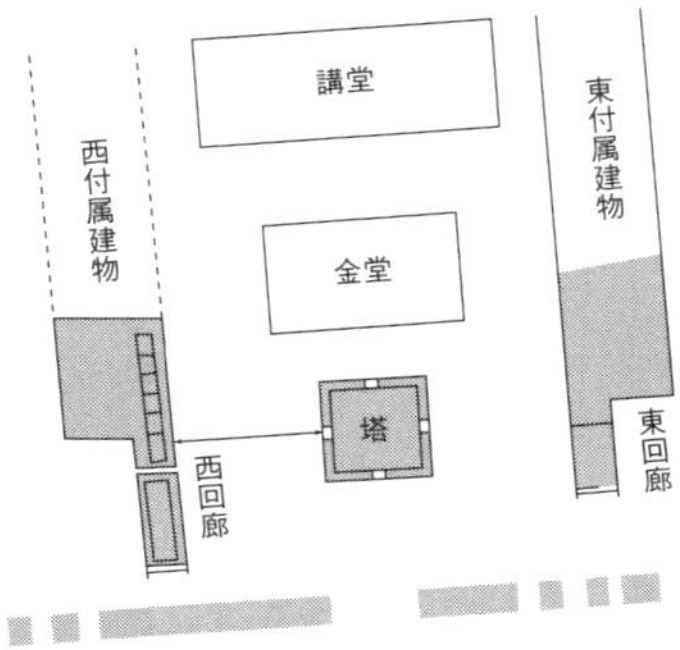

百済／王興寺配置復元図／韓国扶余（鈴木靖民編『古代東アジアの仏教と王権』より作成）

いっぽう、高句麗には一塔三金堂とみられる例がすでに知られていました（清岩里《せいがんり》廃寺、五世紀末、平壌《ピョンヤン》郊外）。とすれば従来どおり、伽藍配置に関しては素直に高句麗の影響とみるのが妥当ではないか。

清岩里廃寺や飛鳥寺に見られる構成は西洋、東洋をこえて集中型、もしくは中心型平面（centralized plan）ということができる（フランクル『建築史の基礎概念』）。全体を一点に集約する強力な〈中心性〉を王興寺の伽藍配置はもっていない。飛鳥寺と王興寺とでは、空間構成の根底からして異なるのだ。

造営工事に当たった職人は、百済から遣わされた面々とその指導下にあった邦人たちでした。確かに伽藍配置以外の点では、王興寺と共通する要素があり、伽藍配置だけ高句麗からというのは説明がつかないようにもみえます。やはり配置も百済からなのだろうか……。だが歴史は複雑であり、けっしてシンプルに事が進むとは限りません。

百済か、高句麗か？　この伽藍配置の由来をあきらかにするには、飛鳥寺建立の発願から完成までの道のりをたどる必要があります。

2 飛鳥寺建立、はじまる

†百済からの技術者派遣

『日本書紀』によると蘇我馬子が造寺を発願した翌年の五八八年、百済から仏舎利（釈迦あるいは高僧の遺骨）を携えて大派遣団がやって来た。そのなかには六名以上の僧のほか、寺工《てらたくみ》二名、鑪《ろ》（露）盤《ばん》博士一名、瓦博士四名、画工一名が含まれていたといいます。

寺工とは伽藍建築を建てる技術者。屋根頂部から垂直に伸びる金属製モニュメント全体を相《そう》輪《りん》といい、露盤はその基部をなす一要素（屋根との接合部）。それが今日の用語法だが、古くは相輪そのものを露盤と呼ぶことがあった。ここでは古い用語法。つまり露盤博士とは相輪を製作する専門技術者。瓦博士とは瓦製造の専門技術者。我が国における瓦の製造は飛鳥寺建立からはじまった。

さきに述べたように五七七年、百済が僧、寺工ら六人を既に派遣してきていました。それにつづく第二次派遣ですが、前回より倍以上に増員されている。前回の目的は技術者養成とみられますが、今回はあきらかに飛鳥寺着工を念頭に置いた陣容。これも馬子の要請だったにちが

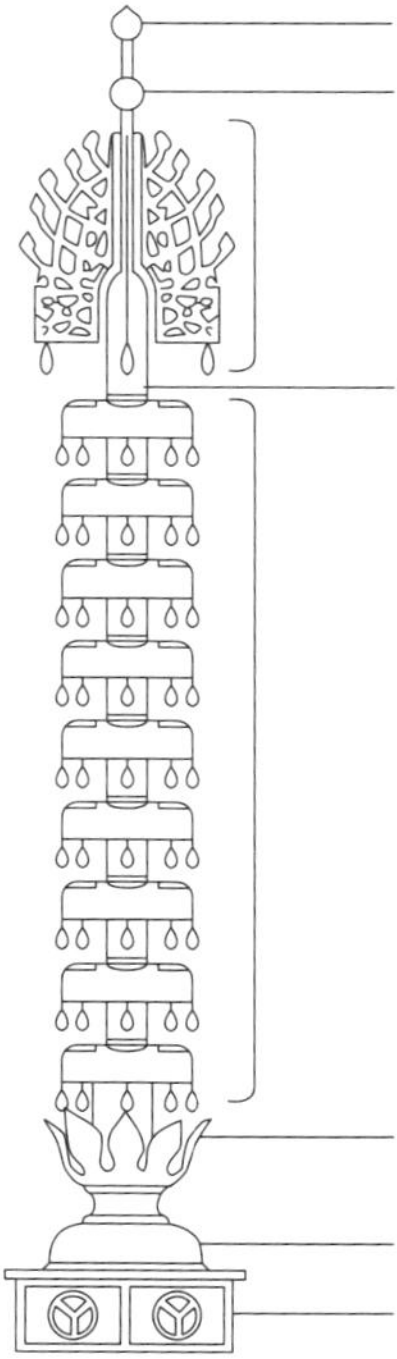

屋根頂部に載る相輪（拙著『空海 塔のコスモロジー』）

いありません。

これから見てゆきますが、『日本書紀』は他の寺院では見られないほど、飛鳥寺の造営過程をきわめて克明に記しています。『日本書紀』が逆賊に仕立て上げた感のつよい蘇我本家ゆかりの寺をなぜ、それほどまでに重視するのか?

初の伽藍建築だったからというだけでは十分とはいえないでしょう。抵抗勢力を一掃した今、王権内における蘇我氏の権勢は圧倒的なものとなりました。蘇我本家滅亡後は大王がこの寺を接収し、官寺と同等の扱いを受けるようになります。飛鳥寺は国の文化中枢として機能しつづけ、律令国家形成の道をひらくのでした。

†現場が動き出す

『日本書紀』によれば百済から第二次派遣団がやって来た五八八年には、早くも現場が動き出しています。盆地内の、飛鳥開発に絶好の地に建設地を定め、既存家屋を解体。つづいて周辺道路の整備、そして伽藍配置など全体計画を検討して工程計画を立て、並行して整地工事に入ったとみられます。

三輪山のふもと、磯城地域において初期大和王権は歴代の王宮を転々とさせていた〈崇神—垂仁—景行〉。その後、南につづく磐余地域と行ったり来たりするが、やがて三代つづいて磐余地域に定着する〈敏達—用明—崇峻〉。

それが磐余から南下して飛鳥に至る。じつは飛鳥と呼ばれる地域の範囲は、古代と現代とでだいぶ異なる。古代の飛鳥は飛鳥寺をふくむ東西五〇〇メートル、南北一キロほどの、ごく狭い範囲。ところが今日では、そこをふくめて、広く飛鳥盆地全体をイメージするのが一般的で、本書ではこちらによる。

そこは渡来の人びとの集住地だった。早くも蘇我氏は飛鳥に進出し、一帯を支配していた。蘇我氏の故地は現在の橿原市曽我町とみられるが、あらたな拠点として飛鳥開発を画策していた。ここに我が国最高の権威を体現する建築として飛鳥寺を造り、権力を確かなものにする。

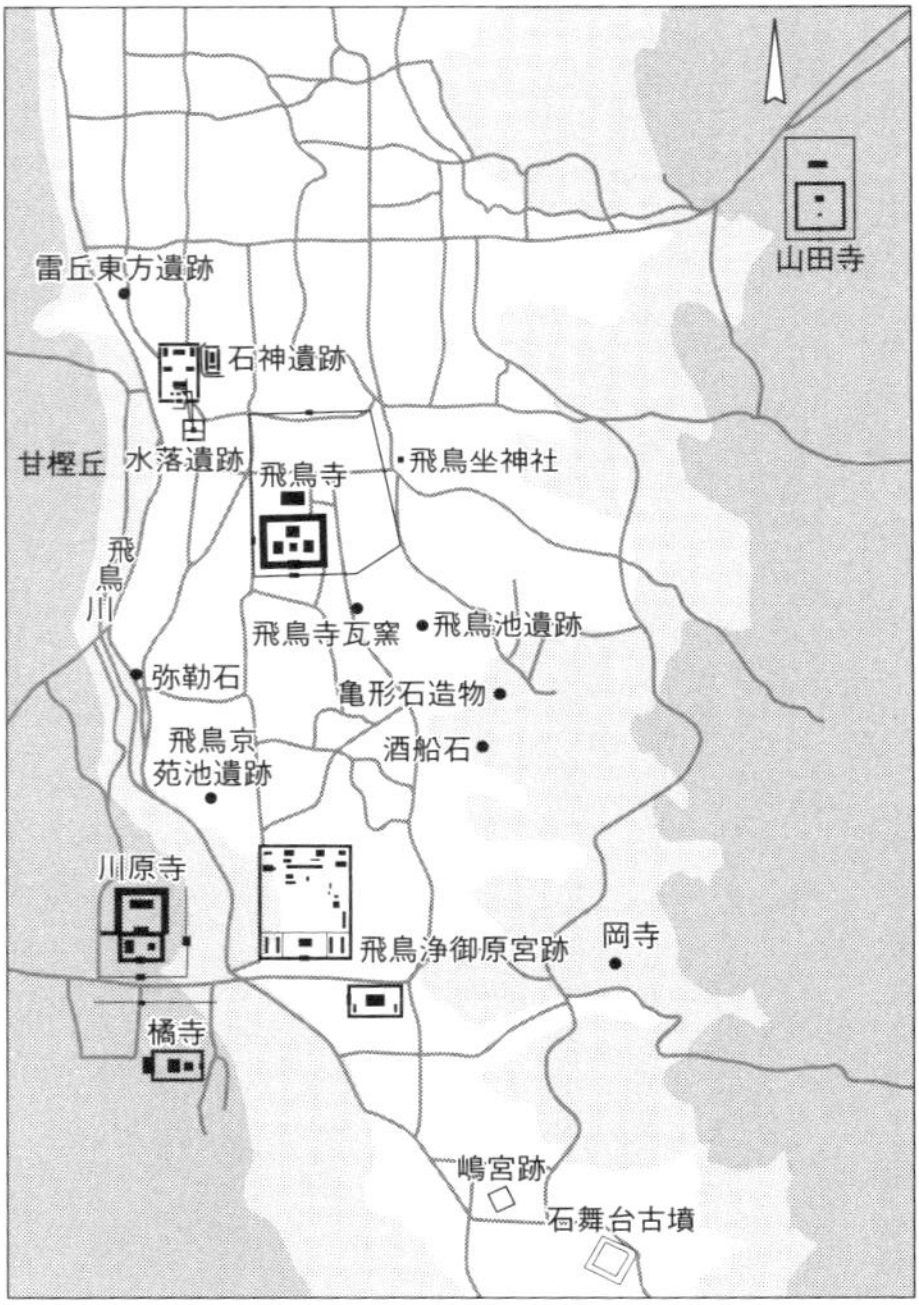

飛鳥地域／遺跡分布図（奈良文化財研究所ほか編『飛鳥・藤原京展』より作成）

自家の拠点化を狙って飛鳥のもっとも目立つ場所に、我が国初の本格的大伽藍を建てようとしていた。

飛鳥寺は建前上、一氏族の寺でありながら、実際には国を圧倒し呑み込んでしまう、超弩級のパワーを放つのでした。茅葺き、掘立て柱からなる歴代王宮を凌駕し、その権威を吹き飛ばしかねない存在感――

その建立は、磯城から磐余に移っていた権勢の重心を、さらに飛鳥へと南下させる意図をもっていました。実際、やがて王宮は飛鳥に遷り、蘇我氏のあらたな根拠地・飛鳥が都となるのです。

飛鳥寺は、単に一宗教施設にとどまるものではありませんでした。その建立は、政治・宗教・社会全体のあたらしいあり方にむかって動き出した、最初の一歩だったのです。後世、その時代をひとは古墳時代と区別して飛鳥時代と呼ぶ。

†「山に入りて寺の材を取る」

既存家屋の解体につづいて整地工事、そしていよいよ本体工事にむかいます。『日本書紀』を見ると崇峻三年（五九〇年）十月、

山に入りて寺の材《き》を取る

とある。この記述から、盆地周辺に連なる山に自生している樹木を伐採したことが窺えます。既存家屋解体からここにいたるまで二年と、かなりの時間が経過しています。この間に整地工事や周辺整備工事に並行して、馬子を中心に僧、寺工らのあいだでさらに細部にわたる具体的な設計内容が練られていたことでしょう。個々の建物および仏像のレイアウトにいたるまで——。これにもとづき、工事においてまず必要となる柱や梁、垂木などの寸法や数量が算出され、伐採作業が進められたと考えられます。

そして木取《きど》りの作業に入る。木取りとは、丸太を前にして、必要な寸法の用材を効率よく得られるよう取り方を決めたうえで、用材を切り取ることをいう。ただし当時は工具が十分に発達しておらず、木目の方向に材を切断する縦挽きのノコギリがまだなかった。そこで筋目のいい材を選び、ノミで切り込みを入れてからクサビを打ち込んで割っていた。

†金堂の工事がはじまる

『日本書紀』によれば崇峻五年（五九二年）十月、いよいよ金堂と歩廊の工事がはじまった。まず念入りに基壇を造成する作業から入ったことでしょう（基壇の上に建物が載る）。これには版築《はんちく》工法がもちいられました。

版築は大陸伝来の地盤造成の技術で、粘土層と砂質層を交互に積み上げて堅固な地盤を築造する工法。伐採開始からちょうど二年（既存家屋解体から四年）が経過していますが、この間、詳細設計や整地・周辺整備工事、そして必要部材の準備に追われていたのでしょう。

この時、着工された金堂は、三金堂のうち、塔の真後ろに位置する中金堂《ちゅうこんどう》です。歩廊とは聖域の東西南北、四面を囲う列柱回廊のことですが、南面回廊の中心に中門《ちゅうもん》がありました。

中門とは、表門（あるいは大門《だいもん》）が外界との接点なのにたいし、さらに奥にある回廊に囲まれた聖域への門。まず中門から着工され、その後、回廊が左右に伸びてゆく。『日本書紀』は中門に直接言及しないが、「歩廊」のなかに中門を含めていると考えられる。

門など、塔や金堂が完成してからでいいと思われるかもしれない。確かに現・法隆寺などではそうだった。事情が違ったわけだが、飛鳥寺では金堂と中門から工事がはじまっていた。金堂の中心と中門の中心をむすんで伽藍の中軸線を定め、この線上に塔の中心を定めたと考えられる。なるべく離れた二地点間で建築方位を定めたほうが、精度の確保にむけて有利になる。事実、この中軸線は驚くべき精度を以て南北を示していた。

†王宮も飛鳥に――激動する政治情勢のなかで

崇峻五年(五九二年)、中金堂と中門・回廊の工事がはじまってから一カ月が経過した十一月、大王崇峻が馬子により殺害されるという大事件が起きた。なんと、臣下によって大王が殺されたのです。それにもかかわらず、殺害を命じた馬子は処罰されることなど全くない。もはや向かうところ敵なしの馬子。このころ政治の実権は大王にではなく、馬子にあったのは確実です。

じつは崇峻は馬子の妹である小姉君《おあねのきみ》の子、つまり馬子の甥でした。〈蘇我―物部〉戦争の後、馬子によって擁立された崇峻でしたが、即位してからは、ただならぬ確執が生じていたのです。

翌十二月、馬子主導により炊屋姫《かしきやひめ》三十九歳が豊浦宮《とゆら》にて即位(推古)。崇峻が殺されてから僅か一カ月という慌ただしい即位でした。あたらしい宮を建設する余裕もなく、豊浦宮とは、父稲目が喜捨して寺とした「向原《むくはら》の家」（四五頁）に、地面を石敷きにするなどの改修を施して王宮に転用したものと考えられます。

『日本書紀』には、〝仏教公伝〟のあった年に、「伽藍《てら》」（「向原の家」を「寺」としたもの）に火がつけられたとある。この火災記事をそのまま受け入れて、「寺」は全焼したとの説も見られますが、この記事の前後には法難を強調するあまり、信憑性を疑わせる記事が多く、これも同様とみていいでしょう。

そうでないと、僅か一カ月で豊浦宮が新築されたことになってしまう。豊浦宮が仮設建物なら、それもあり得ますが、推古は六〇三年に小墾田《おはりだ》宮に遷るまで、十一年もここに居たのです。

――推古は亡き敏達の大后だったが、この夫婦は欽明を父とする腹違いの兄妹。母は稲目の娘堅塩媛《きたしひめ》だったから、推古にとって馬子は叔父。少女時代は母の実家である蘇我の私宅で養育されたとみられ、まさに蘇我氏の家風のなかで精神形成がなされた女帝だった。

我が国初の女帝とされる推古ですが、ここで注目しておきたいのは即位した豊浦宮の由来とその位置。もとは蘇我氏の私宅だったという由来だけでも、事態が馬子主導で進められたことがわかります。そこは飛鳥の入口に当たる場所で、飛鳥寺から北西約八〇〇メートルと近い。このころ飛鳥寺は中金堂と塔の心柱《しんばしら》（後述）、そして中門・回廊が着工されたばかり。蘇我氏の根拠地に王宮をもってきたことには大きな政治的意味があったのです。

歴代王宮のあった磯城・磐余圏から、蘇我氏の根拠地である飛鳥にはじめて王権の中枢が移りました。伽藍のみならず、王宮をも蘇我氏の根拠地に引き寄せたのです。意に染まなければ、時の大王をも殺めて自分の妹の娘を大王とし（推古）、さらには王宮をも自分の根拠地に呼び込む馬子。大王を凌駕する、実質的に最高権力を掌中に収めた者の振る舞いです。

†心柱が立つ

推古元年（五九三年）正月十五日、五重塔の心礎《しんそ》内に仏舎利を安置し、その翌日に心柱《しんばしら》を立てました。正月におこなったのは、工程との関連もさることながら、新年はもちろんのこと、併せて、先月おこなわれたばかりの推古即位を寿ぐ意図もあったのでしょう。

先述のように、この年の九月に用明が河内の陵に改葬されている（春日向山古墳）。それは前方後円墳を脱した、大王初の方墳でした。初の伽藍建立と前方後円墳からの脱却は、馬子主導によって同時に進行していたのです。

――心柱とは塔の中心をつらぬく柱。それは掘立て柱でしたが、従来の掘立て柱と異なるのは地中に据えた礎石の上に立てたことだった。沈下を防ぐために柱の下に据える石を礎石といい、心柱の場合はとくに心礎という。

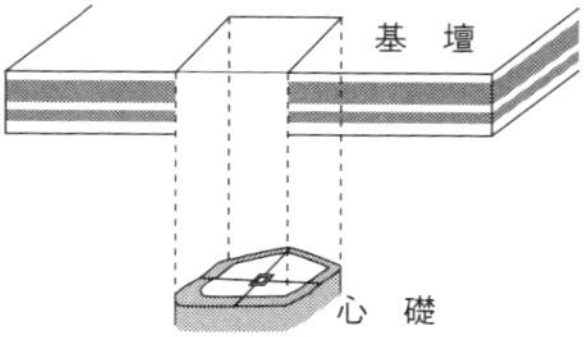

飛鳥寺／塔の基壇と心礎（大橋、前掲書より）

†前方後円墳から五重塔へ

前章で触れましたが『日本書紀』には六二〇年、欽明陵のまわりに土を盛って山を築き、豪族たちにこぞって柱を立てさせたとあります（五五頁）。

すでにこのころ豪族たちは競って氏寺《うじでら》を建てており、六二四年の記事には「寺四十六所、僧八百十六人、尼五百六十九人」と見えます。仏教が急速にひろがっていた時期ですが、それでもなお古来の柱信仰は衰えることはなかったのです。仏教伽藍の中心に立つ五重塔、その心柱においてすら、古墳に立つ柱と意味を共有していたのでした。

さきに述べたように、飛鳥寺五重塔は鎌倉初期に落雷に遭い焼失してしまいました。この時、心礎から舎利が取り出され、新しい容器に入れなおして再び地中にもどされていたことが、発掘調査で確認されています。そして心礎の上面には、金銀の延べ板や金環、銅製馬鈴、勾玉など、まるで古墳の副葬品を思わせるものが多数見いだされました。古墳における立柱儀礼に似て、なお在来の風習を色濃くのこしていたのです。

古来の風習をのこしつつ、しかし霊的モニュメントの形は前方後円墳から伽藍建築、わけても心柱をもつ五重塔へと変わってゆく。キリリと立って高さを誇る五重塔は、まどろんでいるような前方後円墳をダサい〝無用の長物〟としてしまうのです。

†三宝を興し隆えしむ

『日本書紀』の推古二年（五九四年）二月に、つぎのような記事が見えます。

皇太子及び大臣に詔《みことのり》して、三宝を興し隆《さか》えしむ

推古が「皇太子」と大臣馬子に、仏教を栄えさせるよう命じたというのです。「皇太子」とは厩戸王子＝聖徳太子を指している。推古が出した命令は、「朕、三宝に帰らむと思ふ。卿等議れ」（五二頁）という用明の指示につづくもの。ただし用明の場合は、大王が仏教興隆を明確に宣言した最初ではあるものの、最終的結論は臣下の協議にゆだねています。当時の大王に許された実権の限界を露呈しているといえ、その実施を初めて公式に命じた初の大王は推古ということになります。

しかしその実情はどうだったでしょうか。崇峻暗殺という異常事態を受けて急遽、大王の座にまつり上げられた推古（これも馬子主導）。王権は馬子主導ですでに崇仏一色となっています

が、これを公式のものとするために、仏教興隆の命を出すよう馬子が推古に要請し、王権は仏教にお墨付きを与えたのでした。これで仏教活動が公認され、国を挙げて奨励されたのです。

女帝は馬子の姪《めい》であり、前述のように蘇我の私宅で幼少期を送っていた。『日本書紀』をそのまま真に受けて、推古の指示を百パーセント自らの意思で発したと思うのは、あまりにもナイーブというものです。

抵抗勢力を武力で一掃した後、仏教興隆を現実のものとし、今まさに飛鳥寺建立の大事業を着々と進行させていた馬子。用明を大王初の方墳に改葬したのも、馬子主導とみられます。このような状況下、推古の「三宝を興し隆えしむ」という指示は、かれの教導示唆によるとみていいでしょう。

3 さらに二つの金堂を──途中で起きた大変更

†高句麗僧がやって来た

『日本書紀』によれば推古二年（五九五年）五月、高句麗から僧・慧慈《えじ》が遣わされてきた。かれは聖徳太子の師となり、仏教の真髄を伝授した高僧として知られますが、この僧は飛鳥寺に運命的な出来事をもたらした。

——高句麗は倭の友好国であった百済を軍事的に圧迫しつづけており、倭国とは疎遠だった。その昔、四〇四年には、倭は高句麗と一戦を交え、大敗を喫していた（広開土王碑《こうかいどおうひ》）。だが五八九年に広大な中国大陸を隋が統一するや、高句麗は軍事的緊張にさらされ、国境は一気に緊迫の度を高める。〝前門の虎〟隋を迎え討つにあたり、倭が〝後門の狼〟とならぬよう、高句麗は倭との関係改善を積極的に試みるようになる。慧慈の派遣には、倭に接近し融和を図るという高句麗側の意図があったとみられる。

朝鮮半島において、高句麗は仏教先進国だった。仏教の伝来は三国でもっとも早く三七二年。百済へは十二年後の三八四年。新羅へは五世紀半ばに高句麗から僧が入っている（公認は六世紀前半）。当時の中国は南北朝時代に入ろうとしていた。高句麗は北魏仏教、百済は南宋仏教。截然と分かれるわけではないが、百済と高句麗の仏教は系統を異にしていた。

†現場にて

高句麗から高僧が来たことが注目されるのは、さきに述べたように、飛鳥寺と同様の伽藍配置が高句麗に見いだされるからです。慧慈が派遣された時、飛鳥寺の建設現場はどういう段階だったのかを見ておきましょう。

金堂（中金堂）は着工から二年半余りが経過しており、ほぼ完成していたとみられます。中門は出来上がっていましたが、列柱回廊については中門に接続されていたものの、なお未完のままに止め置かれていたと思われます。というのは、塔の工事が進行中であるため、列柱回廊で聖域を閉じてしまうと資材の搬入などに支障をきたし、作業効率が著しく落ちてしまうからです。搬出入の作業に中門を使うと傷つけてしまう恐れもあります。

五重塔は、なお建設の途上にあり、初重、二重、三重の屋根に瓦が葺かれ、四重の屋根工事に取りかかっていたころだったでしょうか。〈中門―塔―金堂〉がタテ一列南北に連なる、いわゆる〈四天王寺タイプ〉の伽藍が全体像を見せつつあったと推定されます。この伽藍配置は百済でさかんに採用されていたことから、百済僧（あるいは技術者）からもたらされたにちがいなく、これを蘇我馬子は了としていたとみられます。造営がこのような段階をむかえていたころ、高句麗から高僧・慧慈がやって来たのでした。

†衝撃の高句麗情報

馬子は早速、飛鳥寺の建設現場に慧慈を案内したことでしょう。先進国高句麗の高僧が目を見張るのを期待して――。だが、さして驚くふうでもない慧慈。感想を尋ねても、通りいっぺんのことばしかなく、社交辞令の域を出ない……。どうも不審だ。高句麗ではいったいどういう伽藍が建っているのか？

聞かれた慧慈は知っている、ありのままを馬子に話した。それは驚愕の内容だった。なんと高句麗には、塔のまわりに金堂が三つも配置された伽藍があるというのです。〝見た目〟が全ての馬子は衝撃に青ざめる。最高の寺を造ろうと可能な限り情報を集め、力を尽くしてきたのに、いったい何ということだ……。はるかに上回る寺が高句麗にあったとは！

しかし、立ち直るのも早い馬子だった。もっぱら百済の情報と技術に頼ってきたが、いいものを造るのに百済も高句麗もない。馬子の切替えは早かった。慧慈から得た情報を早速採り入れて飛鳥寺に反映させようと、あくまでも可能性を追求するのでした。

――以上は想像です。しかし細部はともかく、このようなやり取りが両者のあいだにあった、すくなくとも高句麗の伽藍情報が慧慈から馬子にもたらされた可能性は十分にあります。情報を得て発願者の馬子が途中で伽藍配置を変更し、百済の技術者に指示した。これを受けて急遽、技術者たちがあらたに二棟の金堂を建てたと考えられるのです。

†馬子の力量

高句麗僧・慧慈からの情報をもとに馬子は急遽、飛鳥寺を一塔三金堂の伽藍配置に変更することにした。具体的には、当初の〈中門―塔―金堂〉がタテ一列に連なる伽藍配置に、塔の東西に同形同大の金堂を二棟、付け加えることにしたのです。

南北方向に走る東面と西面の歩廊がこの時、既に出来ていたなら、二金堂新設工事の邪魔になるから撤去しなければならないわけですが、発掘調査において予想された歩廊位置からは痕跡が見いだされなかった。それら東西の歩廊はまだ出来ていなかったようだ。

おそらく、中門に取り付く南廊でとどまっていたと思われるのです。全工事が完了する前に、何も急いで歩廊を閉じる理由がないからです（閉じて初めて回廊といえる）。建設中でも威厳を示したかった、あるいは一刻も早く全体像を見たかったとしても、中門と左右に伸びる南面歩廊があれば、それなりの〝書割〟的効果があったでしょう。

こうした二棟増設を含む配置計画の大変更は、資金や資材の調達、人員の確保そして時間調整さえ叶えば可能です。つまり、馬子が明確な指示を出し、技術者たちは己れの専門的能力でこれに応える。その声に耳を傾けつつ、最終的に判断する力とリーダーシップ、突破力があれば（これぞ政治力）、建築の素人でも力を発揮することは可能でした。

結論的にいって、飛鳥寺では個々の建物造営は百済流、建物配置は高句麗流が採用されたのです。それは全体を把握し統括する馬子の力量があって初めて達成されたといっていいでしょう。

慌ただしくはじまった東西金堂工事

高句麗から慧慈が来たのが推古三年（五九五年）五月で、飛鳥寺の竣工は翌年十一月。それにしても竣工一年半前のこの段階で、東西金堂二棟の工事を追加するとは、現場に大きな衝撃と緊張が走ったにちがいない。

いっぽう馬子は馬子で、変更指示を出せば済む話ではなかった。まず資金は、馬子の力で何としても調達しなければならない。一族はもちろん、対物部戦争をともにした周辺の豪族たちにも協力をもとめたのではなかったか。

このころ中金堂は着工から二年半ほどが経過しており、ほぼ完成していたと考えられます。したがって、人工《にんく》（人員）を両金堂の工事に回すことが可能でした。今度は二棟ありますから、豪族たちに協力をもとめ、あらたに人工を補充したと思われますが、中金堂造営の経験者たちを主にして作業は効率よく、ハイピッチで進められたことでしょう。

飛鳥寺に使う瓦のために特別に設けられていた窯場《かまば》では、ひきつづき大量生産に取り組みます。問題は木材の調達が間に合うかどうか。先述のように当時はまだ縦挽きのノコギリがなく、クサビを使って、割って用材を得るしかなかった。したがって失敗も多く、用材取得の効率が悪かった。そういう事情を考慮すると、着工当初の材木の確保では、かなりの余裕を見込んでいたと考えられる。両金堂の新設にむけて、もちろん新たな伐《き》り出しがおこなわれたが、当面は残っていた木材を使い、木取りの作業に入ったことでしょう。これに並行して、東西両金堂の基壇造成作業が開始されました。

発掘調査の結果、さきに述べたように、基壇の造りが塔および中金堂と、東西両金堂とで大きく異なることが判明しました。塔および中金堂は入念な仕上げがなされていて格式が高く、東西二金堂の基壇は簡素化されたものでした。工期短縮をめざして、工法の簡略化が図られていたのです。これも技術陣の努力と工夫の跡といえます。

現場の技術を総結集して工期短縮が図られ、ふつうなら二年は要する金堂が、僅か一年半の工期で二棟、無事に完成したのでした。『日本書紀』は推古四年（五九六年）十一月、

法興寺、造り竟《をは》りぬ

と記述しています。五重塔をはじめ、これを取り囲む中金堂・東金堂・西金堂、そして中門・歩廊など伽藍主要部がこの時、完成したのです。これに合わせて、伽藍配置に大きな影響を及ぼした高句麗僧・慧慈、そして慧慈と同じ年に飛鳥に来た百済僧・慧聡《えそう》の二人が飛鳥寺に住みはじめたと『日本書紀』は伝えます。ということは、僧たちが居住する僧坊もこの時、完

成していたとみられます。

五九八年には隋と高句麗のあいだで戦闘が勃発、高句麗が超大国の隋を相手に、なんと勝利をおさめています。このころ、高句麗の意気は大いに上がっていたのです。

4　画期の宮、小墾田宮

†推古、豊浦宮を出る

中国の正史『隋書』によれば、六〇〇年に最初の遣隋使が派遣されました。四七八年に大王雄略が南朝の宋に使者を遣わして以来の、一二二年ぶりの中国との公式接触でした。それは多くの面で我が国の遅れを思い知らされる、衝撃の出来事となりました。

皇帝から問われて倭国の使者は「倭王は天を兄とし、日を弟とします。日がまだ出ていないうちに政治をおこない、日が出たら止めます」と答える。すると皇帝はあきれ果て、道理に合わない（義理無し）から改めるように、と命ずるのでした（藤堂ほか『倭国伝』）。この第一回遣隋使については『日本書紀』に記述が全くありません。国のメンツを失ったという思いから一切を伏せたのでしょう。

〝良薬は口に苦《にが》し〟。倭国としては屈辱的な体験でしたが、これを機に、さまざまな改革に取り組むことになります。建築に関していえば、蘇我氏所有の館を用途変更したに過ぎない豊浦宮では、とても隋に通用しないことがわかった。そこで、国際基準を満たした、あたらしい王宮を造ることになる。それが小墾田宮でした。

†小墾田宮に遷る

そこは、蘇我稲目が欽明からあずかった金銅仏をいったん安置した「小墾田の家」があった場所と伝わっており、飛鳥寺の北西六〇〇メートルほどの地と推定される（豊浦宮跡に近い）。

豊浦宮の遺構からは掘立て柱を抜き取った穴や石を移した痕跡が窺え（現在の向原寺《こうげんじ》境内、奈良文化財研究所）、小墾田宮の造営に再利用したとみられています。工期の短縮を図ったのでしょう。宮の主人とともに、建築資材も移ったことになる。推古十一年（六〇三年）十月、新宮に遷居しました。

豊浦宮も小墾田宮も、蘇我氏の私宅があった所。しかも小墾田宮は豊浦宮の資材を再利用しています。小墾田宮の造営も馬子主導だったのです。その建築遺構は確認されていないものの、「小治田宮《おはりだ》」と墨書された皿状の土器が複数出土しており（雷丘東方遺跡、明日香村教育委員会ほか）、宮はその一帯にあったとみられるのです。

小墾田宮の空間構成

小墾田宮の空間構成の基本は『日本書紀』の用語法から、つぎのように想像復元されています。

——「南庭《おほば》」をへて「宮門《みかど》」（南門《みなみのみかど》）から入ると、「庭中《おほば》」（のちの朝庭に該当）があり、東西には「庁《まつりごとどの》」（朝堂）があって、「庭中」をはさんで向き合っている。「庭中」の奥、突当りには「大門《みかど》」（閤門《うちつみかど》）が立ち、その奥に大王のおわす「大殿《おほとの》」がある。大殿の前にも庭（庭中）がある。

庭や門の名称に南庭、南門という方位が使われていますが、小墾田宮に関わるとみられる遺構は西にかなり振れており、正方位をとるまでにはいたっていなかったようです。

小墾田宮の遺構はまだ解明の途上にありますが、茅葺き、掘立て柱という従来の工法によっていたでしょう。複数の庭をともなって建物群の配置に新機軸をもたらした点にこそ、全面建て替えの主眼があったと考えられます。

具体的には、「宮門」を入ると眼前にひろがる「庭中」は朝礼などの場であり、外国使節をむかえる対外的な公式儀礼をおこなうことができます。この広い外部空間を真ん中にはさみ、東西に「庁」が対面するように建っている。「庁」では役人が執務をおこない、あるいは大王

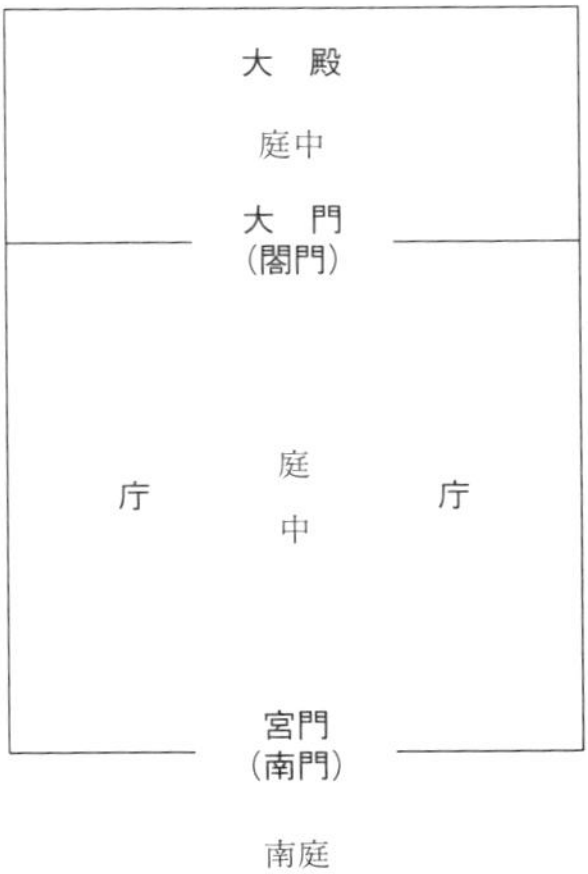

小墾田宮の想像復元／空間構成図（仁藤敦史『都はなぜ移るのか』より作成）

に面会する豪族がそこで控えたりする。盛大に儀礼がおこなわれる場合は、これを準備し、盛り上げるスペースとして役割を果たしたことでしょう。

そして「庭中」突当り中央の「大門」を入ると、また「庭中」があり、奥に「大殿」がある。この「庭中」は大殿の前庭であり、大門から先は基本的に大王のゾーン。儀礼や政務、および居住部分を併せもっています。ここに入れるのは、ごく限られた者たちでした。

おそらく豊浦宮は、蘇我邸を転用していたことからも、大殿でさまざまな用を足していたのではないか。つまり機能分化が明確でなく、空間の序列性・階層性に乏しく、混然一体としていて未分化だったでしょう。

これに対し小墾田宮は序列性・階層性を高めていた。空間の序列は人間関係の階層をも規定することになります。そして儀礼を壮麗に演出できるように関連施設や庭を付設し、儀式性の高い外部空間を備えていました。

従来の宮のあり方で、大王の政務と生活の連続性などはのこしつつ、外交使節に軽蔑されないよう、大陸文明の流儀を精一杯採り入れたのでしょう。

†小墾田宮遷宮と冠位十二階

そして推古十一年（六〇三年）十月に遷宮がなされ、二カ月後の十二月、冠位十二階が制定される。当然、竣工なったばかりの小墾田宮で――

小墾田宮造営も、冠位十二階の制定も、第一回遣隋使によりもたらされた衝撃情報から急遽、大急ぎで進められたのでした。もとめられたのは空間と人の序列・階層の明確化、および有機的連関。小墾田宮では、門と庭と建物を組み合わせることにより明確なゾーニングがなされました。冠位十二階では冠の色分けにより十二の序列が視覚化されました（六色に濃淡をつけ十二階）。

冠位の授与は翌年の正月一日におこなわれました。興味深いことに、馬子に冠位は授けられなかった。冠位を制定したのは馬子であり、授与する立場にあったのです。このころ、建築をふくめ政治のあらゆる局面が、蘇我馬子を中心に回っていたといって過言ではないでしょう。

5　飛鳥寺の果たした役割

†中金堂に本尊がなかった

飛鳥寺の本尊・飛鳥大仏は、伽藍が完成した五九六年にはまだ存在していませんでした。従来、中金堂に本尊不在の時期があったはずがないとして、中金堂の完成を大幅に遅らせる説がありましたが、それはのちの価値観による思い込みと思われます。

当時は、伽藍群の中心に塔が配置されていることからもわかるように、金堂よりも塔のほうが重んじられていた。つまり金堂に納められる仏像より、塔心礎に納められる仏舎利、そしてその上に立つ心柱のほうが有難かったのです。そういう事情もあり、中金堂に仏像が不在であっても今日、われわれが考えるほどには痛痒を感じなかったのではないか。

†大地震に襲われる

『日本書紀』によれば、飛鳥寺が竣工してから二年余り経った推古七年（五九九年）四月二十七日に大地震があった。「地動《なゐふ》りて」「舎屋」がことごとく倒壊したという。地震がもたらした被害状況を具体的に伝える最初の記事です。相当激しい地震だったのでしょう。

そこで「四方《よも》」の各地に命じて、「地震《なゐ》の神」をまつらせたという。地震は地霊の仕業と考えられていたのです。「舎屋」がことごとく倒壊したとありますが、飛鳥寺は倒壊には及ばず、せいぜい部分的な影響で済んだとみられます。もし、この時に倒壊していたなら、飛鳥寺の権威は地に堕ち、その後の飛鳥寺の歴史はなかったでしょう。

飛鳥寺は「地震の神」に負けなかった――。そのように受け止められたにちがいなく、この寺はますます権威を高めたことでしょう。しかしながら、本尊である飛鳥大仏の制作現場では果たしてどうだったか。被害を免れることができたでしょうか？

『日本書紀』によれば、飛鳥大仏は完成した日に飛鳥寺に搬入、安置されたとあり、制作現場が飛鳥近辺にあったことがわかる。おそらく多大の被害を蒙ったでしょう。

というのは、飛鳥大仏は鋳造仏ですので、鋳型《いがた》となる塑像の制作からはじまります。粘土を乾燥させた型は衝撃にきわめて脆《もろ》い。大地震に遭ったとなると、かなりのダメージを受けたにちがいない。大地震の発生当時、本尊仏が制作中であったということは、十分リアリティがあると考えられるのです。

†飛鳥大仏の発願

『日本書紀』は、飛鳥寺の造仏発願が推古十三年（六〇五年）四月一日におこなわれたと伝えます。伽藍が竣工してから八年余り、大地震から六年後の同月初日です。これも、この度の造仏発願と大地震との関係を窺わせる一要素です。

飛鳥大仏が完成し鎮坐したのは、『日本書紀』では翌年四月、『元興寺縁起』では四年後の推古十七年（六〇九年）四月。制作期間として『日本書紀』のいう一年では鍍金鋳造仏として短く、ここは六〇九年の完成とみるのが妥当でしょう。

伽藍竣工後、本尊仏が安置されるまで、なんと十三年も要している。その間、本尊仏が不在でした。この〝空白〟も大きな謎とされ、さまざまな臆説が飛び交ってきました。

ありもしない事態を勝手に想像して空想をひろげるよりも、確実に起きていた事実から出発すべきです。本尊仏の造像が大幅に遅れた原因には、飛鳥を襲ったさきの大地震の影響があったのではないか。「地震の神」の怒りが鎮まるまで、しばらく様子を見ようというのは、当時において（現代においても？）、ごく自然な判断と思われます。

既に像の制作が始まっており、それが地震により損傷を受けたとしたら、神罰が下ったことを意味し、その精神的衝撃は計り知れない。それで仕切り直しとなり、この時の発願となったのではないか。地震に襲われて造像が遅くなったとは、縁起でもない。そういう事情があり、『日本書紀』はこのことにあえて言及しなかったのでしょう。

話は前後しますが、ここで発願記事を見てみましょう（六〇五年）。誰が発願し、その内容はどのようなものだったのか。


天皇、皇太子・大臣及び諸王・諸臣に詔《みことのり》して、共に同じく誓願《こいちか》ふことを発てて、始めて銅・繡《ぬいもの》の丈六の仏像、各一軀を造る。（略）是の時に、高麗《こま》国の大興《だいこう》王、日本《やまと》国の天皇、仏像を造りたまふと聞きて、黄金三百両を貢上《たてまつ》る

「天皇」は当時の大王である推古。「皇太子」は聖徳太子（＝厩戸）、「大臣」は蘇我馬子。「日本」「天皇」「皇太子」は当時使われていた言葉ではなく、編纂時の言い換え。「丈六」とは仏身の高さ一丈六尺（＝四・八メートル）を意味しますが、実際の高さは二・七五メートル。飛鳥大仏は坐像ゆえ、お立ちになられたら高さ丈六となるわけです。この記事は銅製の仏像（＝飛鳥大仏）、および巨大な繡仏《しゅうぶつ》を造ることが発願されたと伝えている。

繡仏とは壁掛け織物に表されたほとけ（現存せず）。東金堂には弥勒仏が安置されていたという『聖徳太子伝暦』の伝承をもとに、のこる西金堂にこの繡仏を当てる説もある。

†「天皇」が馬子の寺に本尊仏を？――造仏の主体は誰か（一）

『日本書紀』の発願記事では主体が推古になっており、さらに「共に」が挿入されている。これは不自然ではないか。

物部氏を破って以降の、大王を上回る馬子の権勢、そして飛鳥寺建立に見せたその実力ぶりからしてやはり、本尊仏〝飛鳥大仏〟の発願も伽藍と同じく、馬子でした。そもそも本尊仏発願の主体が伽藍建立の発願者と違うのは、やはり不自然でしょう。百歩譲って、仮に共同発願が事実だったとしても、それは馬子による飛鳥寺本尊の箔《はく》付け工作だったとみるほかありません。

『日本書紀』が「天皇」を飛鳥大仏造像の発願の中心に据えたのは、その後の飛鳥寺の存在感に鑑みてのことでしょう。つまり蘇我本家滅亡後も、国家の大寺として我が国の宗教・文化の中心機関でありつづけた飛鳥寺と時の「天皇」が本尊に関わっていなかったとなっては、「天皇」の存在の軽重が問われてしまう。いわば体面を保つためだったのではないか。

「皇太子」についても同様で、名を連ねることにより聖徳太子を、ひいては「皇太子」という存在をオーソライズしたのです。「天皇」と「皇太子」が発願者として描かれているのは、『日本書紀』編纂における脚色とみられます。

†やはり馬子だった――造仏の主体は誰か（二）

このことを裏付けるのが、じつは、ほかならぬ『日本書紀』なのです。皇極四年（六四五年）六月、蘇我本家を滅ぼした乙巳《いっし》の変が起きます。大王側が仕掛けたテロ事件で、ここから〝大化改新〟がはじまりました。この変をへて即位した大王孝徳《こうとく》の、八月に発した飛鳥寺にたいすることばにつぎの一節が見いだされます。

> 小墾田宮御宇天皇《おはりだのみやにあめのしたしらしめししすめらみこと》の世に、馬子宿禰、天皇の奉為に、丈六の繡像・丈六の銅像を造る

「小墾田宮御宇天皇」とは推古。ここで『日本書紀』は、馬子が丈六の飛鳥大仏と繡仏を造ったといっています。「天皇」「皇太子」の側に立つ『日本書紀』そのものが、馬子が造ったといっているのですから、これは動かぬ証言です。

さきに触れたように、乙巳の変以後も飛鳥寺は国家の大寺として栄えていました。このことは出土した木簡などからも裏付けられている。そこから、飛鳥大仏発願記事が大地震に触れなかった理由も見えてきます。馬子が造った寺とはいえ、編纂時には、すでに公式にも国家の大

寺となっていた飛鳥寺の本尊仏が制作中に地震の神の怒りに触れたとは、隠しておきたい事実だったのです。

六〇五年の記事と六四五年の記事とで『日本書紀』に大きな矛盾が生じている。これは今みたように、六〇五年の「天皇」を中心とする発願記事が不自然なのです。編纂の最終段階で作為を加えた際、同時に六四五年の記事も直しておかなければならなかった。それなのに、あろうことか、見落としてしまい、その結果、ぬきさしならぬ矛盾が出来《しゅったい》した。飛鳥大仏造像の主体を推古とするのも、聖徳太子とするのも虚偽というしかないのです。それは馬子が発願したのでした。

あらためて発願記事にもどります。そこで見落とせないのは、飛鳥大仏のために、高句麗の王から「黄金三百両」が贈られたこと。これは銅にメッキするための黄金ですが、もちろん、この贈与には飛鳥寺で活動していた高句麗僧・慧慈が関与したにちがいない。伽藍配置に高句麗流を採り入れたことは、高句麗にとって非常に喜ばしく、造仏援助にも弾みがついたことでしょう。

†飛鳥は我が国の中心地——飛鳥寺が果たしたもの（一）

本節の最後に、飛鳥寺が果たした役割を概観しておきましょう。蘇我氏の根拠地と化した飛鳥の中心に出現した飛鳥寺――。それは前方後円墳に代わる巨大な政治的、宗教的モニュメントとなりました。それだけではなく、大陸の先進文明を受容して国内に発信し教育する、我が国最大の文化活動拠点になった。

――仏教寺院は、いわば今日の総合大学に近い存在だった。もちろん仏教が根幹だが、儒教や道教、占い術、暦法や方術、天文地理などが教えられ、初学者向けに漢字教育もなされるなど、活動は多彩。その内容は飛鳥寺周辺から出土した木簡からも窺え、漢方薬や病気の名、漢詩や和歌などが墨書されている。医療や文学も探究されていたのだ。また伎楽面を描いた絵（落書き？）のある木簡も出ている。芸能も盛んだったのだろう。そして活発な経済活動を示す荷札なども。飛鳥寺は、外来文化・文明が集積され発信される「文明開化」の一大拠点だった。

それまで磯城・磐余地域を転々としていた歴代の王宮は、飛鳥の磁力に吸引され、引き留められるようになります。すでに述べたように崇峻五年（五九二年）十二月、飛鳥寺の中金堂着工の二カ月後にあたりますが、推古は豊浦宮で即位しました。ついで六〇三年、小墾田宮に遷ります。いずれも飛鳥地域であり、しかも飛鳥寺に近い。その後、飛鳥脱出を試みる大王もあらわれますが、その都度、飛鳥への帰還が繰りかえされる。

蘇我本家の滅亡後も、飛鳥は平城京遷都にいたるまで、我が国の中心地としてオーラを放ちつづけました。そこには、なんといっても飛鳥寺の存在があったのです。この寺こそ、飛鳥を我が国の中心とするのでした。

†文明開化の一大センター――飛鳥寺が果たしたもの(二)

六四五年に起きた乙巳の変により、飛鳥寺の経営主体であった蘇我本家を滅亡させた大王家側でしたが、仏教を崇めることにおいて違いはありませんでした。仏教はそれほど影響を及ぼしていたのです。

変の二カ月後、飛鳥寺に使者を遣わした孝徳は、仏教興隆に尽くした稲目にはじまる蘇我一族の功績を讃えた。さきに引いた、馬子が「丈六の繍像・丈六の銅像」を造った、というくだりもその中に出てくるのです。馬子の孫・入鹿を殺害したものの、馬子の偉業はあまりに大きく、抹殺しきれるものではなかった。今後は新大王みずから仏教興隆に邁進するとの通達が、招集された僧尼らに伝えられるのでした。

具体的には、まず仏教界を指導する十師を定めた(飛鳥寺の寺主《てらしゅ》もそのなかの一人)。そして造営したくても出来ない寺は大王が援助すると宣言し、かつ寺を管理する役人(=寺司《てらのつかさ》)および寺を代表する僧(=寺主)を定めるとする。これは仏教興隆のスローガンの下、援助に名を借りて新王権が諸国の寺を統制管理するものでした。こうして寺を組み込んだ国家体制の形成にむかうのでした。

　この通達がほかならぬ飛鳥寺でおこなわれたことは、主が変わったとはいえ、この寺が依然として最高位にあることを意味した。蘇我氏の寺というレベルを超え、国家建設の礎とみられていたのです。そのような飛鳥寺を、新王権がいわば〝乗っ取った〟ともいえる。

　都が平城京に遷ると飛鳥寺は元興寺と名を変えて遷りますが、それまで、この地で長期にわたり活発に活動し、文化・社会活動の拠点として機能していた。それは「文明開化」を推進する巨大なエンジンだったのです。

第4章 馬子の国家デザイン

1 『日本書紀』の虚と実

†「聖徳太子」「皇太子」をめぐって

ここで、「聖徳太子」という呼称について整理しておきます。じつは厳密にいうと、この呼称は『日本書紀』にはありません。

聡明さで知られたかれが生前、尊敬の意をこめて「豊聰耳《とよとみみ》」と呼ばれたり（耳が聡いとは〝一を聴いて十を知る〟というような意か）、また学識経験者・宗教者として尊敬されていたのは事実でしょう。しかし『日本書紀』に「聖徳」の文字は見えるものの（豊聰耳聖徳）、「聖徳太子」はないのです。また「聖徳」にしても生存時にもちいられていた形跡はなく、没後に贈られた尊称とみられます。それが編纂時に書き込まれたのでしょう。

それでは我々がよく目にし、耳にする「聖徳太子」という呼称はいつ生まれたのか？　没後七、八十年が経過した七世紀末、持統朝にはこの名が成立していますが（和田『飛鳥』）、さらにさかのぼるのは難しいようです。

そこで本書では通例にならい、厩戸あるいは厩戸王子と表記します。当時の呼称と確言できませんが、なるべく客観性をもたせるために――

また『日本書紀』は頻繁に厩戸を「皇太子」と表記しますが、当時はまだ、明確に皇太子と呼ばれる存在はありませんでした。すでに述べたように、「皇太子」とするのも後世、編纂時における脚色とみられるのです。

本書では以後、位を表す場合は大王の息子を王子（天皇の場合は皇子）、娘を王女（皇女）、それ以外の王族については原則として王（女王）をもちいます。

†四天王寺と『日本書紀』

そうした表記の問題にとどまらない、過大な脚色（というよりもフィクション？）の見落とせない具体例を挙げましょう。さきに述べた五八七年の〈蘇我―物部〉戦争に際し、当時年齢十五、六の少年・厩戸が四天王に戦勝祈願をし、四天王寺建立を誓う有名な場面が『日本書紀』

にあります（当時十四歳とする『上宮聖徳法王帝説』が正しいか）。建築から古代史を見てゆく本書なのに、この件に触れないのを不審に思われたかもしれません。

そうしなかったのには理由があります。それは、「皇太子」でもない十四歳の一少年王子が、戦勝祈願だけならまだしも、造寺まで発願するとは史実と考え難いからです。またその造寺祈願記事の扱いにおいても厩戸の四天王寺発願記事がメインで長く、馬子の飛鳥寺発願はこれに付随する扱いになっており、記事も簡略。四天王寺は飛鳥寺を凌駕する存在だったのか？

『日本書紀』によれば、厩戸が「皇太子」になったのは、戦闘から六年後の五九三年。そして同年の事として突然、取って付けたように、つぎの記事があらわれる――

是歳《ことし》、始めて四天王寺を難波の荒陵《あらはか》に造る

難波の荒陵とは四天王寺の現在地を指します（大阪市天王寺区）。この記事によれば、四天王寺の造営開始は五九三年。主語が省略されており、創建したのは誰なのか、明示されていません。しかし同年の厩戸「立太子」の記事から、かれが主導した印象をつよく醸し出している。五八七年の〈蘇我―物部〉戦争における厩戸の発願記事を考え併せると、『日本書紀』のいわんとするところはつぎのようになります。

五八七年の〈蘇我―物部〉戦争に際し、厩戸によって四天王寺造営が発願され、かれが皇太子となった五九三年に着工した――

これからみるように、じつはこの記事は成り立ち難いのです。事実を直視するなら、四天王寺のみならず、厩戸創建の斑鳩《いかるが》寺（＝創建法隆寺）も、馬子の国家構想のなかに位置づけられていたことが見えてきます。

2　斑鳩の開発

†斑鳩宮と斑鳩寺

馬子の時代、政治の中心であった飛鳥にたいして、サブ的な存在として斑鳩がありました。この地を実際に開発したのは厩戸でしたが、それを導いたのも馬子だったとみられるのです。『日本書紀』によれば、厩戸は推古九年（六〇一年）二月、飛鳥の北北西約二〇キロの斑鳩の地に、自身のあらたな拠点として斑鳩宮の建設を開始し、十三年（六〇五年）十月に移り住みました。一住居の建築にとどまらない、地域の区画整理をともなう大事業であった故、実質的に五年近くも工期を要したのです。

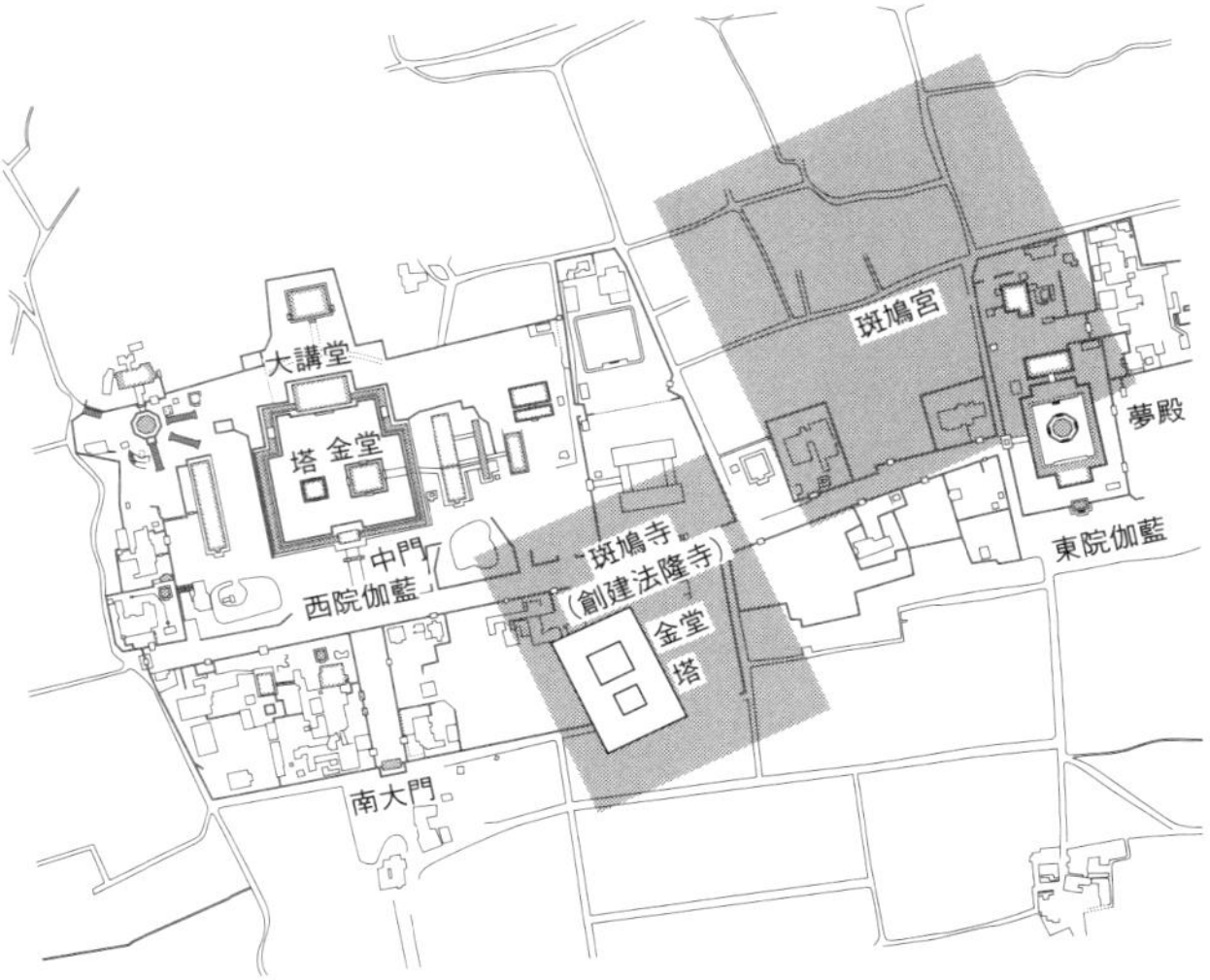

斑鳩地域／斑鳩宮と斑鳩寺（創建法隆寺）

じつはこれに並行して、既に、飛鳥と斑鳩を最短でむすぶ二〇キロの道が計画されました（一二〇頁の図参照、筋違《すじかい》道。太子が往還したという伝承から、今でも太子《たいし》道《みち》といわれる）。そして新築なった斑鳩宮の西に隣接して、斑鳩寺を創建するのです。それが現・法隆寺の前身をなす厩戸創建の法隆寺にほかなりません。

——大陸から伝わった伽藍建築は、正しく南を向くのが大原則で、すでに見た飛鳥寺もこれに則っていた。これは仏教本来の教理というよりは、「天子、南面す」という中国古来の世界観にもとづく。

ところが発掘調査の結果、斑鳩宮お

よびこれとセットになった斑鳩寺（＝創建法隆寺）は、ともに磁北から西に約二〇度振れていたことがわかりました。つまり建物群は、飛鳥寺のようにほぼ真南に向くのではなく、南南東に向いていたのです。ここで二つの疑問が湧いてくる。

（一）厩戸が宮と寺を、なぜ王宮のある飛鳥ではなく、斑鳩に建てたのか

（二）斑鳩の建物群が、なぜ揃って大きく南南東に向いていたのか

†なぜ斑鳩に？（一）

最初の問いから入りましょう。当時、王権の中枢は、かつて王宮のあった磐余から既に飛鳥に移っていました。五九二年、飛鳥最初の王宮である豊浦宮にて推古が即位。六〇〇年の遣隋使がもたらした衝撃情報を受け（八九頁）、六〇三年には、あらたに造られた小墾田宮に遷る。五九六年には我が国初の本格伽藍である馬子の飛鳥寺が竣工しており、寺院活動がはじまっていました。いよいよ飛鳥が倭国の都として基盤を整えつつあった六〇一年、厩戸は飛鳥を遠く離れ、斑鳩に拠点をもとめる。

そこに移る前、かれの宮は飛鳥の北東の磐余にありました。そこから王宮のある飛鳥に、ならわかりますが、なぜ、あえて飛鳥から遠く離れて、斑鳩に移ったのか？

そもそも飛鳥と斑鳩は、奈良盆地をはさんで対角線上に対峙する関係にあり、半端な距離で

はない。移動には馬を使うことになりますが、それでも片道一時間半以上はかかったでしょう。

†厩戸の動向——なぜ斑鳩に？（二）

なぜ斑鳩に？　という問いに答えるには、そのころの厩戸の動向を知る必要があります。『日本書紀』の当時の関連記事を見なおすと、

六〇二年、厩戸の同母弟来目《くめ》王子を将軍として、二万五千の新羅征討軍を動員するも来目が筑紫で病に斃れて征討中止（翌年、来目没）

六〇三年、厩戸の異母弟当摩《たぎま》（麻）王子を新羅征討軍の将軍に任ずるも、同行した妻が播磨にて没するにおよび、征討中止

——これら二件とも、厩戸の弟を将軍としている点で、かれの積極的関与が窺われる。仏教者のイメージとは別の、政治家厩戸王子の一面だ。

六〇七年、小野妹子を隋に遣わす（第二回遣隋使）

これらの記事から、厩戸が軍事や外文に積極的に関わっていたことが窺えます。

†「日出づる処の天子」「日没する処の天子」

二回目の遣隋使に持参させたのが、「日出づる処の天子……」というフレーズで有名な国書

です。

――『日本書紀』にはないが、『隋書』によれば「日出づる処の天子、書を日没する処の天子に致す……」ということばに隋皇帝の煬帝《ようだい》が怒り、「蛮夷《ばんい》の書、無礼なる者あり。復《ま》た以て聞《ぶん》する勿《な》かれ」と言い放った（藤堂ほか、前掲書）。

何が皇帝をそんなに怒らせたのか？

日本を「日出づる処」とし、隋を「日没する処」としたことが、栄える国と衰退する国を意味し、それが皇帝を怒らせたというのが従来の一般的理解だった。しかし現在では、説得力をもつあらたな解釈が出ている。

東を「日出づる処」といい、西を「日没する処」というのは仏典に出てくる表現。これを使ったのは、我が国が仏教をわきまえた文明国であることをアピールするもので、他意はなかったというのだ（東野『遣唐使』）。その底に上記の含意を込めていたのだとしたら相当厚かましいが、当時の客観情勢からみて、それはないだろう。

ならば、何が皇帝の逆鱗に触れたのか？

彼の国で天子とは皇帝と同義。それは世界に唯一無二の、究極の権威であり権力だった。国書では隋に並んで我が国にも天子（＝皇帝）がいることになり、これは隋にとって、とうてい許すことのできないことだった。「義理無し」といわれた第一回につづいて、二回目の遣隋使でも失敗をやらかしてしまった。対中国外交は試行錯誤の連続だった。

†アメタリシヒコとは誰か――外交を担う厩戸

さて、この国書――。おそらく馬子の指示の下、厩戸が素案作成に当たったのでしょう。それは移ってまだ二年に満たない斑鳩宮でおこなわれたのではなかったか。

妹子がこの国書を携行しましたが、『隋書』に出てくる倭王は第一回遣隋使以来、アメタリシヒコ（阿毎多利思比孤）。女帝推古ではない。ヒコが付くことから男王の名です。

中国では女帝は避けるべきとされていました。それで、推古では隋に通用しない、バカにされ、代えるよう命じられるかもしれないと思いをめぐらせ、策を弄して男の偽名を使ったのか。

つづいて翌六〇八年、帰国した妹子と共に、隋から裴世清《はいせいせい》を団長とする使節一行がやって来た（『日本書紀』『隋書』。前者には「唐の客」とあるが隋の誤記）。まさにこういう時のために、小墾田宮が造営され、女帝推古は遷っていたのです。しかし第一回遣隋使以来、倭国王はアメタリシヒコ、男王ということにしてしまっている――

『隋書』には倭王が使者に接見した際の模様を伝える記事があり、倭王の発したことばまで詳しく書かれています。この倭王に接し、使者は何の違和感ももっていない。倭王は男と思っていたはずですから、男が「倭王」として出てきたと考えられます。

いっぽう『日本書紀』には小墾田宮に使者を迎え入れた記事はあるものの、受け取った隋の国書を臣下が大門手前の机の上に置くところまで――。使節が大門から奥に入った様子はありません（宮の空間構成については九二頁の図参照）。「倭王」は記事に登場しないのです。詐術の露見を恐れて大門から入れなかったとも考えられますが、しかし『隋書』によれば、倭王はしっかり面会しているのです。

倭王は男でとおし、女帝の代役を立てたのか。晴れの外交舞台、のるか反るかの大芝居を打っていたのです。そして見事に功を奏した……（そんなことを正史たる『日本書紀』に載せるわけにはいかない）

となると、はて、アメタリシヒコとは誰だったのか？

相手は外国からの使者ですから、接見したのは外務大臣（？）というべき厩戸の可能性が高い。これらのことから、厩戸が外交に積極的に関わっていたさまが見てとれます。起点は、六〇〇年に派遣された第一回遣隋使によってもたらされた情報でした。この時、国際スタンダードからの深刻な立ち遅れが自覚され、危機感が高まります。そこで、さっそく馬子を中心に具体策が打たれました。それが小墾田宮の造営および遷宮であり、もうひとつが、外交強化策としての斑鳩の開発だったのです。

厩戸が斑鳩宮造営に着手したのは六〇一年。小墾田宮の着工もおそらくこのころだったでしょう。推古が豊浦宮から小墾田宮に遷ったのは六〇三年で、厩戸が斑鳩宮に移り住むのが六〇五年。二つの大事業が同時並行で進んでいたことがわかります。これらは六〇〇年の衝撃的な第一回遣隋使情報を契機に進められていたのです。

†斑鳩開発に導いたのは――なぜ斑鳩に？（三）

物部氏討伐以降、崇峻―推古と蘇我系大王の連続即位、飛鳥寺建立、蘇我の根拠地・飛鳥への王宮誘致などを統括し実現できたのは馬子なればこそ。時のリーダーは圧倒的に蘇我馬子でした。

斑鳩開発という、建築はいうに及ばず、あらたに二〇キロもの道を飛鳥から引き、土地区画整理までを包含した大事業は厩戸の事績とされますが、それは馬子の力があって初めて実現したのではないか。この大規模開発が馬子の国家構想のなかに位置づけられていたのは間違いないでしょう。以下は筆者の脳裏に浮かんだ馬子の独白です。

――もっと積極的に海外から情報を収集し、活発に交流を図らなければならない。外交の強化がもとめられている。それには、海から遠い飛鳥では不利だ。これを克服するには、外港である難波と飛鳥をむすぶ要衝の地、斑鳩に外交・情報・交流を担う拠点を設けるに如くはない。そこは物部を討った後、厩戸に分与した土地だ。今や軍事、外交に積極的に取り組み、才覚をあらわしている。それに仏教、儒教など大陸伝来の宗教に通じ教養も高い。そうだ、かれに斑鳩を開発させ、外交担当に就けよう。

従来蘇我氏が担っていた外交は甥の厩戸が担い、馬子は政権全体を統括するようになります。いわば馬子〝総理大臣〟、厩戸〝外務大臣〟の関係。そして斑鳩の開発は〝外務省〟を中核とする、いわば〝第二の都〟、それがいいすぎなら〝国の出先機関〟のあらたな形成だったことになる。当然、厩戸個人の意思だけで実現できる性格のものではありません。こうしてかれの斑鳩宮が外交・情報・交流の拠点に、斑鳩寺が付属する宗教施設になるのでした。

†斑鳩という場所、そして用地の取得――なぜ斑鳩に？(四)

斑鳩は、飛鳥から奈良盆地をへて難波の港に出る際の重要な中間地点でした。これまで大陸と往来する船は難波に入港し、飛鳥に向かう使者は一旦上陸した後、大和川（飛鳥川）を遡上します。その途上の屈曲点に斑鳩はあり、情報を収集するにも、事前折衝をするにも適していました。外交上、有利な地理的条件を備えていたのです。飛鳥から遠いのが難点でしたが、最短で道を通せばなんとか機能する。そうして整備されたのが、筋違道（太子道）と呼ばれる道です。それは飛鳥と斑鳩をむすぶ生命線でした。斑鳩の開発は単に建物だけでなく、道路建設と斑鳩地域の区画整理をともなう壮大な土木・建築事業だったのです。

これまで斑鳩の開発は、厩戸が独自におこなったと考えられてきましたが、かれの意思ひとつで、飛鳥・磐余から遠く離れたこの地に進出できるものではありません。第一、斑鳩開発にいたる以前、この一帯を支配していた豪族がいました。開発に先立って必要な土地取得は一体、どのようになされたのか？

——斑鳩地域は五、六世紀のころ、有力豪族の平群《へぐり》氏の勢力圏だったが、その後は物部氏の支配下に入ったとみられる。物部氏は難波および大和川流域を領有し、その範囲を広げていた（上原『斑鳩の白い道のうえに』）。上原氏は『法隆寺資材帳』に記載された近江国、大倭《やまと》国、河内国、摂津国、播磨国所在の寺領を丹念にリストアップし、そこに物部守屋の旧領地が濃密に見られることを指摘する。守屋が敗れた後、物部本家が所有していた土地や奴婢などの財産は蘇我氏の手に落ちた。こうした経緯から莫大な財産が厩戸にももたらされ、斑鳩もその一部だった。

〈蘇我—物部〉の戦いは、用明没後の大王不在の状況下、蘇我馬子が権力の独占をもとめておこした私闘。総大将であった馬子が、当時十四歳で「皇太子」でもない厩戸と、冷静にみて対等ではあり得ません。戦後処理も全て馬子の差配によったとみるのが妥当であり、物部氏から没収した土地や奴婢は、まず馬子の掌中に収まったとみられ、斑鳩の地は馬子差配の下、厩戸に分与されたとみられます。こうした経緯があって、斑鳩の大規模開発が可能になったのです。

†二〇度の振れ

二つ目の問いに移りましょう。

斑鳩宮と斑鳩寺の建築群が、なぜ南南東に向いていたのか？

それは飛鳥との関係に起因します。さきに述べたように、斑鳩と飛鳥は奈良盆地をはさんで対峙する位置関係にある。斑鳩は北北西で、飛鳥は南南東。両者を最短の道でむすぶと、盆地を対角線状につらぬきます。それ故、筋違道といわれます。

斑鳩宮建設は、この新道を建設する土木事業と一体のものでした。太子が往還したという伝承で知られるこの一直線の道は、約二〇度西に振れています。斑鳩地域では当初、この角度にもとづいて土地区画がなされました。その結果、宮と寺、それぞれの中軸線も西に二〇度振れることになったのです。

もっとも、斑鳩地域に入ってから、伽藍の原則にもとづき、道を〈東西・南北〉の秩序に則って、折り曲げることも可能です。しかし、そうはしなかった。飛鳥から伸びてくる筋違道をそのまま基準とする斑鳩の土地区画は、なによりも飛鳥との関係において成り立っていました。あくまで飛鳥に従属しているのであり、飛鳥の主である蘇我氏の権威の下にあることが可視化されていたのです。

つまり筋違道は〝太子道〟とは呼ばれるものの、この道がつなぐのは、蘇我氏が支配する飛鳥の宮と、蘇我氏が厩戸に与えた斑鳩の宮と寺――

こうなると、筋違道も斑鳩開発も全て厩戸によるという思い込み（？）が揺らいできます。筋違道と斑鳩開発は、じつは蘇我馬子が全体構想と御膳立てをし、その下で厩戸がこれを実現したとみるべきではないか。

†宮と寺が隣り合い、セットに――斑鳩のあたらしい景観

我が国初の碁盤目状計画都市は七世紀末の藤原京。しかし、それに先んじて方形区画による地域計画が七世紀初頭の斑鳩で実施されていたのでした――限られた範囲で、かつ正方位ではなく西に大きく振れていたとはいえ。

また、宮と寺が隣り合い、セットをなして並ぶさまは、それまでなかった景観であり、見る者を驚かせたことでしょう。

こうした宮と寺のあり方は、斑鳩が初めてです。それだけではない、周囲には整然と方形に区画された土地がひろがっていました。厩戸は政治家・宗教者として高く評価されてきましたが、馬子の大きな力があったとはいえ、すぐれたプランナーでもありました。

†筋違道はいつ完成したか

さて『日本書紀』によれば、厩戸が斑鳩宮に移り住んだのが六〇五年とあります。したがって斑鳩と飛鳥を最短でむすぶ筋違道は、その時には完成したと考えられてきました。ところが近年、道の完成は六一三年の可能性を指摘する説が出て注目されます（山本「難波と飛鳥を結ぶ「大道」」）。

実際『日本書紀』の、さきに触れた六〇八年の隋使・裴世清の来訪記事に、使節たちを「海《つ》石榴市《ばきち》の術《ちまた》に迎ふ」とあります。「海石榴市」は三輪山の南西麓とされ、筋違道とは離れている。筋違道を通って来た客を、「海石榴市」で迎えるのは腑に落ちないのです。

使節一行のたどったルートを考えてみると、難波から、今より水量が多かったと思われる大和川を遡上して「海石榴市」に上陸。ここで盛大な歓迎の儀式が催され、その後、飛鳥の小墾田宮に入ったとみられます。筋違道が開通していたなら、このようなルートはかなり遠回りになり考えにくい。やはり筋違道はこの時、まだ通っていなかったとみられるのです。そして『日本書紀』六一三年の記事に、

難波より京《みやこ》に至るまでに大道《おほち》を置く

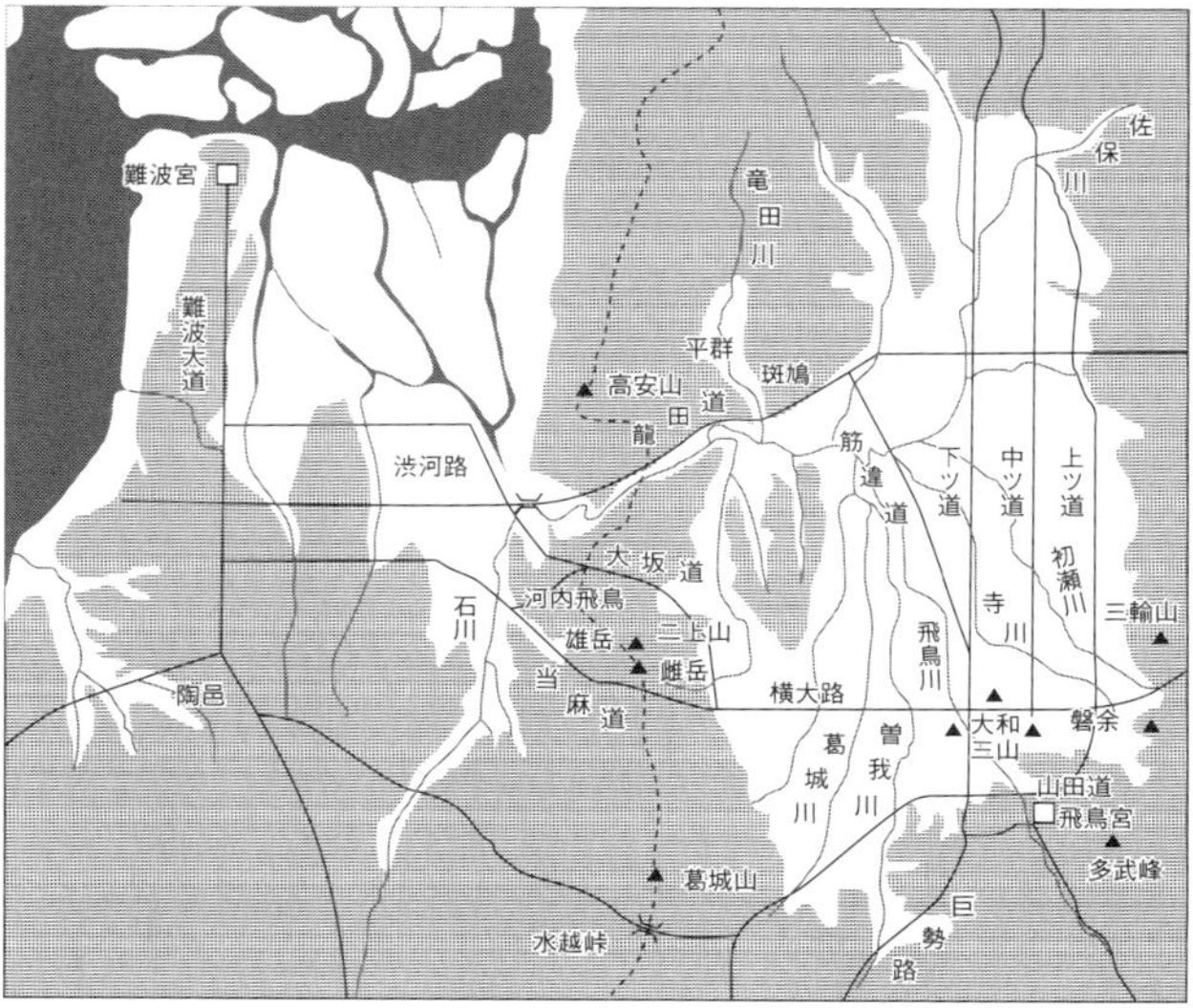

難波と大和の古道（辰巳、前掲書より作成）

とあります。「京」は飛鳥の都。「大道」は従来、難波から二上山の峠を越えて盆地内に入り、正方位にのって東西に走る横大路《よこのおおじ》とされてきました。新説は、そうではなくて、この「大道」とは難波から龍田《たつた》道《みち》を通り、斑鳩経由で筋違道から飛鳥に入る経路を指すとみるわけです。つまり、この筋違道をふくむルートは六一三年に全面開通したことになります。東西に走る横大路は、もっと後だったでしょう。その開通は奈良盆地を南北に走る上ツ道、中ツ道、下ツ道などとともに、七世紀半ばころとみられます。

そう考えれば、筋違道はまだ完成していなかったのですから、六〇八年の使節たちが飛鳥へ行くのに川を遡行し、遠回りして小墾田宮に入っているのは道理です。

厩戸が筋違道を使って一直線で飛鳥に行けたのは六一三年以降になります。それだけ長引いたのは、おそらく工事に中断期があったのでしょう。斑鳩に移って以降、六一三年まで八年間、筋違道は開通していなかったとなると、厩戸が飛鳥に出るのは容易ではありませんでした。あるいは、ある時期以降、斑鳩と飛鳥をむすぶ喫緊の必要性が弱まったのか。

教科書に載っている事績として冠位十二階（六〇三年制定）、憲法十七条（六〇四年制定）があります。後者は前者施行にともなう官人の心得を説いたもの。前者は馬子主導とみられ、厩戸が主導したのは後者でしたが、いずれも六〇五年に斑鳩に移る前のことでした。弟二名が相次いで対新羅軍将軍となったのも同様です。厩戸がエネルギッシュに政務をこなして実績を上げたのは、この時期だったとみていいでしょう。

実際これ以降、前とくらべてさしてめざましい政治活動は見られない、ともいえます。『日本書紀』には斑鳩寺造営中とみられる六〇六年、斑鳩の岡本宮にて厩戸が推古に『法華経』を講じたとある。これに感銘を受けた女帝が厩戸に水田百町を贈り、斑鳩寺の所有するところとなった。金堂の完成後、つぎに厩戸は難波で四天王寺の造営に臨むのです（後述）。

小墾田宮への出仕を減じて仏教や建築活動に打ち込んでいたのか。あるいは、外国使節に対応するなど、外交に一役買っていたのか。そして「太子」が日々通ったという「太子道」は、のちの伝承が生んだ名だったのでしょうか。

†法隆寺の創建

つぎに斑鳩寺、すなわち創建当時の法隆寺に移りましょう。

その最初の発掘調査は、戦前の一九三九年（昭和十四年）におこなわれました。この調査で、創建当時のものとみられる塔と金堂の基壇跡が現存位置とは別の場所から見いだされたのです。この伽藍跡は、地名を採って〝若草伽藍〟と呼ばれます。現存する法隆寺は創建時のものではなかったのです。

またその伽藍配置は現在の法隆寺と全く異なり、塔と金堂がタテ一列につらなる、いわゆる〈四天王寺タイプ〉であったことも判明しました。さらに、その中軸線は太子道と角度を一致させており、これも現・法隆寺と異なっていたのです。

一九六八年になり、あらためて統一的に発掘調査がなされた（翌年度まで。文化庁）。その結果、金堂基壇が造成された後、その周囲に土が埋めもどされ、いったん全面的に整地されていたこと、その後に、あらためて塔の基壇が造成されたことが判明したのです。つまり金堂が完成した後、かなり時間が経過してから塔の造営がおこなわれたのでした。

このことは出土した瓦の紋様からも見てとれる。金堂にもちいられた瓦の紋様に素朴さが見いだされるのにたいし、塔の瓦の紋様は華麗で手の込んだものであり、装飾性の高まりを感じさせます。製作年代の違いがこうしたところにも窺えるのです。

塔の着工は厩戸没後、息子の山背大兄の代であったとみられ（六二〇年代か）、厩戸の時代に建っていたのは金堂のみだったのです。

法隆寺について『日本書紀』は、六六九年に火災があったこと、六七〇年に焼失したことの二点を語るのみ――。それ以上のことは黙して語りませんが、現在の金堂に安置されている薬師如来像の光背銘文に、寺とこの像に関する由来が刻まれている。それによれば、この薬師像こそ創建時の本尊仏だったことになります。この像は、現在も法隆寺で〝根本本尊〟と呼ばれています。

しかし美術史の観点から、この像は創建時のものとはいえず、どうみても後世の作。法隆寺が火災にあった六七〇年に金堂もろとも本尊は焼失し、今ある根本本尊はその後に作られたとみられるのです。

像はそうであっても、光背銘文のなかに、寺と薬師像の完成が六〇七年とあるのが注目されます。今述べたようにこの時点では、五重塔はまだ着工されていません。したがって寺が完成したとは、金堂の完成をいっていることになります。このことじたい、考古史料とも矛盾せず、この銘文は完成年については信憑性があるといえるでしょう。

3　四天王寺の創建

†飛鳥寺―法隆寺―四天王寺

『日本書紀』によれば、五八七年に起きた物部との戦闘をへて、厩戸は四天王寺を建立したという。この四天王寺の建立記事と、法隆寺の建立年を伝える薬師像光背銘文との関係を整理してみましょう（最初は金堂のみだったという考古学的知見を加味）。

五八七年、物部戦に際し、厩戸が四天王のために寺の建立を誓う……『紀』
五九三年、厩戸が「皇太子」になり、「始めて四天王寺を（略）造る」……『紀』
六〇七年、推古と厩戸が法隆寺（金堂）を「仕え奉る」……銘文

『日本書紀』と薬師像銘文を突き合わせますと、四天王寺着工が法隆寺に先行したことになりますが、考古学的事実は逆の結果を示す。四天王寺の造営のほうが遅かったのです。

というのは、法隆寺の瓦と同じ型から作られた紋をもつ瓦が四天王寺からも出土しているのですが、こちらは出来栄えが落ち、同じ型を使いまわした痕跡があるからです。

――瓦の素材は粘土。木型に紋様を彫り、これを使って紋様のある瓦を作る。四天王寺では型が摩耗し、紋様が〝型崩れ〟した瓦が出土している（森『日本古代寺院造営の諸問題』）。こうしたことから、法隆寺の瓦の製作に使った型を四天王寺で再使用していたことがわかる。つまり四天王寺造営は創建法隆寺の後だった。

じつは〈飛鳥寺→法隆寺〉、〈法隆寺→四天王寺〉というながれで、バリエーションを生みながらも同じ系統の型が使われていたのでした。型だけが供与される場合もあれば、型をもった一団の工人グループが現場を転々と移動する場合もあります。いずれの場合でも、飛鳥寺を建立した蘇我氏からの便宜供与があったとみられます。出土した瓦は沈黙のうちにも、多くのことを語っているのです。

†「四天王寺創建」記事は虚構だった

四天王寺造営は法隆寺金堂の創建後となりますと、『日本書紀』の四天王寺建立記事の信憑性がますます揺らいでくる。厩戸の寺である法隆寺の瓦に使った型を、四天王寺にも使っていることから、この寺の造営にかれが関わった可能性はあるといえるでしょう。

しかしだからといって、『日本書紀』のいうように四天王寺が厩戸の発願であったと即断はできません。ましてや五八七年、四天王に必勝祈願をした折に四天王寺が発願されたとすると、着工までいったい何年かかったことになるのか？

考古学的事実から、四天王寺においても着工は金堂からはじまったことが判明しています。それは法隆寺金堂創建の後ですから、六〇七年以降。しかも出土した瓦から、法隆寺金堂創建と四天王寺着工のあいだに時間経過が見込まれる。そうなると、四天王寺の発願から着工まで、二十年を優に超えることになってしまう。やはり、発願記事は後から挿入した話とみざるを得ません。

そして厩戸が「皇太子」になった五九三年に四天王寺が着工されたという記事も、今見たように、法隆寺金堂創建以後という考古学的事実に反している。これは「皇太子」になったという記事を箔付けする祝賀記事として書かれたのではないか。発願も着工も、リアリティに欠けるのです。

果たして厩戸の四天王寺との関わりじたい、自発的なものだったのか？　他からの要請ないしは指示を受けて関わった可能性もあるのではないか。四天王寺の創建は難波に定着した渡来系氏族とする説もあります。四天王寺はほんとうに厩戸が発願した寺だったのでしょうか？

†鍵は『日本書紀』のなかに

具体情報を介してあらためて『日本書紀』用明二年（五八七年）七月の記事を見なおすと、

またしても謎を解く鍵が見いだされる。この史料は両刃《もろは》の剣。物部戦の発端にさかのぼりますが、記述にそって整理するとつぎのようになる。主語に注意して見ていただきたい。

（一）蘇我馬子は諸王子と群臣を主導して、物部守屋を滅ぼすことを謀る。泊瀬部《はっせべ》王子、竹田王子、厩戸王子や紀《き》臣、巨勢《こせ》臣、膳《かしわで》臣、葛城《かづらき》臣、平群《へぐり》臣らが参戦する

（二）対物部戦のさなか、厩戸は四天王像を手早く作って戦勝祈願をし、勝利をおさめることができたなら、必ずや四天王のために寺塔を建てると誓う

（三）馬子は諸天王・大神王のお陰で勝利できたなら、寺塔を建てて仏教をひろめると誓う

（四）蘇我の軍人が樹上にいた守屋を射落とし、殺害する

（五）馬子は守屋の妹である妻（四七頁）にそそのかされて（兄妹の財産争い）、守屋を殺したと当時の人は噂した

（六）乱を平定した後に、摂津国に四天王寺を造る

（七）守屋の奴婢の半分と邸宅を四天王寺の奴婢と田荘とする

（八）守屋を射落とした軍人に田一万頃を与える

（九）馬子は戦中の発願にもとづき、飛鳥の地に法興寺（＝飛鳥寺）を起工する

『日本書紀』には主語のない文章はふつうで、その場合、多くは天皇（大王）あるいは朝廷（王権）が主体をなしています。いっぽう厩戸の関与を示すときには、その都度、念を押すよ

うに明示されるのですが（多くは「皇太子」と表記）、肝腎かなめの（六）の記事では、逆に無いのです（五九三年の四天王寺着工記事も同様）。なぜだろうか？

†四天王寺も蘇我氏の主導だったか

（一）から（五）まで、主語が、馬子→厩戸→馬子→蘇我軍の将→時の人と、めまぐるしく変わっているのに（六）には主語が無い。あえて主語を省略し、（二）の文意から文脈上、（六）の主語を厩戸と読むように誘導しているのです。厩戸と明示してしまうと、当時の実情を知る者が見て、虚偽があきらかになってしまう。それを恐れたのでしょう。

さきに述べたように「皇太子」でもない十四歳の少年が造寺の発願をするとは考え難い。当初、（二）の箇所はなく、最終段階で加筆されたとしたら、どういうことになるか。試みに、この箇所を削除してみれば、全て馬子主導でなされたことがあきらかになるのです。

物部戦の総大将は誰が見ても蘇我馬子。飛鳥寺も四天王寺も蘇我馬子の主導によるものではないか。こうした見通しを補強するのが（七）です。

この戦闘はいうまでもなく、蘇我馬子と物部守屋の戦いでした。厩戸は蘇我軍の一員として参戦したに過ぎず、特段、クローズアップすること自体が不自然なのです。〈崇仏―廃仏〉をめぐり馬子と守屋は厳しく対立してきましたが、すでに述べたように、それは単に仏教政策上の対立というよりは、朝廷を二分する、新旧二大勢力による権力闘争なのでした。それが用明没後、次期大王の座をめぐる戦いとなったのです。守屋は欽明の子・穴穂部王子（馬子の甥！）を抱き込もうとしましたが、馬子は穴穂部を殺害。その余勢を駆っての馬子の蜂起でした。

（一）に見られる諸王子の筆頭が厩戸ではなく穴穂部の弟・泊瀬部になっているのは、馬子がかれを大王に立てたから。勝利後すぐに即位させて大王崇峻を誕生させる。同時に、戦後処理として馬子は守屋の全財産を没収した。その一部を四天王寺に当てたというのが（七）の記事です。

†馬子の絶対権力

このように守屋滅亡後、諸王子や群臣は全て馬子の指示に従う立場であったに過ぎません。四天王寺と飛鳥寺の発願記事に見るように、『日本書紀』は馬子と厩戸が対等、もしくは厩戸が上位にあるかのような書きようですが、「皇太子」でもないかれは当時、そこまでの地位を確立していません。将来の大王候補に考えられていたとしても、全ては大勝利を収めた総大将馬子の差配の下にありました。

法隆寺の場合と同じく、守屋の土地と奴婢を没収して四天王寺に充てたのは馬子以外にはあり得ません。没収した財産を厩戸に分与したとみられますが、それは四天王寺の創建事業が具体化してからであり、戦闘終結直後のこの時ではなかったでしょう。

なお（五）の記事について補足しておきましょう。その意味は、守屋の妹であった馬子の妻は、兄の守屋が莫大な物部氏の財産を独り占めしているのを不満に思い、それを奪い取ろうと夫の馬子をそそのかし、馬子がこれに乗ったというもの。『日本書紀』はこれを噂話として書くが、この戦闘の結末が物部本家の膨大な財産の没収をもたらしたのは、厳然たる事実といえるでしょう。

4 馬子の国家構想

†外界への顔として――国家のグランド・デザイン（一）

国家的見地から四天王寺を見たとき、もっとも重要なポイントは、港をもつ難波に立地しているということです。そこは大陸に通じる海上ルートの始点であり、かつ終点。いわば外界に対する国家の〝顔〟であり、唯一の国際玄関口でした。

その難波に建つ四天王寺は外国使節にたいし、我が国が仏教国家であることを高らかに宣言するモニュメント。こうした国家レベルの構想を実行に移す主体は、時の最高権力者である馬子を除外してはあり得ない。四天王寺建立の主体はこの地に定着した渡来系豪族だったとしても、馬子の意向と無関係になされたとは考え難いのです。

港のある難波が国家の顔であり、物や人、情報を取り入れる〝口〟だとしたら、都である飛鳥は国家の〝心臓〟でした。そこに馬子はいち早く飛鳥寺を建立した。そして斑鳩は、難波と飛鳥をむすぶ中間にあって屈曲部に位置する、いわば〝ノドボトケ〟。そこを馬子は外交の拠点と位置づけ、土地を分与したうえで開発を厩戸に委ねた。

ここであらためて筋違道の目的について振りかえりますと、それは単に飛鳥の王宮と斑鳩宮をむすぶ道にとどまらなかったことに気づきます。一王族のためのプロジェクトというよりは、難波に上陸した外国使節団が斑鳩をへて飛鳥に向かうルートを整備する、国家的プロジェクトだったのではないか。

東の海に浮かぶ島国にやって来た外国使節の眼になって、馬子の胸中に描かれたグランド・デザインのなかをたどってみましょう。

瀬戸内海を分け入って奥深く、難波の港が近づく。そこに四天王寺五重塔を建てれば、彼らの視界に忽然と飛び込んでくる。海の果てに独り聳える五重塔、これは劇的だ……

これまでだったら難波に上陸した使節団は歓待された後、何艘かの川船に乗り換えて大和川を遡上、飛鳥に向かう。大和川から飛鳥川と名を変えて小さくなる川を、これまた小さな舟で進むことになる。大国意識をもつかれらはこれをどう思うか……

もし難波から斑鳩を経由して飛鳥に至る大道を造れば、〝文明国家〟を感じさせることができる。斑鳩に法隆寺五重塔が建立されれば、飛鳥に向かう途上、目にすることになる。そして飛鳥の都にたどり着けば、そこは一塔三金堂の壮麗な飛鳥寺で飾り立てられた仏都。文明国としての倭国の景観がかれらの眼に焼きつけられる……。馬子はこのように想像し、胸躍らせたのではないか。

難波の四天王寺についても(前節冒頭に述べたように)、創建法隆寺と同じ型の瓦が金堂に使われており、しかも厩戸生存中に完成している。かれが関与したとみられますが、しかし百パーセントかれの創意と力によるとみなすのは早計でしょう。

斑鳩に法隆寺金堂が創建された後、厩戸は四天王寺金堂の造営に取り組む。前述のように、斑鳩寺の塔は厩戸の没後、息子の山背大兄により造営されました。

斑鳩宮に隣接する斑鳩寺(=創建法隆寺)の堂塔が揃って完成して初めて、斑鳩開発をなし遂げたといえます。厩戸としては、なによりもこれを優先したかったのではなかったか。だが自身の寺である斑鳩寺の堂塔が揃う前に、四天王寺創建に着手するよう、つよくもとめられたようだ。どこから、どのような力がはたらいたのか？

†〈難波―斑鳩―飛鳥〉をむすぶ構想――国家のグランド・デザイン（二）

答えは、すでにあきらかでしょう。用地となる土地、そして労働力となる奴婢を厩戸にあてがい、かつ〈難波―斑鳩―飛鳥〉を国家の枢軸としてむすぶ構想の下、全体を主導していたのは馬子その人より他にいたでしょうか。

この構想のなかに難波の四天王寺、斑鳩の法隆寺、飛鳥の飛鳥寺がそれぞれの位置づけをあたえられていたのです。とくに国家の表玄関である難波の四天王寺の創建をいつまでも遅らせるわけにはいかず、法隆寺の堂塔がまだ揃っていない状態であっても、着工が急がれたのでしょう。

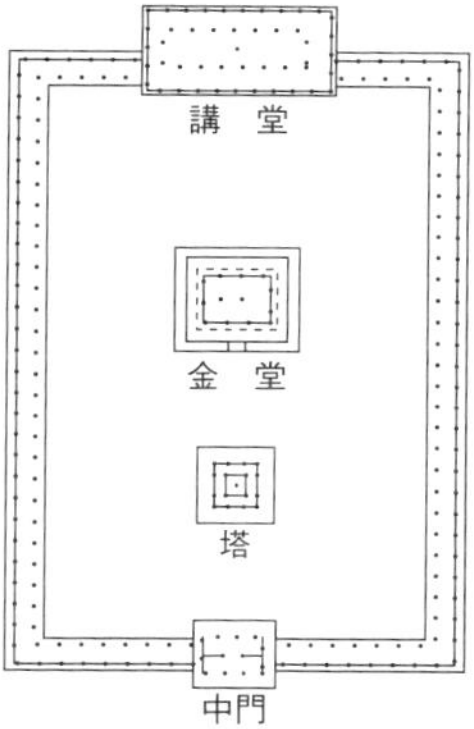

四天王寺／配置復元図（日本建築学会編『日本建築史図集』）

〈難波―斑鳩―飛鳥〉を枢軸ラインとする国家構想については従来、あまり注目されてきませんでした。しかし馬子はこれを具体化し視覚化することによって、初めて国家のグランド・デザインを明確に示したのです。

そのなかで、厩戸が建立した寺の数については、「七カ寺」説から「四十六カ寺」説まであります。それらは没後の〝聖徳太子〟信仰の産物で、実際に厩戸が造営にかかわったのは創建法隆寺と四天王寺の二カ寺とみられます（大脇「聖徳太子関係の遺跡と遺物」）。その二カ寺も、馬子による国家的グランド・デザインの下で創建されたのです。

このように見てくると、最奥の心臓部をなす飛鳥寺が、馬子の判断のもと、一塔三金堂の伽藍配置をもつにいたったのは、その国家的地位にまことにふさわしいものでした。飛鳥を最高の仏都に塗り替えた飛鳥寺は、かれの並ぶものなき権力を目に見える形で示すのでした。

✝相次ぐ逝去

『日本書紀』によれば推古二十九年二月、厩戸が斑鳩宮で没する。だが現・法隆寺金堂の本尊である釈迦三尊像の光背銘文では、推古三十年（六二二年）二月。一年の違いがあるが、没した直後の完成が確認されている銘文が正しいとみられる（東野校注『上宮聖徳法王帝説』）。享年四十九。最有力の次期大王候補でしたが、推古在位中に逝ってしまうのでした。ただし当時にあって、とくに早世だったわけではありません。

――厩戸は血統や年齢のみならず、人格や異才ぶりからも、蘇我氏をはじめ、広範囲から次期大王に嘱望されていた。当時は能力や器量、そして人格も考慮されていた。この選びかただと、候補者が複数あり得るので、〈蘇我―物部〉戦に見たように、武力をともなうむき出しの権力闘争ともなる。やがて王権の強化が図られるとともに、父子直系の血統が最優先されるようになってゆく。だがその道は第Ⅱ部、第Ⅲ部に見るように、決して平坦ではなかった。

さてこの釈迦三尊像の光背に刻まれた銘文に、厩戸臨終の際、厩戸妃と息子の山背大兄が厩戸と等身大の釈迦像の造像を発願し、翌六二三年に完成したとあります。生き写しを意味する像が釈迦であるとは、すでにこの時、仏教の聖人として厩戸への信仰がかなりはっきりとあったことを物語ります。

六二六年に馬子が没する。享年七十六(『扶桑略記《ふそうりゃくき》』)。当時としては稀にみる高齢でした。『日本書紀』には桃原の墓に葬られたとあり、すでに触れた石舞台古墳がこれにあたるとされています。

その二年後の推古三十六年(六二八年)三月、推古が逝去。享年七十五。彼女も当時としては驚くべき長寿でした。『日本書紀』によれば、すぐに宮門(南門)の手前、南の庭で殯をしたという。

九月の記事に「群臣、各殯宮《おのおのもがりのみや》に誄《しのびごとまう》す」とありますから、宮門手前の庭に臨時に殯宮が設けられたことがわかる。遺言にしたがい、新たに陵を造ることなく、早逝した息子・竹田王子の陵に合葬されたという。のちに改葬され、推古陵と治定されているのが山田高塚古墳

（大阪府太子町）。三段築成の大型方墳で、最下段の底面は五九メートル×五五メートルと正方形に近い。

以上のように、六二〇年代になると、時代の主役が相次いで世を去った。確かなことは列島中枢たる畿内において、大王クラスの墳墓が欽明陵を最後に二度と前方後円墳にもどらなかったこと（敏達陵は新造でないので別）。代わりにあらわれたのが、すでに述べたように、塔とセットになった大型方墳であり、それは伽藍の出現と軌を一にしていたのです。

Ⅱ 胎動

法隆寺中門／左に五重塔、右に金堂を見る

628年	推古臨終の時、**小墾田宮**に長兄敏達の孫田村王と次兄用明の孫で厩戸の子・山背大兄王を順次枕頭に呼び寄せ、後継に田村王を示唆。推古没、享年七十五
	唐が中国統一
629年	田村王、即位（大王舒明。翌年、新築なった**飛鳥岡本宮**に遷る）
630年	第一回遣唐使遣わされる（632年帰国）
639年	舒明、**百済大宮**・**百済大寺**建立の命を下す
641年	舒明没、享年四十九（『本朝後胤紹運録』）。中大兄王子十六歳が殯の場で誄
642年	舒明の大后、即位（大王皇極）。雨乞い祈願に異能を発揮
	皇極、百済大寺工事再開。飛鳥岡本宮跡地に**飛鳥板蓋宮**の造営を宣言（翌年完成）
643年	皇極、舒明陵を初の八角墳に改葬（**段ノ塚古墳**、奈良県桜井市忍阪）
	斑鳩宮が皇極の弟や蘇我入鹿らによって焼討ちにされ山背大兄、創建**法隆寺**にて自死
644年	蘇我蝦夷・入鹿親子、甘樫丘に「**上の宮門**」「**谷の宮門**」を建立（東麓遺跡か）
645年	入鹿、飛鳥板蓋宮にて中大兄らに討たれる（乙巳の変）。蝦夷自死
	皇極、弟に譲位（孝徳）。「皇祖母尊」（＝王母）の称号を得る
	舒明の蘇我系息子、古人大兄が中大兄により謀叛の咎で刑死
648年	新政府が法隆寺に三百戸を施入（地産物や労働力を得る、『法隆寺資財帳』）

649年	新政府右大臣の蘇我倉山田石川麻呂（持統の母方祖父）、中大兄から謀叛を追及され自死（山田寺の変）。中大兄妃（持統の母）、父の死を嘆いたすえに没
650年	孝徳、難波宮の造営に着手
652年	難波宮完成、遷都
653年	中大兄、孝徳に難波から飛鳥へ還都を進言。拒否されるや「皇祖母尊」（＝皇極）、孝徳の大后間人（皇極の娘で中大兄の妹）、大海人と共に飛鳥に帰還
654年	孝徳没、享年五十九歳か
655年	「皇祖母尊」、飛鳥板蓋宮にて再び即位（斉明）。その冬、宮焼失
656年	斉明、飛鳥岡本宮および飛鳥板蓋宮跡地に後飛鳥岡本宮を造営し遷る
658年	孝徳の息子有馬王子、中大兄により謀叛の咎で刑死
660年	唐・新羅により百済滅亡、残党が倭国に救援軍をもとめる
661年	朝鮮半島出兵途上、筑紫にて斉明没し撤退。享年六十八（『本朝後胤紹運録』）
663年	中大兄、半島南西部白村江に大規模水軍を送り出すも、唐軍に大敗
664年	中大兄、冠位二十六階を施行（甲子の宣）
667年	故斉明を葬る（牽牛子塚古墳〈八角墳〉、奈良県明日香村）。飛鳥から近江大津宮に遷都
668年	中大兄、大津宮にて即位（天智）
	唐・新羅により高句麗滅亡
670年	創建法隆寺、全焼（現・金堂はほぼ完成し、厩戸等身の釈迦三尊像が移されていたか）

日本古代史最大の山場とされる七世紀。

その前半では、中大兄王子《なかのおおえ》（天智《てんじ》）や中臣鎌足《なかとみのかまたり》など英雄たちが華々しく活躍する。かれらを引き立てる抵抗勢力が、あの蘇我氏だ。このあたりのながれは、概ね『日本書紀』にもとづく教科書の記述でひろく国民に浸透している。

いっぽうドラマチックな展開の陰に追いやられて、大王の舒明《じよめい》や皇極《こうぎよく》、そして孝徳《こうとく》は具体的イメージに乏しい。だが建築からアプローチするなら、様相は一変する。

舒明は初の官寺を発願して現・法隆寺の原型を創造し、なんと九重塔の建立に着手した。中国的世界観に通暁する皇極は、舒明陵を八角墳に造り直し以後、天皇陵の伝統となる。また飛鳥板蓋宮《いたぶき》を正方位で造り、これも王宮建築の伝統となった。

皇極の弟、孝徳は前代未聞の壮大な難波宮を建設し、〝大化改新〟を目に見えるものにした。天智は舒明の官寺を洗練させることによって、我が国固有の伽藍配置を熟成に導いた。それが現在の法隆寺である。

建築は、それを造った者だけが発することのできる言語であり、すぐれて政治的な行為であった。そこから、緊迫する国際情勢の下、天皇制国家の誕生にむかう胎動の数々が見えてくるだろう。

第5章　画期としての舒明王権

1　難産の末に

†推古、いまわのことば

時は推古三十六年（六二八年）、春まだ浅き三月六日。場所は小墾田《おはりだ》宮最奥にある大殿《おおとの》。いまわの時をさとった推古は後継の呼び声高い二人を、ひとりずつ枕元に呼び寄せた。いずれも自他ともに認める有力後継候補であり、意欲をたぎらせている。

最初は年上の田村王（『日本書紀』では田村皇子）。推古の夫であった大王敏達《びだつ》の孫で、父は彦《ひこ》人《ひと》大兄王子（彦人大兄皇子）。蘇我の血は入っていませんが、馬子の娘で蝦夷《えみし》の異母妹・蘇我法《ほほ》提郎媛《てのいらつめ》を夫人とし、蝦夷とは昵懇の仲だったとみられます。

その時の推古のことば——

「天下を治めるとは畏れ多いことであり、大任です。そもそも軽々に口にできることではありません。このことに深く思いを致し、気を緩めることがあってはなりません」（拙訳）

つづいて山背大兄王《やましろのおおえ》。王位に就くことを嘱望されながら没した厩戸王子が、馬子の娘刀自古《とじこの》郎女《いらつめ》とのあいだになした息子。厩戸の母は稲目の娘ですから、母も父方の祖母も、蘇我氏の出。蘇我色が濃厚ですが（「蘇我氏濃度」四分の三、倉本『蘇我氏』）、父厩戸の威光を一身に受けて、独自色がつよい。推古はつぎのようにいった。

「あなたは未熟です。心のなかに望むことであっても、言い張ってはいけない。群臣たちの声によく耳を傾け、必ずこれに従いなさい」（同前）

†蘇我氏の選択

推古の遺言は『日本書紀』が伝えるものですが、これによる限り、明示はしていないものの、その意向は田村王にあると読み取れます。ところが山背大兄は納得しませんでした。

すでに述べたように、群臣たちの協議をへて後継大王が最終的に決定される、というのが当時の慣行。そこには当然、群臣間の力関係が作用しますので、〈蘇我―物部〉戦争の決着後は蘇我氏の圧倒的優位の下、大王が決定されてきた。

しかしそうしたなかにも、変化の兆しが生じてきます。

用明が在位二年未満、崇峻が五年余りと、大王たちは比較的短期のうちに交代していました。ところが推古の在位は三十五年余りと、きわめて長期にわたる。そのうえ、事に臨んで慎重を極め、協調を重んじ、反発を買いかねない突出した行動も見られませんでした。こうした積み重ねにより自ずと威厳が増し、そのことばには動かし難い重みが具わるのでした。

これはあたらしい事態といえます。次期大王を決めるに際し、群臣たちが前大王の遺志に大きく影響されるのは従来なかったことでした。それまでは暗黙のルールの下、有力諸豪族を代表する群臣間の協議で決めていたのです。

すでに馬子は亡く、蘇我氏は蝦夷の代となっています。蝦夷は建前上、群臣たちに次期大王を諮りますが、推古の遺言と同じく蝦夷の本心も、じつは田村王にありました。

†気になる上宮王家

なぜ圧倒的に蘇我色の濃い山背大兄ではないのか？

馬子の下で外交と造寺に活躍した厩戸ですが、その後期においては信仰の世界を深め、ひろめることに力点を置く日々がつづいていた。仏教教義にもとづく講話や施しなどを積極的におこなっていたようなのです。『日本書紀』はこれを過大に描いていますが、その種子が人びとのあいだに蒔かれたのは確かとみられます。没後も名声は衰えず、その威光を背景として、息子の山背大兄はコアな支持者を得ていたのです。

同じ蘇我系とはいえ、特別視される王家を継ぐ山背大兄は、蘇我本家にとっては疎ましく、神経をとがらせざるを得ない存在であったでしょう。厩戸にはじまる系譜は上宮王家《じょうぐうおうけ》と呼ばれます。これは三十二歳で斑鳩宮に遷るまで住んだ用明王宮（池辺双槻宮）の上宮《かみつみや》にちなみます。厩戸は大王の息子であり、血統的に始祖というわけではありません。それをことさら上宮王家と呼びならわすのは、かれがそれだけ特別な存在と認識されていたことを物語っています。すなわち独自色をもち、周囲から崇敬される王家だったのです。

即位することなく没した厩戸でしたが、その後も声望はつづき、かれを始祖とする上宮王家への支持はなお保たれていました。同じ蘇我系ながら、このような王家が、コントロールし切れないところで政治的にも実権を得るのは、蘇我本家にとって大いに不安なことでした。本家のトップ（＝氏上《うじのかみ》）であった蝦夷からすると、上宮王家の当主・山背大兄が大王になるのは、本家の立場を危うくする要素をはらんでいたのです。

†〈非蘇我〉系を〝中継ぎ〟に?

それでは蝦夷にとって田村王とは、どういう存在だったのか?

田村王は蝦夷の異母妹・法提郎媛を夫人《ぶにん》としていたが、〈蝦夷―法提〉の兄妹はことのほか仲が良かったといわれる。そして彼女は田村とのあいだに男子をなしていたのです(古人大兄《ふるひと》)。蝦夷は「蘇我氏濃度二分の一」(倉本、前掲書)のこの子、古人をやがて大王にする計略を描いていた。

――つよい血縁があってもコントロールの利かない山背大兄を大王にしてはならない。それより田村を〝中継ぎ〟とし、山背と同じく蘇我の血の入った古人を、次の次に据えよう。今回は血縁を欠くけれども、田村。それが蝦夷の練った戦略だったのです。

蝦夷は私邸に饗宴の席を設け、群臣に次の大王を諮ります。この件をもち出すと、山背大兄を支持する者が三名いた。僅差ではありましたが、大勢は押さえることができた。

だが、思わぬところから障害が出来していました。群臣協議の前に、じつは馬子の弟から強硬な異論が噴き出ていたのです。境部《さかいべ》を名乗り、蘇我氏から独立していたものの、なお影響力をもっていた長老の境部臣摩理勢《さかいべのおみまりせ》。「摩理勢は素より聖皇の好《よみ》したまふ所なり」という山背大兄のことばから(『日本書紀』)、かれには亡き厩戸への恩義があったとみられます。もちろん、それだけでは大義名分にはなりません。

山背大兄推挙の論拠として、蘇我との血縁の濃さという最大のポイントがありました。大王との血縁強化は、同じ蘇我系として当然のことです。しかしそれは建前であって、本音としては、蝦夷に後継決定の実績をつくらせてしまうと、蘇我本家との差がますます開いてしまうことへの焦りがあったともみられるのです。巨大化した一族に内紛が生じていたのです。

当初、強硬に自分の即位を主張していた山背でしたが、最終的に、この場は蝦夷の裁定を受け入れざるを得なかった。というより、推古の遺言の真意をようやくにして理解するにいたった、ということでしょう。

だが摩里勢は頑として態度を変えない。それどころか当時、馬子の墓（石舞台古墳）を一族総がかりで造営中だったのですが、摩里勢が途中で放棄。一族の結束を乱すのみならず、蘇我本家に対する反撃とも映る行為です。これに怒った蝦夷、とうとう叔父・摩里勢を殺害してしまうのでした。

†舒明即位がもたらしたニューアイデンティティ

現代の我々の目から見ても、蝦夷の〝中継ぎ〟戦略が不安定極まりないのはあきらかです（実際、破綻した）。しかし蝦夷は強行突破した。山背大兄との確執はそれほど大きかったのです。こうした事態の展開に、山背大兄支持者は沈黙を余儀なくされます。

ここで押さえておきたいのは、目的遂行に阻害要因となる人物を殺害する、建物に火を放つ、などは往時における常套手段で、これからも度々出てきます。それは別に珍しいことではなかったということ。現代の我々がこの時代を見るにあたって、忘れてはならないポイントです。陰惨な蘇我一族の内紛をへて誕生した大王が舒明でした（六二九年）。しかし、それでもなお山背大兄は大王位への執念を失うことはなかった。

舒明の即位により、ある血統が明確な政治的アイデンティティをもつこととなりました。

欽明以降、蘇我氏は妃を輩出することにより、〈用明—崇峻—推古〉と、蘇我出を母とする大王を三代つづけて生み出すにいたっていた。だがこの系譜にたいし、舒明の即位により〈欽明—敏達—（彦人大兄王子）—舒明〉という、蘇我氏の血が全く入らない〈非蘇我〉の系譜が浮き彫りになった（系図参照。欽明は稲目の娘を二人娶《めと》ったが、自身に蘇我の血は入ってない）。

こうして大王の座をめぐり、当事者間の確執と緊張の度が増してゆくのでした。その後の歴史を見ますと、〈非蘇我〉系のほうが天皇の系譜の本流をなしてゆきます。しかし当時、誰が本流で誰が傍流かは、事のなりゆき次第で変わり得ました。後から見れば、ここが大きな分岐点だったのです。

舒明が大王になったことは思わぬ、しかもとてつもない政治的副作用をもたらすのでした。

蝦夷は浅慮だったというべきでしょう。だがなお蘇我氏の隆盛はしばらくつづく。

2　巨大伽藍跡の発見

†宮は飛鳥中央へ

六二九年に即位した舒明は翌六三〇年、新築なった飛鳥岡本宮に遷ります（厩戸が推古に『法華経』を講じた岡本宮とは別の地）。

概ね磯城《しき》と磐余《いわれ》を往還していた歴代遷宮が飛鳥地域に移った最初が推古の豊浦宮、次に小墾田宮でしたが、それらは飛鳥の外れにありました。往時は飛鳥川東岸、飛鳥寺以南を飛鳥と呼んでいたのです。いかに権勢を誇る蘇我氏といえども、磐余から飛鳥に王宮をもってくるのに、最初から中心に、というのは憚られたのでしょう。

こうした限界をこえて、まさに正真正銘の飛鳥の地に、初めて大王の宮が建ちました。それが飛鳥岡本宮だったのです。

大王舒明を実現したのは蘇我氏の力でしたが、あたらしい宮の位置にもそれがあらわれています。舒明にしても、大王になるに際し蘇我氏の力に大きく頼っていただけに、その意向を汲まざるを得なかったのでしょう。

岡本宮によって舒明は蘇我氏の拠点に楔を打ち込んだという見解がある。しかし、ここまで述べてきたような紛糾をへて、蝦夷のおかげでようやく大王になれた当時の舒明に、果たしてそれだけの力があったのか、甚だ疑問です。

むしろこの時、蘇我氏の拠点となった飛鳥のど真ん中に組み入れられた、直截にいえば、〝取り込まれた〟というべきでしょう。このことは、その後の展開からもあきらかです。舒明は必死になって、飛鳥からの脱出を図るのです。

✝飛鳥から磐余へ

舒明八年（六三六年）六月、飛鳥岡本宮が火災で焼失し、臨時的に田中宮に遷ります。翌月、舒明は蝦夷にたいし、役人たちの勤務状況にゆるみが見られることを指摘する。そして出仕時刻を改定し、時間厳守を励行するよう命じる。だが、蝦夷は頑として従わない。王権内に不穏な空気がながれ、不安と緊張につつまれる……。馬子の代には、大王の殺害まで起きているのですから。

蝦夷がなぜ拒否したのか、『日本書紀』はその理由に言及しません。しかし就業規則は表面上のことで、蝦夷には他に、どうにも腹の虫のおさまらぬ問題があったにちがいないのです。

田中宮は、岡本宮が焼亡したことにたいする応急措置であり、あらたに宮を建てる必要がありました。田中宮に遷った時点で、舒明は長年あたためていた構想を蝦夷に打ち明け、協力をもとめたのではなかったか。

打ち明けられた、その構想とは。以下に想像を連ねます。

――蘇我氏にとって、それは寝耳に水の、思ってもみない話だったでしょう。蘇我氏が拠点とする飛鳥を離れ、以前から王宮のあった磐余にもどるというのです。これは衝撃です。しかも、これまでにない規模で巨大な宮と寺を造るから協力してくれ、とまでいう。

蝦夷にとって、とても呑める話ではない。それどころか、蘇我氏自らの権力基盤を揺さぶり覆しかねない、危険極まりない構想です。舒明とは、このようなことを画策する、蘇我氏にとって危険人物だ。そのことを、この時初めて蝦夷は思い知ったのではなかったか。以後、両者のあいだに根深い確執が渦巻きつづける。

『日本書紀』によれば、その大寺は九重塔をもつ。それほど大規模な伽藍を造営するには蘇我氏の力が不可欠と断じ、全面的に依存したとの説もある。しかし「蘇我氏濃度」ゼロの大王が、蘇我氏最大の拠りどころの飛鳥寺をはるかに凌駕する大伽藍を建てるというのです。それも飛鳥を出て、大王家ゆかりの磐余の地に――。蝦夷はとんだ思い違いをしていたことを覚るのでした。

それは蘇我氏にとって、既成地盤が揺さぶられる出来事です。蘇我氏が全面協力するなど、とうてい考えられません。おそらく舒明は蘇我氏傘下にあった技術者に協力をもとめ、場合によっては引き抜くなどして造営に踏み切ったのではなかったか。軋轢は覚悟のうえで。

ただし九重塔ともなると、五重塔の既存技術だけでは対応しきれない、非常に困難な要素が入ってくる。舒明が六三〇年に遣わし、二年後に帰国した第一回遣唐使などから大陸の塔情報を得たのかもしれません。

†「今年、大宮及び大寺を造作らしむ」

舒明は大王の威信にかけて、飛鳥寺をはるかに上回るものを必ず実現すると、決意もあらたに邁進する。そこには、〝蘇我氏に依拠しない大王〟であろうとする姿があった。こうした大事業に踏み切るには相当な政治力がもとめられますが、果敢にも難関を突破したのです。舒明十一年（六三九年）七月、意を決して大宮および大寺建立の命を下す（『日本書紀』）。

「今年、大宮及び大寺を造作《つく》らしむ」とのたまふ。則ち百済川の側《ほとり》を以て宮処とす。（略）西の民は宮を造り、東の民は寺を作るまず注目したいのは「百済川の側を以て宮処とす」という箇所。そこは飛鳥の北東三キロほどの磐余にあたりますが、舒明の祖父である敏達が王宮を構えた地。〈非蘇我系〉大王の由緒ある地です。そこに大宮と大寺をセットで造る〝新都〟構想をぶち上げたのです。実現すれば、すでに蘇我氏の拠点となっていた飛鳥を圧倒する、〈非蘇我系〉の一大拠点が誕生する——古人大兄即位までの〝中継ぎ〟だったはずの舒明が豹変したのです。すくなくとも蘇我氏には、そう見えたにちがいない。

というのも、蘇我氏の拠点となった飛鳥を離れ、非蘇我系の本拠地である磐余に遷ること自体、蘇我氏の意に真っ向から背くことでした。蘇我氏にとって、とても容認できるものではない。このことからも、蘇我氏から建設の協力を得るなどあり得なかった。

たとえ中継ぎと目された舒明であっても、大王になってしまえば、本拠地への遷宮・遷都を図ることは十分にあり得た。蝦夷の読みが甘かったのです。

同十一年十二月、「百済川の側に、九重の塔を建つ」とあります。着工宣言をしたその年に九重塔が完成することはあり得ませんので、心柱を立てたのだと考えられます。

だがこの、百済川のほとりに建てたという、九重塔をもつ百済大寺の痕跡はどこにあるのか。

ほんとうに九重塔が存在したのだろうか。

『日本書紀』のいうとおり存在したのなら、いったい、どこにそんな痕跡があるのか？

候補地は挙がるものの、不明としかいいようがありませんでした。百済大寺は長い間、〃幻の大寺〃となっていたのです。

†〃九重塔〃発見！

天の香久山の北東にひろがるのどかな田園地帯に吉備《きび》池《いけ》という、江戸時代に造られた溜池がありますね（奈良県桜井市吉備。磐余地域に含まれる）。その南岸に、土壇状をなして大きく張り出す箇所が二つあり、何らかの遺跡と考えられていました。諸説あったものの、何であるかは永らく不明でした。今も現役のこの池に護岸工事が予定されたため、その前にと一九九七年、発掘調査がはじまりました（〜二〇〇一年。奈良文化財研究所・桜井市教育委員会）。その結果、予想をはるかに上回る、驚くべき規模の土壇であることが判明したのです。

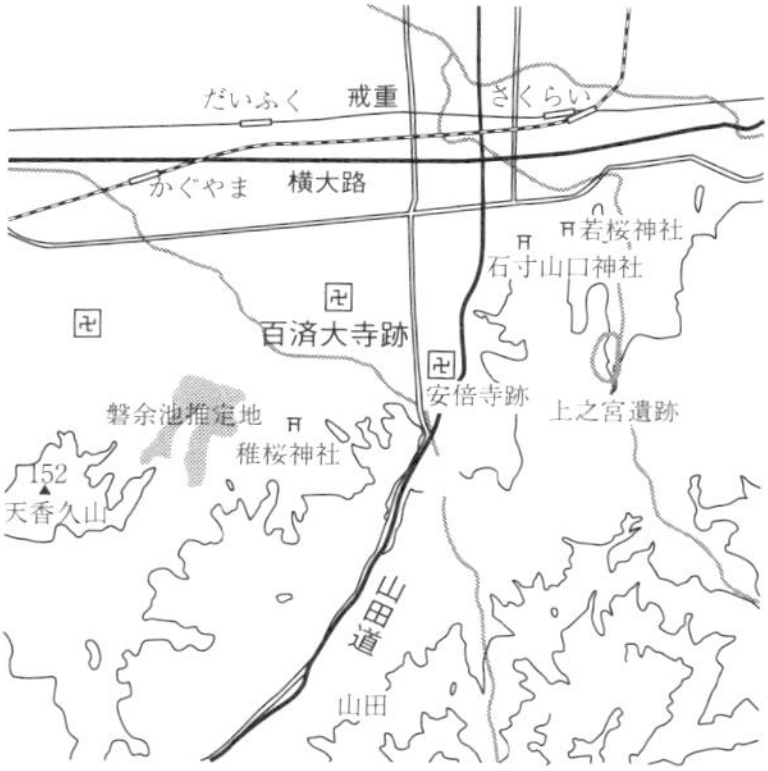

百済大寺／位置図（辰巳、前掲書より作成）

溜池の東南の角に張り出した土壇は東西三七メートル×南北二五メートル、高さ二メートル。そ

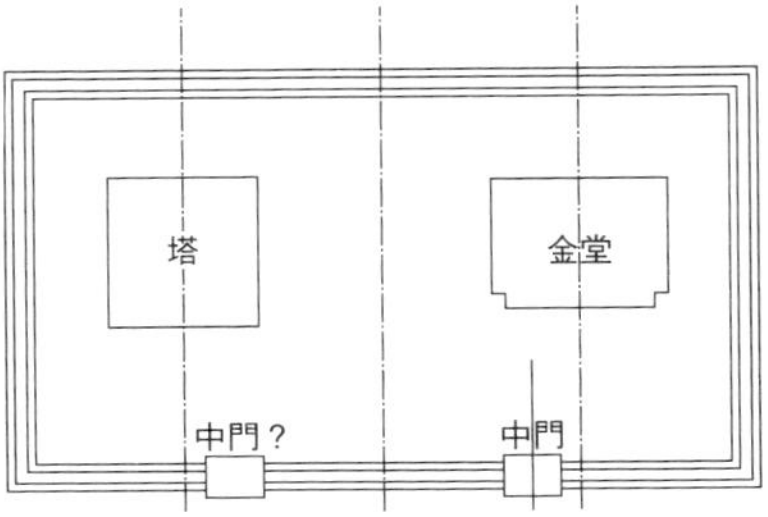

百済大寺／配置復元図（奈良文化財研究所編『大和吉備池廃寺』より）

の真西にある土壇は三二メートル四方で、高さ二・八メートル。途方もない規模です。

東西二つの土壇には版築が施されていることから、巨大な建築物の基壇であったことが判明しました。西の土壇は正方形をなし、その中心に心柱を抜き取った跡とみなされる穴が見いだされたことから、塔の基壇であったことがわかる。これに並んで東にある土壇は横長の長方形であることから、金堂の基壇であったとみて間違いない。基壇規模からみて、飛鳥寺をはるかに圧倒しています。金堂は約三倍、塔は七倍にもなるのです。

百済大寺が九重塔をもつと『日本書紀』にあるのは知られていましたが、ほんとうに存在していたのか、半信半疑なところもあった。しかし、これだけ巨大な規模の正方形基壇であれば、九重塔のものとして不足はない。焼失してしまいましたが、東大寺七重塔の基壇が二四メートル四方。発掘された塔の基壇面積はその二倍に近い。これが九重塔の基壇であったことには十分なリアリティがある。むしろ九重塔でなかったとしたら、基壇と塔本体とのバランスを欠いてしまう。そのほうがむしろおかしい、そういう規模です。

東西一対の巨大土壇が、ここに百済大寺が存在していたことをまさに物語っているのです。

このような巨大建築物になりますと、飛鳥寺を造営した技術とは別次元。飛鳥寺の造営技術の延長線上では済まない、断然高度な技術がもとめられます。飛鳥寺以来の工人集団を傘下にもつ蘇我氏とて、未経験の難事業というしかありません。まして蘇我氏に頼れない舒明にとって、百済大寺の造営は想像を絶する難事業でした。かれは蘇我氏との政治的軋轢を克服し、かつ技術的に未経験の難事業を実施する突破力をもっていたのです。

†新時代の幕開け――大王の壮大な伽藍建築

『万葉集』の冒頭を飾るのは五世紀後半の大王雄略《ゆうりやく》ですが、これに次いで舒明は二番目に掲げられています。編纂者は舒明を、雄略から一世紀半の時を飛び越えて、国造りの画期をなした大王と位置づけたのでしょう。舒明を王統譜の輝かしい中興の祖としてまつりあげているのです。

そこで舒明はあたらしい国の息吹を謳い上げています。それは、だれしも聞き覚えのある歌ではないでしょうか。

大和には群山《むらやま》あれど　とりよろふ天の香久山　登り立ち　国見をすれば

国原は煙立ち立つ　海原はかまめ立ち立つ　うまし国そ　あきづしま　大和の国は

『古事記（ふることふみ）』の記述が舒明に代わる前、推古の代で終わっているのも象徴的です。何が象徴的なのかといえば、舒明前代の推古までが『古事記』編纂における「古事」だったということ。言い換えるなら、舒明から新時代がはじまったという認識だったのです。

しかし『日本書紀』においては厩戸王子や中大兄王子、天武天皇や持統天皇にくらべて、舒明の存在感は希薄です。

こうして百済大寺の具体像が見えてきますと、見る目も違ってきます。これだけ巨大で斬新、技術的にも高度な建築物を造ることができたこと自体、舒明が築いていた巨大な権力、具えていた権威をおのずとリアルに浮かび上がらせてくるのです。

――伽藍建立は発願者の政治的権力のみならず、美意識や文化レベルの高さをも示す絶好の機会だった。古代王権にとって美や世界観は権威を高めるのに必須のアイテム。人びとの精神世界に訴えかけることにおいて、伽藍建築は最高の手段となっていた。建造物は現代の我々が思うより、はるかに大きな政治的意味をもっていた。

百済大寺において、塔と金堂がヨコに並ぶという、あたらしい伽藍配置が生み出されました。これは大陸には全く見られないものです。しかも東アジア有数の規模をともなって。

飛鳥寺、創建法隆寺、四天王寺と、大陸直輸入の伽藍配置がつづいていました。推古晩年のころになりますと、伽藍の数は四十六と『日本書紀』は記していますが、それらはみな蘇我氏をはじめとする豪族たちが建立したもの。列島古来の神まつりをアイデンティティとする大王家として、外来の神（＝ほとけ）を崇める場を建立することには、やはり躊躇があったのです。

だが倭国において、ほとけの求心力はますます増大し、時代はほとけへ、ほとけへとなびく。その勢いは一向におさまる気配がなく、大王として座視しているわけにはいかない。ならばと、大王の権威にかけて、これまでにない規模、これまでにない独創性で以て、だれもが驚くような伽藍を建立した。それが百済大寺だったのです。これによって、あらためて大王の権威を目に見えるものとして示したのです。

それは政治力、経済力、技術力、組織力のみならず、美的感性を含めた知性、情報収集力、さらにはこれら全てを束ねる力量なくしては、とうてい達成できない事業でした。

†大陸情報

ここであらためて、大陸からの情報収集の状況を振りかえってみましょう。

まず推古後期に遣隋使・留学僧が続々と帰国していました（六〇八年、六〇九年、六一五年）。六一八年に隋に代わって唐が興り、六二八年に中国を統一します。舒明は即位して二年目の六

東アジアの塔／比較図（奈良文化財研究所ほか編『飛鳥・藤原京展』より）

三〇年、果敢にも最初の遣唐使を派遣。この遣唐使が隋・唐にとどまっていた僧・旻《みん》をともなって六三二年に帰国している（唐使同行）。王権にたいし、隋唐の政変はもちろん、宗教や伽藍建設の動きもつぶさに報告したことでしょう。舒明は中国の最新情報を積極的に収集し、治政に活かそうとしたのです。

百済大寺九重塔の構想は、中国にはじまる木造九重塔の影響をつよく受けており、中国から直接吸収したとみられます。わけても見逃せないのが永寧《えいねい》寺九重塔です。洛陽郊外、今は茫漠と広がる田園の中に土壇跡を遺すのみ。発掘調査の結果、基壇は三八メートル四方、高さ二・二メートルの超巨大規模であったことが判明している。百済大寺九重塔の基壇三二メートル四方とくらべて、あまり差がないようだが、建築という三次元立体になると、ボリューム感に数字以上の差が生まれる。

さて気になるのは百済大寺九重塔の高さです。現存最高の塔が江戸時代再建の東寺五重塔で、高さ五五メートル。高さ一〇〇メートルにも及んだとも伝わる奈良東大寺の七重塔がありましたが、百済大寺九重塔がもっと高かったのは間違いないでしょう。

永寧寺の場合は、基壇に載る塔本体の胴回りが巨大で、かつ階高が高い。塔の高さは二七〇メートルとの伝承がある。

――階高とは、下階の床面から直上階の床面までの距離。中国では我が国と異なり、塔に床を張るのが一般的で、階をもつ。展望塔でもあるのだ。広い中央部に仏像群を配置する木造塔の場合、床自体が巨大構造をなし、成《せい》も高い。九重であれば実質、十八重に近くなる（拙著『空海　塔のコスモロジー』）。永寧寺塔が二七〇メートルの高さを誇ったというのも、基壇や相輪を含めてだから、あながち荒唐無稽とはいえない。

規模では永寧寺に遠く及ばないものの、当時の新羅や百済の塔に十分匹敵する百済大寺の塔は、東アジアでも指折りの塔だったのです。

†美と世界観が生み出す権威

しかも舒明は大陸一辺倒ではなかった。大陸で展開されていた最新の先例から学ぶべきは学ぶとともに、蘇我氏をはじめとする豪族たちの伽藍建築を規模はもちろんのこと、質的にも上をゆくものをもとめたのでした。

伽藍の印象を決める最大の要因は伽藍配置です。主要な建物をどのように配置するか、それによって伽藍の印象は決定されるとともに、それはひとつの世界を構築します。世界観といってもいいでしょう。

これまで我が国の伽藍建築は大陸直輸入のままでした。しかし飛鳥寺以来、四十年の歳月がながれてみると、最初は圧倒されるばかりでしたが、徐々に違和感が芽生えてくる。なんとも〝固い〟。そして〝動き〟に乏しい。

百済大寺の遺構から、舒明が列島で培われてきた感性や世界観を伽藍に織り込んでいたことが読み取れるのです。とくにその伽藍配置は、大陸にはない、列島特有の世界観が込められている。その要点を挙げるなら、

（一）南面しながらも、金堂と塔が東西、ヨコに並ぶ
（二）左右対称を避け、かつバランスを重視する

（三）中心に、空白を大きく残す

（一）について補足しますと、東に金堂、西に塔とヨコに並ぶのは現在の法隆寺と同じ伽藍配置です。それが法隆寺に先駆け、かつ圧倒する規模で実現されています。（二）（三）は、〝堅苦しさ〟〝押しつけがましさ〟を好まず、無意識のうちにも〝ゆるさ〟をもとめ、こころを受けとめてくれる〝やわらかさ〟、一息つく〝ゆとり〟を欲する性向の発露といえるでしょう。

それに、（二）に関連してくるのですが、そもそも全体の構成が左右非対称という点が宗教建築としてユニークです。塔と金堂という、形もボリュームも高さも全く異なるものがヨコに並ぶというのは、世界的にみてもきわめて稀なのです。

宗教建築には共通して絶対性、規律、権威がもとめられますから、厳格な左右対称はその必然的結果ともいえます。ところが百済大寺は全くそれにはとらわれない自由な試みを敢行しているのです。

（三）についても補足しましょう。中心に大きく空白を残すといえば、回廊に囲まれた広大な空間を前面にもつ東大寺大仏殿を挙げることができます。ただこの場合、中心に何ももたない空間は大仏殿の前庭。自立した空間とはいえません。意味としての〝中心〟はあくまで大仏殿であり、さらにいえば大仏です。広大な空間は大仏に付属したものです。

その点、百済大寺は回廊に囲まれて自立した、七重塔と金堂からなる聖域です。それ自体がひとつの世界を創出しているのです。
以上は美や世界観から百済大寺の伽藍配置の特性を述べたものですが、政治的観点からいえば、大陸一辺倒の蘇我氏にたいする〈非蘇我〉的なるものの強調ともいえます。それはとりもなおさず、借りものではない自前の権威の復権であり、独自の美意識の謳歌なのでした。このあたり、独り舒明にとどまらず、大后《おおきさき》であり、のちに二度にわたって王位に就く皇極（＝斉明）の力も与っていたように考えられます。

3 磐余へ、そして飛鳥への帰還

†大宮と大寺と

さきに引いた大宮・大寺造営宣言の後半部分をあらためて見ていただきましょう。

百済川の側《ほとり》を以て宮処とす。西の民は宮を造り、東の民は寺を作る

「西の民は宮を」、「東の民は寺を」といういいようは、全国を視野に入れている。諸豪族が各

地の民を治めるにしても、全体を強力に束ねるのは大王である自分だ、という自負が舒明の胸中にあった。そして九重塔の建立は、単に飛鳥寺を凌駕するだけでなく、あくまで全国の直轄統治を意図した政治行為でした。その拠点こそ、この百済川のほとりのあたらしい都――

大宮は発掘されていませんが、おそらく大寺の西に、大寺と同時に着工されたとみられます。大寺に見合う大宮にしては、完成は思いのほか早く、翌十二年十月に百済宮に遷りました（『日本書紀』）。

僅か一年余りで竣工したのは、手間のかかる礎石立ちの柱による瓦葺き建物ではなく、掘立て柱による茅葺き建物という王宮建築伝統の手慣れた工法ゆえでしょう。もちろん、西の民を総動員しての突貫工事だったことを見落としてはなりません。

大宮の竣工時、大寺はまだまだ工事の初期段階でしたが（整地・基壇工事が終わり、本体工事に入っていたころか）、大宮と大寺がセットをなして建ち並ぶさまが徐々に姿を見せはじめていたことでしょう。宮と寺がセットで並ぶのは、厩戸の斑鳩宮・斑鳩寺（創建法隆寺）という前例がありました。

新築なった大宮に遷ってちょうど一年の舒明十三年（六四一年）十月、造営宣言から二年三カ月が経過しています。九重塔が、我が国の塔建築に新次元をもたらすような高みを目指して建ち上がってゆく姿を仰ぎ見、舒明はいよいよ意気軒昂かと思いきや、何の前触れもなく『日

本書紀』に、そっけなく、

天皇、百済宮に崩《かむあが》りましぬ

と、一行にも満たない舒明崩御の記事があらわれます（享年四十九）。臨終の際の様子や原因について一切の説明もないままに……。これだけの大事業を進めていた当の本人の、あっけない死――

舒明の死

舒明崩御の時、九重塔はまだとても完成の域に達しておらず、金堂にしても規模が巨大なだけに、やはり無理です。舒明は堂塔の完成を見届けることなく没したのです。蘇我氏との軋轢を抱えながら、これを突破しつつあった舒明の突然の死――。唐突で意外な感に打たれますが、『日本書紀』の記述はそっけない。大王が初めて発願した、九重塔をもつ大寺の建立にしては扱いが冷淡ではないか。

さきに触れたように『万葉集』は舒明を王統譜の輝かしい中興の祖としてまつりあげていますが、『日本書紀』には舒明への距離感が窺えます。このあたり、両書の編纂スタンスには大きな違いが見てとれます。本書が対象とする時代を語る時、こうした点を複合的にみてゆく必要があります。

百済大寺は、神まつりを旨としていた大王が初めて発願した仏教伽藍でした。それだけでも画期的なのに、これにとどまらず、蘇我氏の支配圏であった飛鳥を脱出して非蘇我系の本拠地・磐余に、それまで五重塔までしか知らない我が国にあって、前代未聞の九重塔をもつ大寺を建立するという大事業を進めていた。それにもかかわらず、志半ばにして不慮の死によって身罷った——

そのような〝悲劇の英雄〟的イメージを纏うのを『日本書紀』編纂者は嫌ったのでしょうか。こうした扱いになったのは、舒明が聖徳太子の息子を押しのけて即位したから？

あるいは、天智や天武より舒明が偉くなっては困るから？——疑問は尽きません。

さて、『日本書紀』によると崩御の九日後、殯の場において送辞を捧げる、僅か十六歳の息子が注目を集めました。中大兄王子の登場です。

東宮開別皇子《まうけのきみひらかすわけ》、年十六にして誄《しのびごと》したまふ

次の大王には若すぎるものの、将来の有力候補であることをつよく印象づけるのでした。これは舒明の大后（のちの皇極）の演出でしょう。

†舒明の次は

次の大王は誰か？

この時、前回舒明に敗れた山背大兄王がなお意欲をたぎらせており、また厩戸崇拝に発する上宮王家の声望も依然として高いものがありました。しかし、先述のように蘇我氏は舒明の長男で蘇我系の母をもつ古人大兄王子を即位させ、コントロール下に置くことを既定路線としていたのでした。

ところが舒明急逝の事態に、山背も古人も決め手を欠き、再び前回のような混乱が危惧されました。これを回避すべく、長期安定を誇った大王推古がもとは大后であったことを奇貨として皇極元年（六四二年）正月、故舒明の大后が大王となったのでした。皇極女帝、この時四十九歳でした。

またしても山背大兄は機会を逸しました。これが不満をいっそう募らせ、安定には程遠い政治状況がつづきます。大臣は蝦夷の留任となりますが、息子の入鹿が父に勝る政治的威勢を振るうようになってきている。

あたらしく大王となった皇極女帝は、敏達が曾祖父で、彦人大兄を祖父にもちます（『日本書紀』)。父の茅渟《ちぬ》王は夫舒明の腹違いの兄で、母の吉備《きび》姫王は欽明の孫(『本朝皇胤紹運録《ほんちょうこういんじょううんろく》』)。

皇極は、じつは舒明と初婚ではありませんでした。宝《たから》の名をもつこの女王は、用明の孫・高《たか》向《むく》王と最初の結婚をし、「漢《あや》皇子」を産んでいました(『日本書紀』)。そのあと、父の腹違いの弟である田村王(のちの舒明)と再婚したのです(六二四年または六二五年)。

高向王とは死別だったのか離別だったのか、不明です。いずれにせよ、王位を視野に入れた田村が、自分の立場を優位にもってゆこうと、大后候補として王族出自の妃をつよく望んだのでしょう。六二六年には、のちに中大兄と呼ばれる葛城《かずらき》王子を産んでいます。

舒明即位にともない宝が大后になった時、中大兄は四歳。この王子は舒明の次男にあたり、長男として馬子の娘である法提郎媛が産んだ古人大兄がいました。二人の年齢差は十歳をこえていたとみられます。なお大兄とは、同腹兄弟の長兄をいう。異腹であるので、年長を古人大兄、次いで葛城王子を中大兄と呼んだのです。

✝女帝皇極の存在感

フィクサー蝦夷にとって皇極は、古人大兄即位への〝中継ぎ〟であったわけですが、この女帝も舒明同様、とても一筋縄ではいかない、手強い存在であることが次第にあきらかになってゆきます。

古代人の心につうじているとさえ評された国文学・神道学の折口信夫によれば、皇后（大后）とは、神と天皇のあいだに立って神の言葉を告げる「中天皇《なかつすめらみこと》」であった。天皇が亡くなり、つぎの天皇が決まらぬ時に中天皇のすがたが露わになる――。それが元来の女帝であったという（「女帝考」）。

古代史の上田正昭はこの見解に注目したうえで、女帝を、巫女《みこ》的存在であったのみならず、政治にも関わった存在と位置づけた（『古代日本の女帝』）。本書で存在感を発揮する推古、皇極、持統の三女帝はこのケースにあたるといえるでしょう。『日本書紀』は皇極の治世を、

古《いにしへ》の道を順考《かむが》へて、政《まつりごと》をしたまふ

と評している。「古道」とはこの場合、道教的信仰が重なるという（上田、前掲書）。即位して半年後、そのような祭祀王的性格と能力を伝える記事が『日本書紀』に見えます（要約）。

皇極元年（六四二年）六月以降、旱魃がつづいた。七月二十五日、蝦夷を前にして群臣たちが「諸々の神に雨乞い祈願をしたが効果がない」と口々に嘆いた。これを受けて蝦夷が二十七日、「大寺」（＝飛鳥寺）の「南庭」（中金堂《ちゅうこんどう》前の庭）に仏像や四天王像を並べ、僧ら

が集団読経をおこなって雨乞いをしたが、翌日に小雨が降った程度だった。八月一日、皇極が飛鳥川の川上に行幸した。そして「跪きて四方を拝む」。すると突如、雷鳴が轟き大雨となった。雨は五日間降りつづき、あまねく天下を潤した。

「四方拝」とは、東西南北の天に向かって祈願する道教儀礼。皇極は霊力をもっていると世の人びとから賞讃を浴びたことでしょう。

同元年九月三日、皇極が「朕、大寺を起し造らむと思欲《おも》ふ」と蝦夷に宣言、舒明崩御で止まっていた百済大寺の工事を再開する。近年の発掘調査により金堂、九重塔のほか、中門、列柱回廊、僧坊などの跡が確認されています。

†改葬から生まれた八角墳

十二月に舒明の遺骸をいったん滑谷岡《なめはざまのおか》に葬り、翌二年（六四三年）九月には押坂陵《おしさか》に改葬する。この陵は、考古学において段ノ塚古墳（桜井市忍阪）に比定されており、宮内庁の治定とも一致しています。注目されるのは、その形態です。

滑谷岡の陵は推古陵（山田高塚古墳）と同じく方墳だったとみられますが、改葬による段ノ塚古墳は、なんと八角形でした（径は四〇メートルほど）。これは、世界を八角形とみなす中国思想に由来するとみられます。

天の中心（＝天頂）から地の果てまで伸びる八本の大綱、それは八紘《はっこう》と呼ばれます。伸びてゆくのは東・西・南・北および中間四方位の計八方位。転じて、八紘は世界全体を意味する。八卦《はっけ》も同様だが、世界観の根底に、八方位をもつ八角形がある。

八紘は海を渡って『日本書紀』に出てくる。〝初代神武〟が大和を征圧した場面で「八紘《あめのした》を掩《おほ》ひて宇《いへ》にせむ」と言う（「神武天皇」即位前紀）。天下（＝八紘）を支配して一つの家にする、すなわち天下統一宣言だ。この八紘一宇《いちう》をスローガンに、かつて皇国日本の軍隊がアジアに進出した。言い出した当人たちは神武のことばと思っていたかもしれないが、淵源はなんと中国にあった。

†誰が主導したのか——大王陵を中国思想で造る

八角墳は中国思想をもとに構想されたと考えられますが、本家本元でも見られないような形の墳墓を、いったい誰が主導したのか？

王権と道教の近さは、皇極によるさきの雨乞い儀礼でも窺えました。前例のない八角墳が改葬までして造られたことからも、これは道教に造詣の深い皇極がおこなったと考えられます（息子の中大兄王子は改装時に十八歳。墳墓の構想はまだ無理でしょう）。

方墳は蘇我系を象徴していました。その踏襲を善しとせず、方墳に敢然と訣別し、敢えて改葬までしてここに打ち出された八角墳――

そこには〈非蘇我〉系王統の矜持がありました。ここからはじまった八角墳は〈舒明―皇極（斉明）―天智―天武―（草壁皇子）―持統―文武〉とつづき、古墳の終末期を彩ります。〈非蘇我〉系王権が舒明から復活したのだ、という意味付けをここから感知しないわけにはいきません。もっとも持統は、第Ⅲ部で述べるように「蘇我氏濃度二分の一」ではありますが。八角墳という象徴化の道を切り開いたのは、いうまでもなく皇極女帝その人なのでした。

†飛鳥への帰還

いっぽうで皇極は「大寺」の工事再開を告げてから二週間余り後、蝦夷につぎのように言った（『日本書紀』）。

「宮室《おほみや》を営《つく》らむと欲《おも》ふ」

あたらしい宮を造営するというのです。その宮とは、ユニークな屋根の造りと宮名が印象的な、飛鳥板蓋宮《いたぶき》。それは全焼した舒明の飛鳥岡本宮の跡地に建つことになる。

なんと百済大宮のある磐余から飛鳥にもどるというのです。舒明が造営に着手した「大宮及び大寺」は一体的な構想の下に、いわばセットの関係にありました。ところが皇極は宮と寺のセット関係を切り離し、あたらしい宮を飛鳥に造営するというのです。皇極の飛鳥帰還は、おそらく飛鳥を拠点とする蘇我氏の執拗なもとめによるものでしょう。大宮と大寺をセットで構想し、あたらしい都の中核とする舒明の悲願はこれで崩壊しました。

だが蝦夷の申し入れを受け入れたことにより、大王と蘇我氏の関係が大きく修復されたのではないか。皇極は舒明後期における王権と蘇我氏の緊張関係がこれ以上つづくことは、王権にとって得策ではない、むしろ危険とみたのです。政治的駆引きに長けており、この女帝はとても〝中継ぎ〟扱いでは済まない存在となっていたことがわかろうというものです。

†道教で対抗する女帝

さきの雨乞いの一件で、蝦夷は女帝の異能ぶりを思い知らされました。じつは四方拝とはほんらい中国伝統の宗教儀礼であり、道教の天の思想に由来します。八角墳も同様といえるでしょう。皇極は蘇我氏が得意領域とする仏教以外の外来思想にも目を向け、自らのアイデンティティを見いだしていたのです。

蘇我氏の仏教に対抗するには儒教・道教に依るのが有利です。そこで皇極が注目したのが道教だったのです。相性もよかったのでしょう。さきの雨乞い儀礼では見事に功を奏したのでした。この一件で蘇我氏も女帝の力を再認識し、これも両者の関係修復を促したと思われます。

いっぽうで皇極は、停止していた百済大寺造営の再開を宣言している。つまり譲るものは譲り（飛鳥帰還）、得るものは得る（大寺造営）。これは蘇我氏と取引をしたと考えられるのです。皇極は、なかなかしたたかな女性でした。当初、蝦夷は〝中継ぎ〟とみていましたが、じつはとても一筋縄ではいかない女帝だったのです。

そうして皇極元年（六四二年）十二月、一年余りに及んだ「百済の大殯」を終えて本葬をおこなった当日に、皇極は推古の宮であった小墾田宮に遷るのでした。これは蘇我氏のお膳立てでしょう。ひとまずここに落ち着き、飛鳥板蓋宮の新築、そして百済大寺造営の再開を見守る女帝でした。

†飛鳥板蓋宮

この宮の建設地は、さきにも述べたように、火災で焼失した飛鳥岡本宮の跡地。そこは小墾田宮などと違い、正真正銘の飛鳥だった。亡き夫、舒明が脱出し、二度ともどらなかった飛鳥の中心地に皇極はもどってきたのです。蝦夷の喜ぶ顔が目に浮かぶようです。

その代わりかれは、磐余で建設途上にあったものの、舒明の死により停止していた百済大寺造営の再開を快く受け入れた。宮が我が根拠・飛鳥にもどるなら、磐余での百済大寺の造営は構わない……と。しかし皇極にとって飛鳥板蓋宮を岡本宮跡地に造営することは単なる妥協の産物ではなかった。もっと大きな意味があったのです。

それは、大王が即位する度に宮を転々とする慣行（歴代遷宮）の変容を意味していた。すなわち、あたらしい宮を造営することに変わりはないにしても、場所が定まってきたということです。その政治的意味は計り知れません。宮の場所が変わらないことにより前大王との連続性が濃厚になる。王統の系譜が〈非蘇我系〉に定まりはじめ、かつそれが視覚化されてきたのです。蘇我氏を安心させながら……

一見、舒明の構想を裏切ったかに見える皇極の振る舞いです。しかし宮の飛鳥帰還という出来事は、蘇我氏の意向に従うように見えて、じつは〝実を取る〟高等戦略だったのです。

また新築された宮もユニークな造りでした。それは『日本書紀』に記された「飛鳥板蓋《いたぶき》宮」という呼称に表れています。茅葺きなどより立派に見える板葺きにこだわるあたりに、物づくりに執着する皇極のつよい個性が窺えます。

翌年四月、皇極は完成したあたらしい宮に遷る。この飛鳥板蓋宮を舞台に、やがて蘇我本家が滅亡するという大事件が起きるのでした。

第6章 テロにはじまる大化改新

1 板蓋宮のテロ事件

†王権強化が図られた

〝大化改新〟の起点となったのは六四五年に起きた、王家が仕掛けた宮中テロ。大王皇極の面前で蘇我入鹿が突然襲われ、血塗《ちまみ》れになって惨殺されました（皇極四年六月十二日）。テロという用語に違和感を覚える読者もおられるでしょう。テロとは通常、権力をもたざる者が権力者に仕掛ける行為。大王側がおこなったテロとは、なんとも座りが悪い。しかし圧迫されている側が抑圧者に仕掛けたと理解すれば、それは解消するでしょう。

第Ⅰ部で見てきたように欽明以降、蘇我本家による王権への娘の輿入れが慣行化し（系図を参照）、その権勢は揺るぎない。馬子亡き後も、時に大王を上回る勢いを呈します。これに危機感をつのらせたのが王家内、〈非蘇我〉の敏達直系でした。いっぽう、〈蘇我系〉においてもその傍系が本家への不満をふくらませていた。この両者が手を結び、ついに蘇我本家排除へ実力に訴えたのです。

王家がテロ行為に走らざるを得なかったことじたい、蘇我本家の隆盛ぶりを物語っています。仮に処罰に値する行為があったとしても、大王は権力の正当な行使によって対処できなかったのです。弱体化した王権の強化こそ、喫緊の課題でした。

〝大化改新〟とは宮中テロを契機になされた政治改革であり、事件そのものは今日、乙巳《いっし》の変と呼ばれます。これは事件の起きた年（干支《えと》）に着目した呼称。起きた場所に着目すれば〝板蓋宮の変〟とも呼ぶことができます。

†血に塗れし宮、血に塗れし手

それでは、まずは『日本書紀』が語るところを再現してみましょう。

事件の首謀者は中臣鎌足三十二歳で、実行犯のトップが中大兄《なかのおおえ》王子二十歳。大王皇極と前大王舒明のあいだの息子という、この上ない血筋ながら、王位継承第二位とされていました。一位は蘇我氏の推す古人大兄《ふるひとのおおえ》だったのです。当時の慣行では王位に就くにはまだ若いということもありました。すでに述べたように、古人大兄と中大兄は、舒明の遺した異母兄弟。古人の母は蘇我馬子の娘でした。

中大兄は長い槍《ほこ》（鉾）を手に、母皇極のおわす飛鳥板蓋宮大殿《おおとの》の側面に身を潜め、前庭に座す入鹿襲撃のタイミングをうかがっていた。宮の警護に当たる者には首尾よく事前に手を回し、全ての門を閉鎖させていました。（『日本書紀』は大殿を「大極殿」と表記するが、過剰表現だろう）。

蘇我本家の推す次期大王候補・古人大兄王子は大殿で皇極の傍らに侍していた。入鹿は大殿前庭のいつもの位置に座している。

張りつめた空気の中、大殿の脇に潜んでいた中大兄が突如、大きな声をあげて躍り出、いきなり槍で入鹿に襲いかかった。これを機に、手配していた暗殺者二名が一斉に入鹿に斬りかかる。不意を突かれ、無残にも入鹿は命を絶たれた。大王宮である飛鳥板蓋宮が血に塗《まみ》れたのです（参考：小墾田宮空間構成図、九二頁）。

大殿前庭の遺体は、入鹿の座となっていた筵《むしろ》で覆われた。折からの雨が激しさを増して容赦なく筵を叩き、流れる雨水で庭は溢れた。噴き出す血は洗われ、赤い筋が庭に拡がる……。恐れおののいた古人大兄は慌てて自邸に逃げ帰る。入鹿の遺体は蝦夷の許に届けられるのでした。

――江戸初期の絵巻物に、入鹿殺害の場面を描いた『多武峰《とうのみね》縁起絵巻』があり、今日よく挿図にもちいられている。そこでは入鹿の首が宙を舞うのは、畳の敷かれた室内になっている。

皇極の飛鳥板蓋宮は、その前に当地にあった舒明の飛鳥岡本宮と異なり、南北を基軸とする正方位をとっていたことが確認されています。しかしながら、遺構の上層に後《のちの》飛鳥岡本宮の遺構があるため、具体的な構成が十分にはわかりません。しかし、あらためて『日本書紀』を読み直しますと、入鹿殺害の現場が室内だったのか、疑問があります。今述べたように、現場は大殿の前庭だったのではないか。

†母皇極の立場

さて入鹿の首を取った中大兄は、蝦夷の反撃に備えるべく、蘇我氏栄華の象徴というべき飛鳥寺を乗っ取り、軍営を張る。堅固な造りの伽藍建築は容易に軍事拠点にもなったのです。それはまた蘇我氏本家の敗北を決定的に印象づけるのでした。

ドラマチックに伝えられる、この大事件。『日本書紀』によれば、プロデューサー兼ディレクターは中臣鎌足。

そして主役《ヒーロー》は中大兄。当時の慣行では、大王になるには二十歳ではやや若かった、ということか、皇極弟の軽王《かる》(軽皇子)が大王に立つのです(孝徳)。中大兄の〝血に塗れし手〟を避けたのか。

息子中大兄の行為は宮中を血で汚す所業であり、死罪になってもおかしくない。ところが変の翌々日、『日本書紀』によれば皇極は最初、中大兄に譲位すると言い出す。事前に示し合わせていたとみられ、息子を立てているのです。むしろ皇極は首謀者でしょう。

中大兄は宮中テロの実行犯であり、さすがにその即位は見送られましたが、皇極の本心は息子よ、よくやったということだったにちがいない。

『日本書紀』は表向き、事実の羅列に見えますが、これは小説か？　と思うようなくだりが不意に出てきます。仏教公伝をへて、天才少年厩戸王子が物部氏討伐戦に臨んで四天王寺建立を発願する場面。あるいはこの変において中大兄王子が蘇我入鹿を殺傷する場面。興味をそそるよう過剰なまでの脚色に出会ったら、読者は慎重になったほうがよいようです。

†蘇我本家の滅亡

入鹿暗殺という全く想定外の事態――。蘇我氏側は狼狽し混乱の極みに陥る。離反者が続出し脆くも内部崩壊を起こすのです。蝦夷は殺害現場に居合わせませんでしたが、翌日、本家の最期を覚り、最早これまでと、自邸に火を放って果てる。その際に焼け落ちた蝦夷自邸とみられる遺跡が甘樫丘《あまかし》の麓から出土しています。七世紀半ばの焼土層とともに、多量の焼けた土器片や炭化した木材・壁土、塀、そして石敷き跡などが出ています。大規模な土地造成をともなっていました（甘樫丘東麓遺跡。奈良文化財研究所、一九九三年〜）。『日本書紀』は〈蝦夷─入鹿〉親子が「家を甘檮岡《うまかし》に双《なら》べ起つ」と伝え、蝦夷邸を「上の宮門《みかど》」、入鹿邸を「谷の宮門《はさま》」と呼んでいたという。蝦夷は予期せぬ最後をむかえ、これに火を放ったのです。

また〈蝦夷─入鹿〉の親子は生前に自らの墳墓（双墓《ならびのはか》）を建造し、蝦夷の墓を「大陵《おおみささぎ》」、入鹿の墓を「小陵《こみささぎ》」としていたといいます。この「大陵」の可能性が高い約七〇メートル四方の階段状の大型方墳が近年、甘樫丘の南側、先端部から発掘されました（小《こ》山田遺跡、橿原考古学研究所。二〇一五、二〇一七年）。発掘者は他の被葬者を想定していますが、その西すぐ近くに「小陵」とみなされる約三〇メートル四方の方墳（菖蒲池古墳、橿原市教育委員会）があることからも、これは蝦夷の「大陵」とみてよいでしょう。

そうだとすると、〈稲目─馬子─蝦夷〉の系譜はいずれも方墳で、稲目の都塚古墳と蝦夷の「大陵」は階段状でした。馬子の石舞台古墳は現在、石室を遺すのみですが、すでに触れたように外形は階段状であった可能性が高い。規模的にも都塚＝四〇メートル四方、石舞台＝五〇メートル四方、「大陵」＝七〇メートル四方と、大型化の一途をたどっていたのです（入鹿の「小陵」は蘇我本家の継承を明示するためと考えられ、蝦夷没後に大型化する腹積もりだったか）。

†〝板蓋宮の変〟は終わらない

あっけなく滅んだ蘇我本家――。ですが、それは蘇我氏傍系のはたらきもあってのことでした。蝦夷の弟の子、蘇我倉山田石川麻呂です。娘遠智娘《おちのいらつめ》を中大兄の妃とすることによって中大兄との関係を深め、〝板蓋宮の変〟ではきわめて重要な役割を演じました。また、この中大兄妃が産んだ娘鸕野《うの》王女がのちに持統天皇となります（第Ⅲ部）。

石川麻呂は改新政府で右大臣という要職を占めます。〝板蓋宮の変〟による蘇我本家の滅亡は、同時に、傍系だった勢力が氏上《うじのかみ》に躍り出るという、蘇我氏内部における権力交代でもありました。その後も蘇我氏は王権内で生き延びます。振りかえれば〝板蓋宮の変〟は、巨大化した蘇我氏内部の確執を王家側が巧みに操って成功したといえるのです。

いっぽう蘇我本家が田村王（舒明）を大王に推した時から将来を約束されていた古人大兄王子はどうなったか。皇極後継の最右翼にいた古人大兄のその後――

思いがけず暗殺現場に居合わせた古人大兄でしたが、明日は我が身。蝦夷、入鹿を後ろ盾に後継の座を狙っていた自分が、このままでいられるはずはない。入鹿、蝦夷の後、狙われるのはこの自分の命――、そう悟ったにちがいない。

事件の翌々日、古人は出家を決行。飛鳥寺の列柱回廊に囲まれた聖域、中金堂前の庭で剃髪し、吉野の山に入ります。王位を争う意思のないことを無言のうちに、行為によって全身で表明したのです。仏門入りは我が身を救う窮余の一策でした。

だが結局のところ同年九月、中大兄により謀叛のかどで子もろとも殺害されてしまいます。〝板蓋宮の変〟究極の目的はここにあったというべきでしょう。不安要素は事前に摘み取る、それも根こそぎに――。これこそ、その後も繰りかえされる中大兄のやりかたなのでした。

2 飛鳥から難波へ

†初の「生前退位」

〝飛鳥板蓋宮の変〟の二日後に（古人大兄出家と同日）、皇極が二歳下の実弟、軽王に譲位し、大王孝徳が誕生しました。五十歳という、当時にあっては高齢での即位でした。翌月には、皇極の娘で中大兄の妹の間人《はしひと》王女との婚姻が成立し、大后となります。年齢差は三十歳をこえていました。前大王の娘を大后に入れることにより、大王としてのリアリティを増したのです。

これが史上初の「生前退位」でした。前節で見たように、それは宮中テロをともなってなされたのです。したがって実態を見れば、平和裡になされた〝正真正銘〟の譲位とはいえず、

〝見せかけ〟の譲位（＝生前退位）だったというべきでしょう。

全体像を見なおすと

突然発生した宮中テロ事件に大王皇極がうろたえたと『日本書紀』は書きますが、それにしては二日後に、弟の軽王が王位に滑り込んでいる（孝徳）。ドラマの最後になって、いつの間にか主役に躍り出た高齢の弟。事前の周到な準備なしに、こうまでスムースに展開するものか？

結果から察するに、〈非蘇我〉の舒明大王譜を継ぐ皇極は、〈蝦夷―入鹿〉によって古人大兄後継路線が進行している状況に大きな不満と危機を感じ、弟と共謀連携して入鹿殺害を企てたのではないか。

軽王は軽王で、姉が即位したことにより、傍系ながら、むらむらと後継への野望を燃やしていた。当時は女帝の弟というだけでも、状況次第で即位の可能性がないわけではなかったのです。実際、この二年前のこと、かれは厩戸亡き後、なおも王位を狙っている息子の山背大兄王を襲う、斑鳩宮焼討ち事件にも関与していました（『上宮聖徳太子伝補闕記』）。姉との連携は願ってもないところであり、それなしにかれの野望が果たせるわけもありません。

また軽王は石川麻呂の娘を娶るなど、かれと近しい関係にあり、〝板蓋宮の変〟にむけて連携していたのは間違いないでしょう。さきに述べたように、中大兄も石川麻呂の娘を娶っていました。そして姉弟は実働部隊に、血気盛んな皇極の息子・中大兄を起用したのです。それは将来の即位を見込んでのことだったでしょう。

中大兄と並ぶ、もう一人の『日本書紀』版〝主人公〟の中臣鎌足は、早くから軽王（孝徳）に仕える立場にあった。中大兄に仕えるようになったのは孝徳没後であったという（遠山『日本古代史の読み方　456―785』など）。一介の臣下でしかなかった鎌足がこの変を先導する大きな役割を担ったと『日本書紀』は書きますが、そこには最終編纂者であった息子の藤原不比等の意思が紛れ込んでいるように思われます。この段階では、中大兄のパートナーというより、孝徳配下として、関係者間の連絡調整に走ったのではないか。

†皇祖母尊

孝徳即位の日、譲位した皇極に、「皇祖母尊《すめみおやのみこと》」の号が謹呈されたと『日本書紀』はいう。史上初の「生前退位」でしたので、この称号が編み出されたのでしょう。

しかし当時は天皇・皇后という語も、また皇太子の語も使われていなかったため、皇の字の入った号が呈されたというのは疑問がのこる。実際、孝徳が開いた難波宮の跡から「王母」と書かれた木簡が出土しています。これが『日本書紀』編纂時に「皇祖母尊」と書き換えられたとみられるのです。なお皇極という漢風諡号《しごう》が呈されたのは『日本書紀』成立より後の、八世紀半ばのことでした（諡号とは没後に贈られる尊名。諡《おくりな》とも）。

「皇祖母尊」とは「祖母またはそれ以上の皇統上の女性尊長を表わす一般名詞」とされています（岩波版『日本書紀』補注）。しかしこの場合は、前大王が生存しているという未曾有の事態。そうした一般的なケースには収まりません。

天武と天智にとって皇極は産みの母であり、天智の娘である持統にとっては祖母。『日本書紀』におけるこの「皇祖母尊」謹呈記事は、母系集団における首長的ニュアンスをのこしつつ、その始祖の位置に皇極を当てる意図が窺えるのではないか。

「皇祖母尊」には祖先神的、祖霊神的ニュアンス、さらには、かの女の有する雨乞い儀礼に見せたような霊力（一六八頁）への崇拝がふくまれているように思われます。

†難波遷都

皇極の「生前退位」は、大王の面前で起きたテロ事件の波紋をひとまず収束させる措置と見えます。しかしすでに述べたように、テロの首謀者は〈皇極―軽王〉姉弟とみられ、宮中テロから「生前退位」へのながれは織り込み済みのものでした。実行犯の中大兄も、首謀者の母親である大王も従来と変わらないのであっては、大王家こぞっての陰謀だったことを自ら認めるようなもの。それ故、皇極はもうひとりの首謀者である弟の軽王に譲位し（孝徳）、王母（＝皇祖母尊）として大王に並ぶのでした。実権を全て手放したわけではないのです。

ここで『日本書紀』の孝徳評を見ておきましょう。

仏法を尊び、神道を軽《あなづ》りたまふ。（略）儒を好みたまふ

つまり我が国古来の信仰より、大陸伝来の仏教と儒教を重んじたというのです。この書きぶりは仏教・儒教の偏重ともとれる表現です。舒明の百済大寺に見る仏教、大后だった皇極の四方拝に見る道教、そして弟孝徳による仏・儒の偏重。このころの大王家は豪族を超える勢いで大陸文化の摂取に積極的に臨んでいたのです（ただし、在来の神まつりを全く無視していたわけではない）。

当然、外交政策に力を入れることになりますが、それを象徴するかのように、孝徳は都を難波に遷します。

飛鳥から難波に遷都した理由として、まず外交・国際交流の強化がありました。大陸につながる外港のある難波こそ、あたらしい国づくりにむかう都として、この上なくふさわしいと考えられたのです。また外交は蘇我氏の得意領域でしたし、すでに述べたように、難波の重視は

馬子の国家構想のなかにありました。蘇我氏を排除した新政府としては、なおのこと、難波の新都造営に力が入るのでした。

同時に、蘇我氏の拠点となっていた飛鳥から遠く離れること自体に、国内的に大きな意味がありました。蘇我本家が滅亡したとはいえ、多くの有力豪族は飛鳥およびその周辺地域を根拠としていましたから、難波に遷ることは、かれらを本拠地から引き剝がして力を削ぎ、大王家の力を相対的に強化する策でもありました。遷都に、時代の空気を一変させ、新時代の到来を思わせる効能があったのはもちろんです。

†難波宮の建設

皇極が退位して「皇祖母尊」が献呈され、軽王が即位した六月十四日を以て(孝徳天皇)、大化元年と改める。その年の十二月のこととして、『日本書紀』に「天皇、都を難波豊碕《とよさき》に遷す」とある。しかし、この時は難波の既存施設を改築して、一時的に遷り住んだ状態(その後も改築工事は継続)。新築でなかったのは、新時代の到来を実感させるために、何よりもまず都を遷すことが急がれたからだった。

翌大化二年(六四六年)正月、改築途上のこの施設(子代離宮《こしろのかりみや》)で臣下たちから朝賀の礼を受け、そして「改新之詔」を宣布。大王となって初めて迎える正月に〝改新政治の具体的方針〟を新天地の難波にて宣告する——。このことが最優先されたのであり、そのためには、たとえ仮宮であってもかまわなかった。「改新之詔」宣布を終えて二月、孝徳はいったん飛鳥にもどります。とにかく改新政治のスタートは新都難波でなされなければならなかったのです。子代離宮は突貫工事で進められ、六四七年夏〜秋ころに完成した。

もちろん仮宮的な子代離宮に満足することはなく、あたらしく本格的な王宮の完成をめざして六四九年秋〜冬ころ、大々的な整地工事が開始される。つづいて本体工事が白雉元年（六五〇年）十月に着手され、白雉三年九月に完成（吉川「難波長柄《ながら》豊碕《とよさき》宮の歴史的位置」）。これが大王孝徳の難波宮です。完成した王宮は壮観だったようで『日本書紀』は、

其の宮殿の状《かたち》、殫《ことごとく》に論《い》ふべからず

と評する。筆舌に尽し難いというのです。何から何まで素晴らしいと、絶讃の極みというべきでしょう。ですが『日本書紀』は、そう評する割には記述があっけない。そういえば『万葉集』においてはそれ以上に、孝徳の代は外されています。

——大王の座は、父子よりも兄弟間継承が多い時代があった（系図を参照）。『日本書紀』の最終編纂者には、父子直系継承にシフトさせ、これをオーソライズする意図があった。舒明と

皇極のあいだの息子、中大兄王子をヒーローとして描くのはその顕著なあらわれだ。いっぽう、女帝皇極の弟の孝徳は傍系に当たるため、甚だ軽い扱いになっている。

ところが発掘調査の結果、孝徳が築いた難波宮が当時において前代未聞の、画期的な王宮であったことがあきらかになりました。規模においても、内容においても。

その具体的な説明をはじめる前に、指摘しておきたいことがあります。飛鳥を出て難波に遷都する決定が迅速なこと、そして難波宮が破格の規模をもつことなどから、孝徳は〝板蓋宮の変〟の前から、遷都構想をもっていた可能性があります。『日本書紀』には、「天皇、都を難波豊碕《とよさき》に遷す」という記事につづいて、老人たちの世間話を載せていて示唆的です。

「春より夏に至るまでに、鼠の難波に向《ゆ》きしは、都を遷す兆《しるし》なりけり」

当時、春といえば一月から三月まで。〝板蓋宮の変〟は夏六月でした。遷都のあまりの手際の良さに、変の前からその積りだったんだ、とうなずき合ったのです。

†広すぎる朝庭

難波宮には、際立った二つの謎があります。ひとつは、列柱回廊に囲まれたゾーン（朝堂院

＝朝庭＋朝堂）が途方もなく広かったこと。東西二三三メートル、南北二六三メートルと全く前例のない広大さで、のちの王宮でこれと肩を並べるのは、天武天皇が造営を開始し、持統天皇が六九四年に遷居した藤原宮が最初です。その間、これと同等規模の朝堂院はあらわれなかったのです。難波宮はその前後の王宮とは隔絶しており、一言でいえば、広大すぎるというのが率直な印象です。

全国から人びとが参集しても対応できる規模にしたとの見解がもっぱらですが、機能的な見地からすると、広さをもてあましていたのが実際だったと思われます。むしろ孝徳は、この〝だだっ広さ〟をこそもとめた、とみるべきではないか。

とめどなく広がる空間、はるか奥に、大王のおわす内裏《だいり》がある。この広さ、この遠さこそ、いうにいわれぬ権威を醸し出す……

難波宮の後、王宮は飛鳥にもどりますが、後飛鳥岡本宮（斉明）や飛鳥浄御原宮（天武）には、これほどの広さをもつ朝堂院はありません。敷地の制約があったといえますが、もし実用上、ほんとうにこの広大さが必要であったなら、そのような土地を選ばなかったでしょう。飛鳥の王宮は難波宮にくらべて格段に狭かった。それで機能していたのですから、難波宮の広大さを機能的理由で説明するのは、やはり難しい。

何もない空間が真ん中にのびやかにひろがり、東西に一列ずつ朝堂がつらなる。どうしようもない〝だだっ広さ〟そのものである朝庭。ここで役人たちを集めて朝礼がおこなわれました。その際も、役人は朝庭の東西に分かれて整列し、真ん中は空白として残されたことでしょう。

✝広大さのもつ意味

空間の広大さこそが侵しがたい、上質の権威を醸す、そういう感性をそこから読み取ることができます。とくに効果を発揮したのは、来訪してきた外国使節団、あるいは地方から出てきた豪族や、なお大王に服従しない民（東北の蝦夷、南九州の隼人ら）にたいしてでした。

広大さは朝堂院にとどまりません。奥に連なる内裏もそうですし、難波宮とみなされる区域は東西・南北とも六五〇メートルとみられます（もっと広かったとの見方もある）。整地工事開始から本体工事の着手まで一年もかかりましたが、それもこの広大さに要因がありました。いっぽう、本体工事が全体の完成まで二年と、規模の割に比較的短期で済んだのは、従来どおりの比較的容易な掘立て柱による工法で、

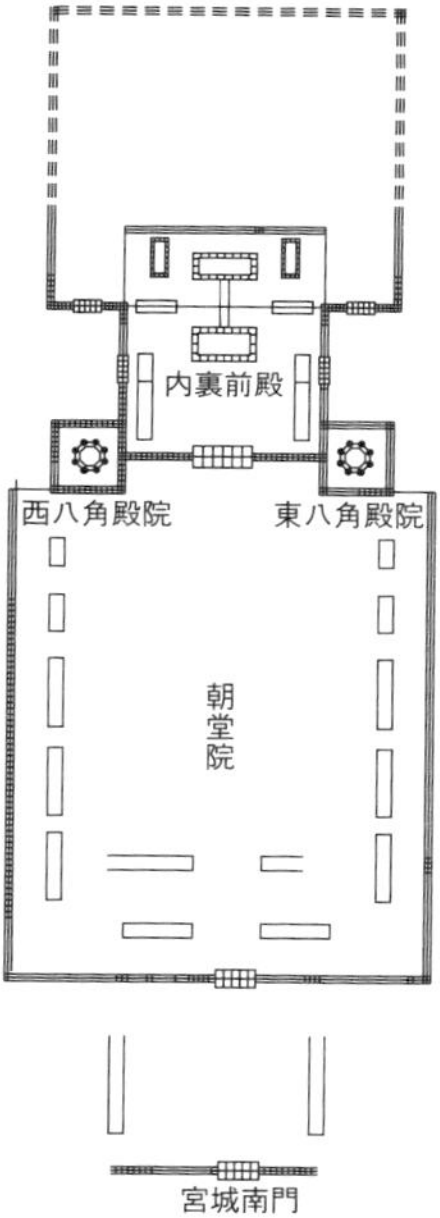

難波宮／遺構配置図（木下正史・佐藤信編『古代の都Ⅰ　飛鳥から藤原京へ』より）

屋根が瓦葺きではなかったからです（瓦も出土しているが、これは〝後期〟難波宮と呼ばれる聖武《しょうむ》天皇の時代のもの）。

並はずれて巨大な王宮であったことがあきらかになっている今、つぎのことを指摘しておかねばなりません。それは、規模の広大さからして孝徳は、代ごとに宮が遷る〝歴代遷宮〟という慣行を想定していたとは考え難いということです。かれは〝恒久の都〟として難波宮を考えていたのではないか。

それには藤原京の真ん中に建設された、天武・持統朝の藤原宮が傍証になるでしょう。東西約五キロ、南北五キロの京域の中央に位置する藤原宮が恒久の都、つまり〝動かない都〟を意図して造られたことはあきらかです（第Ⅲ部。現実には平城京へ遷都したが、天武・持統の望んだことではなかった）。

その藤原宮の朝堂院と同じ東西幅をもっていたのが難波宮の朝堂院でした（七世紀半ば）。このことからしても、難波宮が歴代遷宮を想定していなかったことが導かれます。

†難波宮の空間特性

舒明の百済大寺も孝徳の難波宮も、大王が自らの存在感を建築をとおして最大限アピールせんとした重要な例です。百済大寺の伽藍配置に見られる特性として、つぎの三点をさきに挙げました。

（一）南面しながらも、金堂と塔が東西、ヨコに並ぶ
（二）左右対称を避け、かつバランスを重視する
（三）中心に、空白を大きく残す

伽藍と王宮では機能が異なるとはいえ、空間の特性を比較することは可能です。孝徳の難波宮では、まず（二）が消えている。回廊で囲まれた領域内では、個々の建物およびその配置において、例外を許さない徹底した左右対称を取っています。

空間における厳格な秩序感覚は無意識のうちにも心理的作用を及ぼし、君臣秩序の徹底や官僚制の浸透に効果を発揮してゆきます。逆にいうと官僚制が未熟な段階で、空間的形式秩序が先に実現されたのでした。儒教的規律にもとづく官僚制、つまりもとめる国家のかたちがここに、まず建築として視覚化されているのです。これまでになく厳格な形式主義の適用は、「儒を好みたまふ」と評される孝徳にとって必然のなりゆきだったでしょう。

――官僚制の導入・改革は形式秩序の視覚化からはじまった。儒教にもとづく国家体制とは、厳格な左右対称形式の構築だった。大陸文明の導入が目に見えるところからはじまったのは、仏教公伝の際と変わらない。仏教興隆も儒教的規律の徹底も、全ては視覚化からはじまったのだ。そこで飛鳥寺や難波宮など建築の果たした役割は大きかった。その影響が社会的実質にま

で浸透し、天皇誕生までいたるには多くの歳月を要したが、四、五十年後に飛鳥浄御原令、大宝律令として結実する。これらの法令も伊勢神宮や藤原京の建築に反映された。

さて話はもどりますが、（一）に関連して二つの点が注意されます。まず同形同大の二つの八角殿が東西に二つ配置されていること、そして朝堂院においてタテ一列につらなる朝堂群が朝庭を挟んで東西に配置されている点です。しかしこれらは東西配置をもとめたというよりは、左右対称の形式秩序に従った結果です。この国の王宮に、これだけ厳格な儒教的規律が浸透したことは特筆すべきでしょう。

（三）に挙げられた特性は、朝堂院・朝庭の空間に十分活かされています。

つまり（一）（二）は中国的原理の下に引っ込みましたが、（三）については、従来から我が国に培われていた感性が遺憾なく発揮されていたとみることができます。

仏教施設だったか――八角形建物の謎（一）

もう一つの謎は、朝庭の奥、東西に並び立つ二棟の八角殿です。現代でも八角形というだけで、その建物は目を惹きますが、当時ではなおさら際立ったことでしょう。この二棟の八角形建物は、いったい何だったのか？

伽藍建築には〝八角円堂〟と呼ばれる形式があります。法隆寺夢殿がもっともよく知られた例です。仏教の生まれたインドでは礼拝対象のまわりを回るのが原則で、仏教もこれに倣います。その自然な形として、円形建物が造られるわけですが、木で造るには困難がともなう。大事なのは回ること。そこで円に替えて八角が注目されます。八角は円と同様に回転性をもち、かつ木で造りやすい。こうして造られたのが〝八角円堂〟なのです（拙著『法隆寺の謎を解く』）。

難波宮の八角形建物の場合、まず考えられるのは、夢殿のような〝八角円堂〟が二棟あったのではないかということ。その形も配置もユニークであり、仏教に入れ込む大王を彷彿とさせます。この建築遺構は二層の屋根をもつ八角殿としてCG復元されている（大阪市教育委員会）。

難波宮／東西に並ぶ二つの八角形建物（大阪市教育委員会）

二棟の八角円堂はそれぞれ、須弥山と霊鷲山《りようじゆせん》に対応していたという見方があります（古市『日本古代王権の支配論理』）。

――須弥山は仏教の世界観の中心に聳える理念上の山。対して霊鷲山は釈迦が実際に説法をおこなった地上世界の山。理念世界の中心と地上世界の聖地が対置されて世界の全体が王宮内に具現されていたことになる。この場合、礼拝者はそれぞれの山のまわりをインド古来の仏教作法にならい、ぐるぐる回ったことだろう。

王宮内に仏教の聖山を象徴する建築を造ったとは、「仏法を尊び、神道を軽りたまふ」孝徳に、いかにもふさわしい。

ただし、仏教とはいえ我が国に入ってきたのはあくまでも中国化した仏教だった。中国仏教は土着の道教に親近性があり、八角形建物が道教的性格をもっていた可能性は否定できないでしょう。

†道教施設だったか――八角形建物の謎(二)

中国的世界観から見れば、八角墳におけると同様に、八角形建物は八方位からなる八角形の世界を表現しています。八紘や八卦に見るように、世界を八角形と見なすのは儒教、道教に共通しているといえ、この点で両者が対立することはありません。「儒を好みたまふ」た孝徳が、中国的世界観にもとづいて八角形建物を建てるのは、大いにあり得ることなのです。

道を好む皇極、儒を好む孝徳。同じ母のもとで育った実の姉と弟は教養、思想の面でかなり似通っていたのではないか。飛鳥板蓋宮の変は五十二歳の姉から五十歳の弟に譲位された結果を生み、姉は「皇祖母尊」として遇されるのでした。そして姉の八角墳と弟の八角建物。このころ姉弟は気脈を通じ合っていたのです。その後、飛鳥帰還がきっかけとなって決裂しますが。

じつは〈舒明―皇極(斉明)―天智―天武―(草壁)―持統―文武〉とつづく〈王統―皇統〉は、みな八角形の古墳に葬られている(孝徳は傍系として外されたか)。

かつて古代史の大御所が、我が国には公式に道教は入ってこなかったと強調した影響がのこっていたが近年、見なおされている。〈大王―天皇〉家が道教を占有し、他豪族との差別化を図っていたともみられるのです。

すでに述べたように雨乞いの際、皇極は四方拝をして蘇我氏の仏教を上回る道教的霊力を見せつけた。『日本書紀』には、再び即位した斉明の代のこととして「観《たかどの》を起つ。号《なづ》けて両槻《ふたつきの》宮《みや》とす。亦《また》は天宮《あまつみや》と曰《い》ふ」とあります。「天宮」は道教に由来する名称。すなわち、この宮は道教施設である道観とみられるのです。

それだけではありません。飛鳥で発見された亀形石造物を見ると、斉明の代に、そこで道教祭祀がおこなわれていたことがわかります。俗に「鶴は千年、亀は万年」といわれるように亀は不老不死のシンボルであり、道教的神仙思想を表します。仏教興隆のいっぽうで、道教もまた浸透していたのです。孝徳に譲位した皇極が、難波宮内に道観建立を要請した可能性もあるのではないか。あるいは、仏教施設と道教施設が東西に並んでいたのかもしれません。

いずれにせよ、この国の王宮に仏教、あるいは道教施設が象徴的なかたちで導入されたことも、特筆すべき出来事でしょう。しかも難波宮の空間は、厳格な儒教的規律にもとづいて秩序づけられていました。難波宮の空間秩序から見る限り、儒教的全体秩序の中に仏教的、道教的シンボルが取り込まれているような印象がある。そこには儒の世界をベースとして、仏（そして、あるいは）道の要素を取り入れていたのではないか。

†大化改新を〝ある程度〟立証する建築

「大化改新はなかった」という説が戦後の一時期、文献史学を風靡しました。『日本書紀』には過剰な脚色はあるものの、しかし全く実態がなかったというのも言い過ぎでしょう。その有力な証しとなるのが難波宮の存在です。

今見たように発掘調査の結果、この王宮は前例のない規模、そしてユニークな内容をもつことが判明しました。すなわち、これだけの規模と内容をもつ建築を実現するには最低限、それに必要な財源のみならず、物資、労働力を全国から調達することが必須なのです。それには中央と地方をむすぶ統治機構がある程度張りめぐらされ、システムが有効に機能する必要がある。したがって、『日本書紀』がいうほどではないにせよ、統治機構の改革が一定程度、進んでいたのは事実とみられるのです（吉川、前掲書）。

今も昔も、モニュメンタルな巨大建築の実現には政治が深く関わっている。その関わりは現代よりも古代のほうがはるかにつよかった。

3　白村江の敗戦、そして大津へ

†挫折した難波の都

『日本書紀』によれば、難波宮に遷って僅か一年後の六五三年、急速に力を伸ばしていた中大兄王子は難波から飛鳥にもどることを進言。前代未聞の王宮を築き上げ、これぞ恒久の都と悦に入っていた孝徳にとって、耳を疑いたくなる提案です。そんなことは毛頭考えられない孝徳は、もちろん、これを拒否——

すると中大兄は「皇祖母尊」である皇極、孝徳の大后である間人、「皇弟《すめいろど》」（大海人を指している）らと共に、さっさと飛鳥に帰ってしまう。極端な年齢差ゆえ、夫婦の実態に乏しかったのかもしれませんが、妻にまで去られたのは堪《こた》えたでしょう。残された孝徳は、力なく翌年、さびしく没するのでした。

†動乱の半島情勢

それにしても「皇祖母尊」こと皇極、ならびに中大兄はなぜ、完成して一年しか経っていない豪壮な王宮を捨て去り、飛鳥にもどる決断をしたのか？

ここで海外情勢に目を転じる必要があります。

——朝鮮半島では高句麗、百済、新羅の三国が三つ巴の攻防を繰りかえしていた。七世紀半ばの当時、大唐帝国が拡張政策をいよいよ東の朝鮮半島に向けてきた。これに対応するため、各国で権力集中の動きが活発化して内乱も頻発。我が国における飛鳥板蓋宮の変も、建前と実態の乖離、つまり大王を上回る蘇我氏の権勢を打破して権力の一極化を図った動きだった。半島情勢に遠因をもち、これに連動する面もあったのだ。

六四五年、六四七年、六四八年と、唐が高句麗に大規模な攻撃をくわえ、半島の緊迫度が一気に高まりました。ここで、難波の都が海に面していることが大きな問題を突き付けてくる。外交や情報収集に適している難波の長所が逆に、致命的な短所となる。つまり、権力中枢が軍事的脅威に直接さらされるという決定的弱点が浮上してきたのです。

唐の軍事的膨張あるいはその余波が、難波の都に、いつ何時及ぶやもしれない。防衛線を破られたら、あっという間に攻め込まれ、都は一気に陥落……。大陸、半島からの軍事的脅威が現実のものとなっていたのです。

もっとも、そのような事情は難波遷都を決めた六四五年、そして難波宮着工に踏み切った六四九年の時点でわかっていなかったのか。孝徳が六四六年に派遣した遣新羅使は、翌年三月に帰国している。当時新羅は親唐政策をとり唐と交流を深めていました。したがって孝徳や中大兄は、遅くとも遣新羅使が帰国した六四七年には唐の高句麗攻撃を把握していたはずです。それにしては、臨海する難波宮を建設したとは逼迫感を欠いている。まだ〝対岸の火事〟という認識だったのだろうか。

波乱含みの王位継承

「皇祖母尊」や中大兄らの飛鳥帰還の主たる理由は、半島情勢だけではなかったとみられるのです。

対外要因のみならず、かれらには次期王位をめぐって嫌な予感が生まれていたのではなかったか。というのは、広大な難波宮が完成して一年、思ってもみなかった事態が発生していたとみられるからです。それは、従来の宮とは隔絶した規模をもつ難波宮の主・孝徳に、侵しがたい権威が自ずと具わってきたことです。

さらにいえば、「其の宮殿の状、殫に論ふべからず」と讃えられた広大な難波宮の存在は、歴代遷宮を過去のものにする力をもっていました。この宮で箔の付いた孝徳の息子・有間王子が当然のごとく、この難波宮で次期大王に即位するながれができてくる……

「皇祖母尊」はこう思ったでしょう。この危険な空気を遮断し、我が息子を王位に就けるには、次代の王宮は難波宮ではないことを確定しておくことだ。ここはまず難波宮を離れ、飛鳥に帰還する。飛鳥板蓋宮の変では気脈を通じていた姉弟でしたが、この期に及んで二人のあいだには決定的な亀裂が生じたのです。そして中大兄王子は考えた——有馬王子を亡き者にするのは後でよい、と。

その後の展開を見るなら、六五三年に挙行された飛鳥への帰還には、このような政治的意味合いが濃厚にありました。すでに見たように翌年、孝徳は力なく没し、その四年後の六五八年には、十九歳の有間王子が中大兄の謀略に嵌まり無残にも殺害されるのでした。

出来事の発生原因は一つとは限りません。むしろ多面的な場合が多い。この飛鳥帰還の場合も国際環境、国内政治の両面からみてゆく必要があります。

†王宮再建

孝徳が没した翌年の斉明元年（六五五年）正月、退位していた姉の「皇祖母尊」が飛鳥板蓋宮にて再び即位。この時六十二歳。当時において、かなりの高齢を押しての重祚《ちょうそ》となりました。

この時、なぜ中大兄が即位しなかったのか、大きな謎とされています。これを解く鍵は『日本書紀』が飛鳥帰還者の一人に挙げている「皇弟」と中大兄の関係にあると考えています（幕間その二、第Ⅲ部にて後述）。

さてこの年の冬、板蓋宮が火災に遭い、飛鳥川原宮に仮住まいとなりました。試行錯誤の末に六五六年、敷地を飛鳥岡本宮の跡地に決定し（そこは飛鳥板蓋宮跡地でもあった）、後《のち》飛鳥岡本宮を造営して遷ります。

岡本宮は敷地の傾斜に合わせて建物の向きが西に二〇度振れていましたが、板蓋宮では整地工事をおこない、建物は正方位にのって南面していました。今回も同じく正方位。傾斜という敷地の偶然的な要素によるのではなく、南北軸を絶対視する中国の世界観にもとづいて建設されたのです。ただし建物は依然として従来の掘立て柱でした。

意識的に正方位にのって南面するのは飛鳥寺が初めてだったため、それは仏教の教えと思われるかもしれません。しかし、じつはインドから中国に仏教が入った一世紀には、すでに中国では南北を基軸とする強固な世界観が確立していたのです。

†飛鳥の永遠化

斉明は前述の道観（天宮）や吉野宮を建立し、また壮大な規模で土木工事を繰りひろげます。後飛鳥岡本宮の「東の山に、石を累《かさ》ねて垣とす」と『日本書紀』にあります。そして切り出した石を現場まで運ぶのに、長大な運河を造らせました（水工《みづたくみ》をして渠《みぞ》穿《ほ》らしむ）。世の人はこれを誇《そし》って「狂心《たぶれごころ》の渠」と呼んだとまで書いています。

人びとが重労働と重税に苦しんだことがリアルに伝わりますが、『日本書紀』が大王をここまで悪《あ》しざまに書くのは異例。編纂者の見解でもありましょう。

しかしながら、斉明が普請道楽を極めたのは事実です。それは近年の発掘調査で裏付けられています。なかでもユニークなのが、さきに触れた亀形石造物（明日香村教育委員会）。これは、それとわかる形で亀を象った石造物で、これも石造の湧水施設から水が引かれており、甲羅に相当する部分がえぐられて水槽になっている。繰りかえしになりますが、亀は長寿のシンボルであり、水と亀の織り成す理想郷は不老不死をもとめる道教・神仙思想を体現するものでした。女帝の心を捉えたのは仏教や儒教より道教だったのです。

斉明の土木建築事業はここに挙げたものにとどまりません。この女帝は道教思想を凝らし、流れる水と石とで飛鳥の都を永遠化しようとしたのです。

†女帝出陣

さきに述べたように、朝鮮半島では以前から三国が緊迫した関係にありました。そこに唐が領土的野心を露わに膨張してきたことにより、半島の軍事的緊張は沸点に達します。新羅が一時的に親唐政策に走ったため、事態はいっそう複雑化するのでした。

ついに六六〇年、唐・新羅連合軍の攻撃によって百済が滅亡。百済と新羅は相互に攻防を繰りかえしていた経緯があり、百済が優勢な時もあった。しかし新羅は唐と結ぶことによって窮地を脱し、結果、百済というひとつの国家が地上から姿を消したのです。

その残党が復興を目指して倭に支援を要請してきます。斉明と中大兄は百済併合を念頭に船団を組み、半島に軍事遠征を図る。だが翌六六一年、筑紫（福岡県朝倉市）にて斉明が没して進軍は停止。享年六十八でした（『本朝皇胤紹運録《ほんちょうこういんじょううんろく》』）。高齢の女帝が自ら出陣していたとは、勇猛果敢というか悲壮ですらある。八角墳の創始に、道教儀礼に、軍事に、土木事業にと、とにかくこの女帝は最後までエネルギッシュでした。特筆すべき存在感を放つ大王だったといえるでしょう。

白村江の大敗北

さて息子の中大兄はいったん飛鳥に帰還して殯を済ます。そのうえで、態勢を再び整え六六三年、半島南部に向けて大軍を送り出す。だが、百済の故地を流れる大河が黄海に注ぐ白村江《はくすきのえ》で、唐水軍が一七〇隻の大型軍船を揃えて倭軍を待ち構えていた。唐軍の技術力、組織力は圧倒的で、倭軍は一方的に大敗。四〇〇隻の船が焼かれ、白村江一帯は倭国兵の赤い血で染まったと伝えられます。

百済再興の夢はついえた。あわよくば半島に政治的・軍事的橋頭堡を築こうという中大兄の夜郎自大的野望は脆くも崩れ去ったのです。統率のとれた唐の圧倒的軍事力を前にして、彼我の力量の差を思い知らされるのでした。

それだけではない。余勢を駆って、唐軍が我が国に攻め入って来はしないかとの不安に襲われ恐怖に慄く。これまで見てきたことから窺えるように、智謀家の中大兄であるだけにその分、抱く不安と恐怖もまた大きかった。これを払拭するためにひたすら狂奔することになります。

防衛態勢を敷くべく早速、対馬をはじめ九州から瀬戸内海沿岸（四国側も）、さらには河内と大和の境を含む各地に、防御のための砦（山城）が築かれた。なかでも六六四年に大宰府防御のために築造された水城《みずき》は長さ一キロ以上の長大な土塁と幅六〇メートルの堀からなるユニークなもの（国特別史跡）。亡命百済人が工事の指揮を執ったという。

†そして大津へ

究極の対策が、より安全な場所をもとめての遷都であり、そこが琵琶湖畔、近江の大津。天智〔称制〕六年（六六七年）三月、中大兄は後飛鳥岡本宮から大津宮に遷ります。多くの反対を押し切っての遷都でした。称制とは正式に即位することなく、実質的に大王（天皇）として振る舞うこと。

軍事防衛上、そこまでの必要がほんとうにあったのか、そして果たして有効なのか、疑問なしとしません。中大兄には次期王位の座が常に念頭にありましたから、国家存亡の危機のなかに挙国一致体制を構築することこそ、王位への最短の道と考えていたのかもしれません。

他方、確かに大津は飛鳥にくらべて、水陸交通の要地ではありました。ただし琵琶湖と比叡山の山裾に挟まれていて、都を造るにはきわめて狭隘。このような場所に遷都したのはなぜなのか？

中大兄にとっては、とにかく唐軍来襲の不安が大きかったのもほんとうだったのでしょう。西国一帯に山城を築くだけでなく、防衛戦にむけてあらたな徴兵が目前の課題となりました。白村江の敗戦で西国は疲弊しきっており、今度は東国に頼るよりほかない。東国から徴兵するには、確かに大津は格好の地だったのです（吉田『古代国家の歩み』）。

そこは東国への玄関口でした。逆にいえば、逃げ道を水陸両方に確保することもできる。同時に、日本海側から攻め込まれる恐れもないわけではありませんが、徴兵しやすさを優先したのでしょう。遷都翌年の六六八年に中大兄王子は即位しました（天智）。

なお『日本書紀』によれば、中大兄王子は飛鳥を離れる一カ月前に、母斉明を小市岡上《をちのをかのうえの》陵《みささぎ》に葬していました（二一年前に亡くなっている斉明の娘間人を合葬。牽牛子《けんごし》塚古墳、奈良県明日香村）。この古墳は、皇極（斉明）が主導した舒明陵と同じく八角形（対辺距離約二二メートル）。牽牛子とはアサガオ（の種）の意で、古墳の形状からこの名となったのでしょう。

斉明陵（牽牛子塚古墳）／発掘現場／八角形をなすコーナーに注目／奈良県明日香村（明日香村教育委員会）

中大兄王子は、母が舒明陵を八角墳としたことに倣ったのです。以後文武まで、天皇陵に引き継がれ、天皇家のアイデンティティを視覚化するシンボルとなるのでした。

第7章 法隆寺は二度生まれた

1 法隆寺集団自死事件

†斑鳩宮焼亡

時計の針をすこしもどしましょう。

創建当初の法隆寺、つまり斑鳩寺は国家の大寺というわけではなく、飛鳥寺や百済大寺と肩を並べるほどの格をもっていない。しかし寺の主である厩戸王子が周囲から次期大王に嘱望され、また仏典に通暁するのみならず人びとを教導し、尊敬を集めるようになると、寺も存在感をつよめます。だがかれは即位することなく没してしまう。上宮王家を継いだ山背大兄は厩戸崇拝を背景に、大王の有力候補となる。厩戸を始祖とする上宮王家の氏寺、法隆寺は、こうして厩戸信仰の寺としての性格を濃くしてゆく。

しかし第Ⅰ部で見たように、発掘調査によれば、厩戸の代における主要建物は金堂のみにとどまり、五重塔の建立は山背大兄の代になってからでした。

また一九八五年に法隆寺が公表した発掘調査報告によれば、創建時の遺構から列柱回廊は確認されず、掘立て柱からなる柵が寺域を囲っていたことがわかった。法隆寺は思いの外、質実で簡素だったのです。

百済大宮と大寺はセットで構想されたことをさきに述べましたが、これには斑鳩宮と斑鳩寺という前例があった。厩戸没後、上宮王家は長男の山背大兄に引き継がれる。山背は斑鳩寺五重塔に着手し、完成させる。これで寺の主要堂塔が揃った。

宮の隣に堂塔の揃った寺が建ち並ぶ景観はいっそうの異彩を放ち、上宮王家の存在感をいやがうえにも高めたことでしょう。それは創建者である厩戸への敬愛の念を掻き立てるとともに、次の大王の座をなお狙う当主・山背大兄を権威づけてもいた。

蘇我氏は皇極を〝中継ぎ〟と位置づけ、古人大兄を後継に据える考えでしたが、〈厩戸―山背〉の血統を顕在化する斑鳩宮の存在は、じつは王権側にとって大きな不安要素となっていた。ならば火種は事前に消しておくに如くはない――

飛鳥板蓋宮に遷って半年余りの皇極二年（六四三年）十一月、蝦夷の息子である入鹿が配下の軍勢に斑鳩宮を襲撃させ、焼き討ちという暴挙に出ました（『日本書紀』）。斑鳩宮は火の海と化す。襲われた一族は、いったん生駒山に逃げ延びる。態勢を整えて反撃に出るよう側近から進言されるも、山背大兄は戦闘行為そのものを放棄。最後は覚悟を決めて法隆寺に入り、二十三名（『上宮聖徳太子補闕記《ほけつき》』）が従容《しょうよう》と自死を遂げた。

厩戸に先立たれていた妃たち、山背大兄をはじめとする斑鳩宮に住んでいた上宮王家全員が首をくっての壮絶な集団自死――。厩戸創建の法隆寺は一転、悲劇の舞台となるのでした。

†法隆寺での集団自死、その波紋

この事件は当時の人びとに大きな衝撃を与えました。襲われたにもかかわらず、一切抵抗せず、斑鳩宮に住む一族全員が自死を遂げた。その行為は、仏教の聖人厩戸が説いた〝捨身飼《しゃしんし》虎《こ》〟の精神を自ら実践したものと映ったのです。捨身飼虎――、それはつぎのような仏教説話です（要旨）。

――釈迦前世の時代、崖の上を歩いていた薩埵《さった》太子は、崖下の竹林の中を餓えた虎の母子が命絶え絶えに餌物をもとめ、あてもなく彷徨《さまよ》っているのを見た。見かねた太子は、わが身を与えて餓えた虎の母子を救おうと崖から飛び降り、虚空を真っ逆さまに堕ちていった。

そこには自己犠牲をいとわず他に尽す、徹底した慈悲と〝利他行《りたぎょう》〟の精神と実践が説かれている。厩戸が仏教の精髄と捉えていたものです。一族を率いていた山背大兄は、入鹿を血に飢えた虎とみなし、「吾が一つの身をば、入鹿に賜ふ」(『日本書紀』)との言葉を遺し命果てました。一族はこれにつづき命運を共にするのでした。

ほんとうにそう言ったのか、真偽のほどは不明ながら、当時の人びとがそう受け止めたことまでは否定できないでしょう。

戦闘を放棄するという非戦の思想、そして慈悲と自己犠牲の極みを示す行為。まさにその実践の舞台となったのが、厩戸創建の法隆寺なのでした。こうしてこの寺は、厩戸一族の崇高な精神と実践を謳い上げる〝集団自死の聖地〟となってゆく。

上宮王家と敬意をもって呼ばれる王統の始祖厩戸が説いた仏教精神、それがこの王統に脈々とながれていることを象徴する法隆寺——。〝厩戸信仰〟はますます燃えさかるとともに、上宮王家の血統色を濃厚に帯びるのでした。

『日本書紀』は、斑鳩宮の焼き討ちは入鹿ひとりの企てであり、かれが兵を動かしたと書きます。しかし後世、奈良時代後期になりますが、諸王子らと共謀したと書く文書があり(『藤氏《とうし》家伝』)、また平安前期の『補闕記』(前掲)には首謀者として蝦夷、入鹿、皇極実弟の軽(のちの孝徳)など六名の名が列挙されている。

『藤氏家伝』は、蘇我本家を滅亡させ、その後、天皇家に娘を送り込んで外戚として実権を握りつづけた藤原氏の家伝書。まさに体制側の文献であるにもかかわらず、当時の大王の係累が加わっていたなど、身内に不利になりかねない事柄が伝えられているのです。後世の文書とはいえ、この情報には信憑性がある。

大王皇極の弟である軽王が斑鳩宮焼き討ちに加わっていたのなら（その後、自身が大王となっているだけに可能性は高い）、皇極が斑鳩宮焼き討ち計画を全く知らなかったとは考えにくい。大王にとっても蘇我氏にとっても、次期王位をめぐり上宮王家の存在は邪魔であり、消したい存在だった。こと上宮王家抹殺に関して、大王も蘇我氏も利害が一致していたのです。

だがこれで事態は収まることはなかった。約一年半後、飛鳥板蓋宮にて大王側が蘇我本家を滅ぼすという、さらなる大事件に展開するのでした。

†玉虫厨子が伝えるもの

斑鳩宮を急襲され、焼き討ちにあった一族は、山背大兄の決断により戦うことを放棄。法隆寺に入り、一族全員が従容として死を受け入れたことは、多くの人びとの涙を誘った。しかし上宮王家滅亡後の法隆寺は主を失った状態がつづきます。

この寺に伝わる宝物に玉虫厨子がある（大宝蔵院、国宝）。これは七世紀前半、推古の持ち物だったとされていますが、その表面に厩戸の説いた〝捨身飼虎〟の教えが図案化されている。

おそらく推古は、厩戸生前はかれの説く〝捨身飼虎〟の教えに心を寄せ、その没後は、この甥を究極の利他行を実践する釈迦の前世、薩埵太子に重ね合わせて、朝な夕な、玉虫厨子に手を合わせていたのではなかったか。

自己犠牲、そして非戦の思想は、この時代の我が国権力者たちにあって稀有でした。そのことは、これまで見てきた焼き討ちや殺戮の繰りかえしからもあきらかです。ましてこの思想を子孫が自ら実践するなど、人びとには想像を絶すること。それだけに、厩戸没後二十一年、上宮王家の集団自死の現場となった法隆寺は、厩戸およびその一族への信仰の聖地と化してゆくのでした。

当時の人びとの受け止め方、伝承のされ方が歴史のながれをつくってゆきます。『日本書紀』がどう描き出すかは、大きな影響をもってきました。現代においてもつづいています。文献にとどまらず、考古的・建築的史料にあたることをふくめて、批判的な読み解きがもとめられる所以です。

2　法隆寺の再出発

†王権管理下に入った法隆寺

斑鳩宮焼き討ち、そして法隆寺での上宮王家集団自死という一連の事件の一年半後に、飛鳥板蓋宮の変が起きたのでした。主を失っていた法隆寺でしたが六四八年、発足して三年の改新政府から早くも援助を受けています。それも三百戸を施入するという安定的な経済保障です（『法隆寺資財帳』）。寺はそこから地産物や労働力などを得ることができる。これで法隆寺は経営基盤を得ましたが、いっぽう同時に、王権の直接管理下に入ることにもなります。

もちろん、法隆寺が集団自死の現場となったという生々しい記憶は容易に消えるものではありません。しかしながら凄惨かつ苛烈な記憶も、時の移ろいのなかで生々しさは薄らいでゆくとともに次第に浄化され、聖化されてゆく。この悲劇的事件は、厩戸を始祖とする上宮王家の血筋への崇拝をいよいよ高めるのでした。

厩戸を釈迦になぞらえる等身の釈迦像造立、そして〝捨身飼虎〟を説く厩戸への崇拝と一体化した玉虫厨子礼拝――。それらが厩戸信仰の第一段階だったとすれば、厩戸創建の法隆寺を舞台とする上宮王家の集団自死事件は、期せずして、厩戸信仰の第二段階を呼び込んだといえましょう。同時にこの時、厩戸信仰は血統色をいっそうつよめたのです。当時の人びとがこの血筋のなかに、このうえない尊貴性を見いだすのは自然ななかれだった。

†〈新創建〉という事業

こうした状況がつづくなか、『日本書紀』に法隆寺関連の記事が唐突に出てきます。

> 天智八年（六六九年）冬、斑鳩寺（＝法隆寺）に災《ひつ》けり
> 九年（六七〇年）四月、法隆寺に災けり。一屋も余ること無し。大雨ふり雷震《な》る

法隆寺の記事が年を跨いで二度出てきます。焼けたという記事が法隆寺関連記事の初出なのですから、いかに唐突で不自然か、わかろうというものです。二度目の記事で全部焼失したといっていますが、火災に遭う前のことも、その後のことも、『日本書紀』は全く言及しません。すると、現存する法隆寺とは、いったいどういう存在なのか？

現・法隆寺の建築様式の古さから、全焼記事を誤りとみなして厩戸創建と主張する立場と、記事を事実とみなして法隆寺は再建されたとする立場が激しく対立し、明治から昭和まで大論争が繰りひろげられました。その模様はすでに書いたことがあるので（前掲『法隆寺の謎を解く』）、ここでは結論のみを書きましょう。

（一）厩戸によって創建された法隆寺は六七〇年に全焼した

（二）現在の法隆寺は創建時と敷地を変え、斑鳩の土地区画割りの角度を変えて正方位に近づけ、伽藍の向きをこれに合わせた。さらに伽藍配置を全く変えた

一九三九年以降の発掘調査によって、このような結論にいたりました。注意しなければならないのは（二）が示すことの意味です。現在の法隆寺は単なる再建ではなく、全くあたらしい伽藍に生まれ変わったのです。これを再建の一語で括ってしまうと実態が見失われてしまいます。そこで、わたしはこれを〈新創建〉と呼んでいます。本章のタイトル「法隆寺は二度生まれた」とは、そういう意味です。

〈新創建〉法隆寺、すなわち現在の法隆寺のことは『日本書紀』に全く出てきません。日本の世界遺産第一号は、じつは『日本書紀』のなかで無視されているのです。

もとは氏寺であった法隆寺が、主であった上宮王家の滅亡後、王権の管理下に入ったとみられることはさきに見ました。維持・運営してゆけるような層は、上宮王家に残っていなかったのです。

それにしても（二）の内容をもつ大事業を、主を失った寺が単独で実現することは不可能です。地域豪族の貢献もあったようですが、そうした援助だけで、区画割りの変更をともなう、これだけの大事業を達成するのは無理でしょう。当時の法隆寺に、それだけの主体的力量があったとは考えにくいのです。これは王権の直轄事業だったとみるしかない。

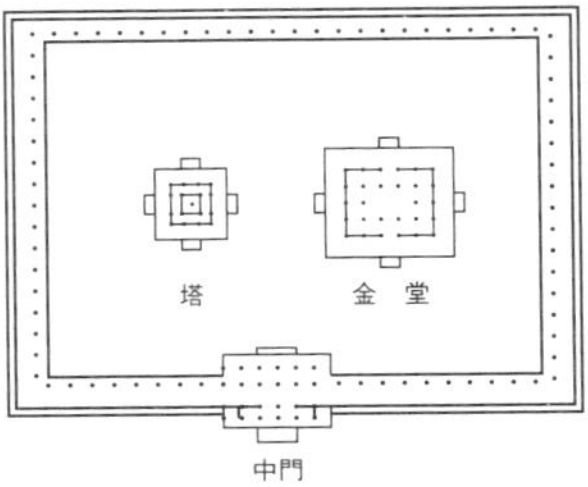

法隆寺／配置復元図（日本建築学会編、前掲書から）

法隆寺回廊内／後方より中門方向を見返す

天智にとっての法隆寺

時の大王は天智です（斉明亡き後の称制《しょうせい》時代を含める）。天智にとって法隆寺とは、どういう存在であったのか？

父舒明と母皇極（斉明）は、ともに山背大兄を排除して大王となっていた。さらには皇極実弟で即位前の孝徳が、斑鳩宮焼き討ちに加担していたとする後世文書もある。当時からそのような風聞がながれていた可能性も否定できない。

上宮王家の声望が上がることは、必然的に大王家の評価の下落につながるのでした。天智にとって、厩戸信仰の高揚は厄介な代物だったのです。

いや、深刻な脅威になっていたというべきでしょう。厩戸信仰の高揚は、舒明から天智にいたる勝者の血統への無言の告発と感じられたのではなかったか。そもそも大王家にとって、自家と対立し確執を深めていた勢力が崇拝・信仰の対象になるということ自体、大王の権威を揺るがすものであり、これは放っておける事態ではなかったのです。

まして白村江の敗戦後、唐・新羅軍の来襲に怯えて大宰府に水城《みずき》、そして西日本の各地に山城を築き、さらには近江京遷都、そして有間王子の変など、自分にとっての不安要素をさまざま炙り出しては過剰な行動に走った天智のこと、厩戸創建の法隆寺が目障りになってきても不思議ではない。法隆寺を焼却する——、天智はそう決意するにいたる。

そうだとすると、天智八年冬と天智九年四月の、『日本書紀』の二度にわたる法隆寺火災記事は、天智が命じた放火だったことになる。一般には、近接して同様の記事が二つ出てくるのは同じ出来事の重複であり、編纂上のミスとみなされているようです。そして火災の原因は落雷とみられている。

しかし簡単に史料をミスと割り切るのは問題がのこる。近接する二つの火災記事の最初のほうは、単に火災があった、とだけある。これは放火に失敗したと読むことができるではないか。そして再度試み、成功した……

二度目の火災記事には確かに「大雨ふり雷震る」とありますが、火災の原因が落雷だとは書いていない。

なぜ、このように読み解くかというと、ちょうどこのころ、〈新創建〉金堂、すなわち現在の法隆寺金堂が完成に近い段階にきており、これを見越しての創建法隆寺への放火とみられるからです。なお、仮に落雷が火災の原因であったとしても、火災に遭うずっと前から（六六〇年代前半には）、天智のなかに法隆寺〈新創建〉構想があったことには動かぬ証拠があります。そのことをつぎにみることにしましょう。

†法隆寺は燃やされた？

考古学、文献史学、建築史学、美術史学など諸学において、いまや再建説が大勢を占めていますが、従来の再建説においては、焼けたから、その後再建されたと考えられていました。そう考えるのがふつうでしょうが、事実は、そうではなかった可能性が見えてきたのです。焼失する前から、現在の法隆寺の造営がはじまっていたのではないか。そうみられるきっかけは近年、現在の金堂に使用されている木材の伐採年が年輪年代法によりあきらかになったことです（奈良文化財研究所、二〇〇四年以降）。

そこから建築工事の進み具合を読み取ることができるのです。測定結果によれば、主要堂塔のなかで最初に着工されたのが金堂ですが、その天井板にもちいた木材の伐採年が六六七年および六六八年でした。五重塔の用材は六七三年、そして中門は六九九年でした（詳しくは前掲『法隆寺の謎を解く』）。このように工事の進展に沿って、必要になったその都度、木材を伐採しているのです。

天井板の取付けは建築工事の最終段階になります。伐採してからの乾燥期間を置いても、天井板の伐採年が六六七年、および六六八年ということは、大きな問いを投げかけてきます。それは、創建法隆寺が全焼したと『日本書紀』が伝える六七〇年には、現在の金堂はすでに完成に近い姿を見せていたのではないか？　そのようにみることができます。もっとも、伐採した木材を長年にわたって寝かせておくこともあり得るわけですから、あくまで可能性です。しかし前項で述べたように、天智には厩戸創建の法隆寺をそのままにしておけない事情があった。

それでは〈新創建〉法隆寺金堂の着工はいつだったのか？

金堂の完成時期を六七〇年ころとみるなら、その前に土地区画整理事業および整地工事があり、さらにはこれらに先立ち、構想・計画段階があった。そうすると、そのスタートは六六〇年代前半ということになる。おそらく天智は白村江の敗戦の後、計画を具体化させたのではないか。軍事的外圧に直面した天智は防衛力の充実強化に努めるとともに、国内基盤の安定化にもぬかりなく〈新創建〉事業を着々と進めていた——

さてあたらしい金堂が出来た今、血統色を濃厚に帯びて厩戸信仰の聖地と化した既存の法隆寺は目障りであり、一刻も早く消し去りたい。すなわち、六七〇年の火災は人為であり、天智が命じた放火であったと推測するのです。仮に落雷によるとしても、それは天智にとって願ったり叶ったりのことだったにちがいない。

†二つの本尊仏が語る〈新創建〉

一連の火災の前に現金堂がほぼ完成していたとする具体的な根拠をさらに挙げましょう。法隆寺には本尊仏が異例なことに新旧二体あるのですが、そのありようがなんとも不可思議なのです。

現在、金堂の中央に安置された本尊の釈迦三尊像は、第Ⅰ部で述べたように、厩戸が亡くなった翌年の六二三年に完成したもの。三尊像の中心に厩戸等身の釈迦像が位置し、左右に脇侍が配される。厩戸創建の金堂に納められていたとみられます。

この釈迦像は六七〇年の火災の際、急遽運び出されて、危うく難を逃れたとされてきた。しかし、光背を含めると四〇〇キロ余りもあるこの重い釈迦像を、そんなに迅速に持ち出せたものか——。おまけに、この像には火災の痕跡が全く見いだせないのです。

この釈迦三尊像は厩戸没後に完成したものですから、厩戸創建の金堂には、かれが拝していた元の本尊仏があったはずです。それはどこにあるのか？

本尊である釈迦三尊像の隣には、元の本尊であったとされる薬師像が安置されていますが、これは美術史学において釈迦三尊像よりあたらしいとされ、説得力のある定説になっている。そうなると、元の本尊仏は六七〇年の火災の際に金堂もろとも焼失し、その後、この薬師像が制作され、元からあった本尊とされたとみることができます（ただし光背の銘文にある制作年に疑問はないとみられている）。

全焼した時、かつて厩戸が拝していた本尊仏とかれの没後に完成した釈迦三尊像がともに金堂内に安置されていたとすれば、元の本尊が焼失し、それよりはるかに巨大で四〇〇キロもあって移動困難な釈迦像が火災の痕跡を残さないままに現存しているとは――。不可解としかいいようがありません。

釈迦三尊像は斑鳩宮に安置されていたとの見方もある。確かに瓦も出土していますので、斑鳩宮に仏堂があった可能性はある。しかし六四三年、焼き討ちにあった際、命からがら、ほうほうの体で生駒山中に逃げ延びた状況下、非常に重いこの像を持ち出すことなど不可能だったでしょう。

わたしはつぎのように考えています。

六六九年の冬以前に、既存の釈迦三尊像が〈新創建〉法隆寺の本尊に選ばれ、ほぼ完成していた金堂に移されていた――。そう考えたほうが、はるかに無理がない。

すでに述べたように、法隆寺を直接管理下に置く王権のもくろみは早くも六四八年からはじまっていたわけです。いっこうに衰えない厩戸信仰にたいする措置として、厩戸一族を鎮魂するモニュメントと化した伽藍を焼却し、全くあたらしい寺として生まれ変わらせることは十分に考えられます。

†大王家による信仰の〝乗っ取り〟

ここで取った天智の戦略は、かなり高等なものでした。消すべきは忌まわしい惨劇の現場であり、これとむすびついた上宮王家への思慕、そして厩戸を始祖とする血統への崇拝の念。現場は燃やしてしまえばよい。ところが思慕や崇拝の念はそう簡単ではない。

大王の血統と確執を深めていた一族が滅亡した場所で、しかも鎮魂のモニュメントとなっている法隆寺――。これを力ずくで潰すなら、板蓋宮の変での〝血に塗《まみ》れし手〟の記憶をもつ天智としては、清浄であるべき祭祀王として、さらなる負い目を抱えてしまう。このジレンマのなかから、きわめて高等な戦略が練られました。

それは、始祖である厩戸を子孫から切り離して、まつりあげてしまう、という大胆なもの。厩戸を完全に礼拝の対象とし、集団死した山背大兄以下、子孫たちとは次元の異なる存在に高めてしまうのです。そう、厩戸という存在から血統色を抜き去り、徹底して仏教的に聖なる存在としてまつりあげる。仏教の普遍信仰一般のなかに厩戸の血統を霧消し、かれを仏教信仰の精華に昇華させてしまうのです。

そのように位置づければ、厩戸妃と山背大兄の発願による既存の釈迦三尊像を、思わぬかたちで活用することができる。すなわち、厩戸等身の釈迦像なのですから、〈厩戸＝釈迦〉が成り立ち得る。厩戸の血統、つまり山背大兄以下とは全く関係のない普遍信仰のなかにあらためて厩戸を位置づけるのです。それが法隆寺の〈新創建〉事業であり、現在につながるのです。

大王家にとって厄介な存在になっていた法隆寺を傘下に置き、庇護される寺に転換することと——。それが〈新創建〉事業でした。狡知に満ちた換骨奪胎であり、大王家が厩戸信仰をいわば〝乗っ取る〟試みだったのです。

二つの法隆寺を対比してみましょう。

〈創建〉法隆寺：厩戸王子が自らの仏教信仰を実践する、上宮王家の氏寺として創建。その晩年には既にはじまっていた厩戸崇拝が、即位に執念を燃やす長男山背大兄の勢力保持に力となっていた。この寺は一族集団自死の現場となったことをへて、いっそう上宮王家の血統色の濃い厩戸信仰の寺と化した。

〈新創建〉法隆寺：法隆寺から血統色を抜くべく、大王天智があらたに建てた寺。〈創建〉法隆寺を焼失させることによって山背以下の痕跡を消し、かつ厩戸等身の釈迦三尊像を本尊として仏教の普遍信仰のなかに厩戸を位置づけた。これが後世に繫がる息の長い聖徳太子信仰を培養し、法隆寺は聖徳太子の寺として歴史を生き延びて今日にいたる。

†〈新創建〉法隆寺に先例があった

この寺、〈新創建〉法隆寺は、〈創建〉法隆寺と全く対照的に、金堂と塔が東西に並び、列柱回廊がこれらを囲んで聖域をつくります。それは舒明の百済大寺にはじまる伽藍配置を踏襲しており、大王ブランドといえるもの。さきに述べたように、父舒明が開発した東西ヨコ並びの伽藍配置は、大陸にはない列島オリジナルです。大王家のアイデンティティを具現するにふさわしい伽藍配置であり、直系の天智が踏襲するのは当然のこと。父舒明の百済大寺の伽藍配置を〈新創建〉法隆寺が踏襲していることも、この寺を天智によるとみなす有力な物証となります。

さて百済大寺の伽藍配置の空間特性について、すでに以下の三点を挙げました。

(一) 南面しながらも、金堂と塔が東西、ヨコに並ぶ
(二) 左右対称を避け、かつバランスを重視する
(三) 中心に、空白を大きく残す

百済大寺の伽藍配置は発掘調査によって初めて見えてきたものであり、実際にその建築空間を体験できるわけではありません。じつは、これらの三点の特性は、現法隆寺での空間体験にもとづいて導き出したものなのです。これらの特性はその後も陰に陽に、日本文化のユニークな特質をなし、今日にまでいたっているとみられます。

発掘された百済大寺の中門は金堂前、左寄りにありました。九重塔、金堂、そして回廊の規模に比べて小ぶりで、全体を引き締める要素に欠けています。おそらく、金堂前の中門とバランスを取るようにして塔の前にも、もう一つ中門があったと想定されていますが（未発掘）、それでも全体として落ち着きを欠いていたと想像されます。

逆に現在の法隆寺の場合、中門がじつに堂々としていて、塔、金堂に次ぐ第三の建築として伽藍全体を引き締めています。いわば、扇の要の役割を果たしている。

百済大寺における中門の規模は基壇跡から知ることができ、その幅は約一二メートル。対して法隆寺の基壇幅は約一八メートル。くらべると法隆寺は大寺の一・五倍もあるのです。中門の存在感が全然違います。

もし百済大寺で、中門が塔前と金堂前と二つあったとすると、法隆寺ではそれら二つが合体して一つの中門になったのかもしれません。そのようにして塔と金堂を従え束ねる、圧倒的な存在感を放つ中門が形成され、伽藍景観の全体的統一が達成されたと考えられます。確かにこれは、百済大寺から進化した姿といえるでしょう。

そのような違いはあるにせよ、異なる形のものが左右非対称に並ぶということは、大陸には見られない、列島独自の感性のなせる業です。伽藍という大陸伝来の文化のなかに、列島特有の感性が早くも芽生え、花開いているのは注目すべきことではないでしょうか。

幕間その一――「天皇」の用語法について

〝開化〟の段階から、〝胎動〟の段階をへて、「日本」が〝誕生〟するにいたる――。これが本書の大まかな構図ですが、ここで橋渡しをしておきたいと思います。

本書では引用箇所は別として、ここまで「天皇」ということばをもちいてきませんでした。天皇に代えて大王といってきたことに違和感を覚えた方もおられるでしょう。そうしてきたのは、なるべく当時の実態に寄り添いたいという思いによるものであり、他意はありません。

本書では、なによりもまず〝事実を直視する〟ことが前提となります。しかし〝事実〟といっても、単に物的、客観的〝事実〟のみを対象とするのではなく、当時の人びとがどのようにそれを認識していたかをふくめての〝事実〟です。困難は承知のうえで、でき得るかぎり〝事実〟と対話する古代史でありたいと願い、この本を書いています。

『日本書紀』のように、縄文時代にもさかのぼる実在の不確かな初代神武から――近年の考古学でいうと弥生時代（?）――、天皇という語を通してもちいることは、事実と大きな乖離を生じてしまいます。この用語法を踏襲することが読者に誤った歴史イメージをあたえてしまうことを危惧するのです。実際に「天皇」の語がもちいられていない時代に、「天皇」が活躍する記述があったら、その時代イメージはかなり異なったものになってしまいます。現在、多くの歴史叙述はそうなっています。

それを問題にし出すと歴史叙述はできなくなるといわれるかもしれません。確かに、のちの世の概念で、往時の出来事を記述することは、歴史叙述に常についてまわる問題であり、本書も同じ問題を抱えています。

しかし、こと「天皇」に関しては、初代「神武」から一貫してこの語を使うことが『日本書紀』編纂時におけるつよい政治的主張になっていたという事実があります。そのこと自体が大きな歴史的事実であり、それが我が国の歴史を動かしてきたともいえるのです（この点については第Ⅲ部で改めて述べます）。このような、我が国の歴史における重い事実に照らすなら、やはり『日本書紀』の用語法を現代でも踏襲するのは、問題が大きすぎると思われるのです。見て見ぬふりをして従来の用語法にしたがうことには躊躇せざるを得ないのです。

といってその史料的価値をおとしめているわけではありません。その歴史的意味を踏まえて接するという、ある意味、当たり前のことを言っているにすぎないのです。

もちろん『日本書紀』には『日本書紀』の事情がありました。海外、とくに大唐帝国にたいして我が国は、天皇が建国した古い歴史をもつ〝国家〟であることを主張する。国内にたいしては天皇が最高神の子孫であるとすることにより、天皇統治の正統性を主張する目的がありました。

しかし『日本書紀』は、本書が叙述する時代において、まだ編纂の過程にありました。その編纂が進む過程と我が国の骨格が定まってゆく過程とはパラレルなのでした。つまり歴史認識と現実形成が同時に進行していたのです。

事態はつぎつぎに展開し、認識は固定することなく塗り替えられ、エスカレートしてゆきました。国の骨格にも背骨から指先まで、さまざまなレベルが想定されますが、随所に編纂者の政治的意図が入り込む余地がありました。とくに編纂の最終段階における大幅な変更の跡が認められています。

あることを成り立たせるためには、記述を書き換える、創作を加える、あるいは削除する、というようなことがあり得たのです。本書のここまでのところでも、そのような事例に思い当たるところがおありでしょう。

『日本書紀』の編纂を進めたのが、つづく第Ⅲ部で主役となる二人の天皇（この二人は夫婦であったわけですが）、天武天皇および持統天皇です。〈天武―持統〉朝の意図がどこにあったのかという点に十分留意しつつ、『日本書紀』に接する必要があります。なぜなら、〈天武―持統〉朝が確立してゆくなかで、まさに同時進行で『日本書紀』の編纂が進められていったからです（持統没後は、信頼する臣下・藤原不比等に最終的な取りまとめが委ねられるかたちとなりました）。

かれらの意図についていては、これから具体的に見てゆくことになりますが、すこし先回りをしていえば、この国における天皇の神話的意味づけを徹底させて超越性を付与し、天皇という存在に比類なき呪縛力を具えさせたのです。『日本書紀』が天皇という語を太古の昔から一貫してもちいるのも、そのための工夫でした。ですから、このメカニズムをあきらかにするためには、『日本書紀』の用語法から一旦脱け出す必要があるのです。

もちろん、本書のような試みは多くの矛盾を呼び込んでしまう恐れがあります（別の呼称をもちいれば、また別の問題を生じる）。しかし、それを恐れて相変わらず『日本書紀』の用語法を踏襲するなら、時代のイメージは実態からかなり離れてしまいかねません。従来の多くの歴史叙述は、そうした誤りを犯してはいないでしょうか？

同じ誤りでも影響の大きさでいえば、全てに「天皇」をもちいるほうが甚大なのではないか。すくなくとも歴史を語るうえにおいて、『日本書紀』の「天皇」用語法を踏襲することは、その術中にハマってしまうことになるのです。

もっとも天皇という語は推古朝からもちいられたとの学説もあります。その立場に立つ論者は、その時点から「天皇」をもちいればよいのではないでしょうか。

あるいは、「天皇」という語の発生は〈天武―持統〉朝を少しさかのぼる程度かもしれません。天智朝あたりの可能性もあるでしょう。そのように考える論者は、その時点から「天皇」をもちいて歴史を叙述すればよいでしょう。

さまざまな叙述のケースが出れば、歴史の見え方も多様になります。やがて生き残る歴史叙述こそ、共有されてしかるべき――。個々の歴史叙述の試みによって日本の古代は、もっと生き生きと蘇るはずです。

ところが実際には、「天皇」号がいつ成立したか、確定しがたいという理由からか、煩雑さを避けてか、あるいは遥か昔からに決まっているという思い込みからか、古代史関連書籍の多くをはじめ、新聞もテレビもネット情報も、全ての倭国王(大王)を『日本書紀』に倣って「天皇」と呼んでいる。こういう状況ですから、あらぬ誤解がいつの間にか国民的理解となります。ほとんどの国民が『日本書紀』の繰りひろげた歴史絵巻に今も安住していて無理もありません。

慎重を期したつもりでも、かえってそれが『日本書紀』の詐術を強化しているという捩じれた事態。歴史叙述の姿勢が国民に、社会に、思わぬ影響を及ぼしているのです。その姿勢が問われるところでしょう。

キーポイントは「天皇」の実効性がいつから発揮されたか、ということ。この点を見極めることができれば、そこから「天皇」をもちいるのがよいと考えるのです。

近年では「聖徳太子」を厩戸皇子と表記することが一般化しています。皇の字は天皇とセットで使われはじめられたと考えられますので皇子は王子としたほうがより実態に近づくと思われます。そうすることが歴史認識を進める確かな一歩といえるでしょう。

「天皇」については「聖徳太子」にくらべて、さらに大きな問題を孕んでいるのではないでしょうか。波及が大きいからといって、相変わらず初代神武以来の「天皇」を全て受け入れてそのまま記述するのは、歴史にたいする誠実さに欠けるところがあるのではないでしょうか。

天皇という語が現実政治において実効性をもつにいたっていたか、言い換えれば、人びとを呪縛する力を発揮するにいたっていたか、という観点に立つなら、「天皇」位は、やはり〈天武―持統〉朝からとみるのが妥当と考えます。その理由はこれから第Ⅲ部で詳述しますが、軍事的カリスマ性を獲得した天武朝が開始期、つづく持統朝で政治的・宗教的権威付けが十分になされ、強化されたとみられます。こうした認識は日本古代史学の大勢が説くところと重なるように思われます。だとしたら、天武朝からこの語を使いはじめるのがベターでしょう。

幕間その二——天智と天武のあいだ

天皇制律令国家という古代日本に特有の国のかたち——。その形成にむけて、天智《てんじ》と天武《てんむ》というふたりの天皇が大きな足跡を遺したことはよく知られています。『日本書紀』で天智と天武は、両親を共にする実の兄弟となっています（父は舒明、母は皇極）。今日の古代史学では一般にこれを疑問とすることなく受け入れていますが、じつは釈然としないところがあるのです。

『日本書紀』は天武天皇の命令によって編纂された史書。律令制定作業のスタートと同時にはじまりました。その事情を『日本書紀』につぎのように記します。

天武十年（六八一年）二月、天皇が皇后（＝のちの持統天皇）をともない、飛鳥浄御原宮の「大極殿」に現れた。この建物は斉明の後飛鳥岡本宮に天武が増設したもので、浄御原宮で最大規模を誇っていた。天皇は詔を発した。

> 朕、今より更律令《またのりのふみ》を定め、法式《のり》を改めむと欲ふ（略）
> 頓《にはか》に是のみを務《まつりごと》に就《な》さば、公事闕《か》くこと有らむ

「頓に」と、急《せ》かしている。とにかくこの仕事を最優先し、それで他の仕事に差し障りが出てもかまわない、とまで言っているのですから、急がせようは尋常でない。ここにいう「律令」とは飛鳥浄御原令を指し、これが母体となり、やがて大宝律令が完成します。

つづいて同年翌月、同じく「大極殿」にて、我が国初の正史の編纂を命じる。担当する臣下十二名を招集し、

帝紀《すめらみことのふみ》及び上古《いにしへ》の諸事を記し定めしめたまふ

ここにいう「帝紀」とは歴代大王、天皇の系譜。諸説紛々のものを吟味し、事実を記せと命じたのです。こうして「律令」制定とともに、慌ただしくスタートしたのが『日本書紀』でした。「律令」も『日本書紀』も、自分の目の黒いうちに完成させるつもりだったのでしょう。『日本書紀』は国の正史とはいえ、〝正しい〟歴史というわけではなく、国家が公式に編纂した歴史書。国家権力は当然のごとく、自らの権力を正当化しますので、正史とは政治的文書でもあります。

さて当の天武は五年後の六八六年に病を得て崩御。「律令」も『日本書紀』も、完成したの

はその後のことでした。編纂指示の詔を発した六八一年当時、自身の寿命は（当然在位も）まだまだつづくと思っていた節があり、六八四年には「新益京《しんやくのみやこ》」（＝藤原京）の開発予定地を巡行し、藤原宮の建設地を決めていました。自身の死は予期せざるものだったでしょう。『日本書紀』がようやく完成したのは七二〇年、持統―文武《もんむ》―元明《げんめい》をへて元正《げんしょう》の代となっていました（元明は持統の異母妹で文武の母。元正は元明の娘で文武の姉）。編纂開始からなんと四十年が経とうとしていました。『日本書紀』は持統朝の最後までを記載しますが、これも天武にとって予期せぬことでした。

歴代大王、天皇の系譜および故事来歴を定め記す――。これが編纂を命じた天武天皇のそもそもの意図でした。ところが肝心の、当の本人である天武その人について、『日本書紀』に没年はあっても生年がありません。よく知られる壬申《じんしん》の乱にいたる経緯およびそれ以降については詳細に記載されるものの、それ以前の活動記録に乏しく、また時々の年齢記載を一切欠くため、享年を割り出すことができません。『日本書紀』による限り、年齢を知る手掛かりがないのです。

――天智については第Ⅱ部で述べたように、『日本書紀』に六四一年、十六歳の中大兄が父・舒明のシノビゴトをした、および天智没年が六七一年とある。これから、生年が六二六年で、享年は四十六と割り出せる（数え年）。

ところが中世の文献（『一代要記《いちだいようき》』、『本朝皇胤紹運録《ほんちょうこういんじょううんろく》』）には天武の享年が六十五と記されています。天武は六八六年に没しましたから、生年は、

（没年）六八六年－（享年）六五年＋（数え分）一年＝六二二年

となります。天智と天武の生年を突き合わせると六二六年と六二二年。『日本書紀』で不明な点を中世文献で補うと、なんと天武のほうが四歳年長で、兄と弟が逆になってしまうのです。念のために、『日本書紀』の該当箇所を示しますと、

天渟中原瀛真人《あまのぬなはらおきのまひと》（＝天武）天皇は、天命開別《あめみことひらかすわけ》（＝天智）天皇の同母弟《いろど》なり

天武は天智の「同母弟」、すなわち母を同じくする弟としています。また、天智の母が皇極、父が舒明であることに疑問はありません（第Ⅱ部）。皇極は舒明とのあいだに天智を産み、『日本書紀』によれば、その後、舒明とのあいだに弟天武を産んだことになります。

中世文献の年齢記載を採った場合兄弟関係が逆になるのはなぜなのか？『日本書紀』では天武の年齢は不詳のまま……。『日本書紀』があかさないことが謎を呼びます。どうも釈然としない――

もちろん中世文献を必要以上に過大視することはできませんし、そうするつもりもありませ

ん。ただ、この混乱のなかに、何か隠された事実があるのでは――、という疑問が頭をもたげてくるのです。天武の年齢情報はすくなくとも生前、あるいは没年当時にはあったはずです。それが、天武が編纂を命じ、同時代に進行していた『日本書紀』に記載されていないのか？

そもそも『日本書紀』編纂を命ずる詔のなかで、当の天武自身が歴代大王、天皇の素性や系譜を誤りなくあきらかにするよう強調していたのです。その『日本書紀』において、過去の大王ならいざ知らず、当の天武が年齢不詳というのは、やはりおかしいのではないか。

年齢を伏せておきたかったのは、なぜか？

年齢に直結する、隠しておきたい重大な事実があったのだろうか。年齢があきらかになると暴露されてしまう何かが……

天皇家に都合の悪いことが露見してしまうのか？

して、その都合の悪いこととは――

考えられるのはつぎのことです。『日本書紀』によると、二人の母とされる皇極（斉明）は舒明と再婚でした。その前にじつは、前夫とのあいだに、すでに男子をなしていたことは、ほかならぬ『日本書紀』が記しています。

天豊財重日足姫《あめとよたからいかしひたらしひめ》天皇（＝斉明）は、初《はじめ》に橘豊日《たちばなのとよひ》天皇（＝用明）の孫高向《たかむく》王に適《みあひ》して、漢《あや》皇子を生《あ》しませり

この「漢皇子」なる人物についてはここ一箇所に名が出てくるだけで、その後の動向は全く窺い知れません。この男子こそ、じつはのちに天武天皇となった人物なのではないか。この人物、すなわち再婚前の皇極が産んでいた天智の兄こそ、『日本書紀』が天智の「同母弟」と伝える大海人《おおあま》王（大海人皇子）だったのではないか。

第Ⅲ部で詳述しますが、大海人王は天智が後継指名した長子・大友王子を〝壬申の乱〟で死に追いやり、即位しました。一旦野に下った人物が地方豪族を糾合して既存の王権を打ち破ったのです。まさに未曾有の出来事で、かれは軍事的カリスマとして君臨するのでした（天武天皇）。武力による王権奪取を革命的偉業と誇り、年齢を隠すつもりなどなかったでしょう。『日本書紀』で天武の年齢が不詳なのは、没後に関連情報が一切削除されたからではないか。

弟が大王であった兄の子を討つとは決して褒められたことではありませんが、兄が大王であった弟の子を討つのは逆流の度合いが激烈で、あまりに道理に反することになります。時の勢いを得てなし遂げた革命でしたが、同時代にたいしてこの点を強調するのは得策ではなく、ま

たそれ以上に「万世一系」的天皇の確立にむけて、後世にたいし、やはり隠しておくべきと判断されたのでしょう。

天武と天智が異父同母の兄弟であったという説はかねてより唱えられていますが（大和《おおわ》『日本書紀成立考』など）、今日のアカデミズムでは疑問点はないとされ、とり上げられることは、ほとんどありません。しかしながら、天智と天武のあいだには深い謎が横たわっていることは念頭に置いておきたいと思うのです。

それではいよいよ大団円――、天武そして持統が主役を演じる〝第Ⅲ部　誕生〟へと舞台は回ります。

III 誕生

伊勢神宮内宮（第一回式年遷宮における正殿の復元図）／柱は現在より細く、屋根の茅もぼさぼさだった。飾り金物も一部に限られていた

668年	中大兄、近江**大津宮**にて即位（天智）この頃大海人、面前で乱暴狼藉（『藤氏家伝』）
670年	厩戸創建の**法隆寺**全焼（現本尊の釈迦三尊像は天智新創建の現在の金堂に移されていたか）
671年	天智、長男大友王子を太政大臣に任命（〝天智後継人事〟、大海人を排除）
	大海人、王女鸕野と共に斉明創建の**吉野宮**に隠遁
	天智没、享年四十六
672年	大海人、武力蜂起し政権を奪取（壬申の革命）。大友没、享年二十五
673年	大海人、**飛鳥浄御原宮**にて即位（天武天皇、皇后に鸕野。この宮は既存の後飛鳥岡本宮と増築された宮の総体）
	天武、皇女大来を伊勢斎王に任命、同時に**伊勢神宮**の整備はじまったか
674年	大来、泊瀬にて禊を済ませ、伊勢**斎王**に遣わされる。伊勢神宮の整備完了か
676年	天武、藤原の地に**新城**建設を模索。これが**藤原京**（新益京）建設につながる
	新羅が唐を駆逐して朝鮮半島を統一（半島において唐は弱体化過程にあった）
679年	天武、六人の皇子を斉明造営の**吉野宮**に呼び出し、後継は天武と鸕野の息子、草壁皇子であることを誓わせる。鸕野同席（吉野の盟約）
680年	天武、藤原京に**薬師寺**発願（698年ほぼ完成、橿原市城殿町。のちに平城京に再築）
681年	各地豪族が朝廷に呼び出され、幣帛頒布（各地の神々が支配下に置かれる）

686年	天武、全国に神社の造営を命ずる
	天武、鸕野と共に飛鳥浄御原令の編纂を指示。また『日本書紀』の編纂を指示（完成は720年）。『古事記』編纂開始もこの頃か（完成は712年）
	天武没、享年不詳（**野口王墓古墳**〈八角墳〉、明日香村野口）。新城の建設中断
	鸕野、天武別腹の息子大津皇子を謀叛の咎で死罪に処す。享年二十四
689年	鸕野、**吉野宮**への行幸はじまる（称制—天皇—太政天皇として三十一回）
	天武と鸕野の息子、草壁皇子没、享年二十八（挽歌に「天照らす日女の命」登場）
	鸕野、飛鳥浄御原令を諸司に配布（天皇、皇后、皇太子を法令化）
690年	鸕野、**飛鳥浄御原宮**にて即位（史上初めて神璽を受ける、持統天皇）
	伊勢神宮の第一回式年遷宮挙行（神明造り誕生）
	持統、藤原京を現地視察し工事再開へ
692年	持統、重臣の諫言を押し切り伊勢行幸（神明造りの内宮正殿を確認したか）
694年	持統、**藤原宮**の内裏に遷る（藤原宮・京の工事は依然続く）
697年	持統の孫珂瑠皇子、**飛鳥浄御原宮**にて即位（文武天皇）、詔に「高天原」初出
	持統、太政天皇として天皇と共に執政
699年	天智陵造営のための任官人事発令（**御廟野古墳**〈八角墳〉、京都市山科区、『続日本紀』）
701年	大宝律令完成（日本、天皇、女帝、太政天皇を法令化）
702年	持統没、享年五十八。天皇として初めて火葬され天武陵（野口王墓古墳）に合葬

既存の王権を崩壊させた古代史最大の国内戦争、壬申《じんしん》の乱。

『日本書紀』は、天智の遺児大友皇子と天智の弟大海人皇子のあいだに勃発した後継争いとする。結果は大海人が勝利し、天武天皇が誕生した。

天智と天武の父は舒明、母は皇極と、ともに大王。兄弟はこの上なく尊貴な血筋にあることになっている。『日本書紀』のこの記述は、アカデミズムでもそのまま受け入れられている。

だが「幕間その二」で述べたように、天智と天武が、ほんとうに実の兄と弟だったのか、釈然としないのである。

壬申の乱は単に〝乱〟というより、〝革命〟と呼ぶべき未曾有の事態だったのではないか？

その時、そしてその後も、天智の娘で天武の皇后であった鸕野《うの》が果たした役割とは……

天武没後、天皇制を織り込んだ飛鳥浄御原令を皇后が完成させ、その翌年には史上初めて、自身が現人神として即位（持統）。女帝は皇室の祖先神として振る舞うのだった。しかも即位のその年に、皇祖神アマテラスをまつる伊勢神宮の第一回式年遷宮を挙行したのである。

さらには、中断していた初の碁盤目状計画都市、藤原京の建設を再開させる。それは天皇の、天皇による、天皇のための都市。中国的世界観によって構築された、未来永劫にわたって皇孫が栄えるべき恒久の都であった。

いよいよ万世一系の天皇の下、中央集権的律令国家が形を整え、歩み出す――

第8章 革命敢行

†実の兄弟という前提を外すと

天智と天武、二人の血縁関係を疑い出したら、日本古代史の前提が崩れて収拾がつかなくなる……

『日本書紀』は壬申の乱に勝利した弟の天武が編纂を命じ（六八一年）、その皇后で、天武の兄・天智の娘だった持統のつよい影響をへたうえで完成している（七二〇年）。それは国家の歴史書（正史）であるとともに、確執にみちた人間模様と複雑な利害関係の絡み合うなかで作成された、まさに現在進行形の政治文書でもありました。

天智と天武の関係をめぐって、疑念のつよく残る『日本書紀』に唯々諾々と従いつづけていては、古代史探究の可能性を自ら閉ざすも同然ではないか？　そんな思いを長年にわたって抱いてきました。そこで今回、思い切って、その殻を破ってみようと思う。

中大兄王子（天智）の父は舒明、母は皇極（のちの斉明）という点に疑問はありません。ですが「幕間その二」で述べましたように、中大兄と大海人（天智と天武）を舒明と皇極を両親とする兄と弟だったとするのは訝しい点があります。そこで本書では、二人が実の兄弟だったという古代史の前提を外してみる。

そうすると、「幕間その二」でみたように、両者は父を異にする兄弟で、大海人が兄、中大兄が弟となる読みかたができるのです。

†思考実験として――古代史のあたらしい風景

この仮定の下に、壬申の乱から天皇制律令国家「日本」誕生までを追跡すると、いったい、どういう風景が見えてくるだろうか。

これはひとつの思考実験にほかなりません。見えてきた風景がこれまでよりくっきりと鮮明になり、各パーツがしっくり納まって説得力が増せば成功だし、かえって混乱が増してしまい、収拾がつかなくなるようなら失敗。現状でも辻褄の合わないことが多いのだから、やってみる価値はありそうだ。

第Ⅲ部では〈天智―天武〉における兄弟関係の謎と確執から入ってゆく。その後、皇祖神神話および中国思想にもとづく天皇制律令国家確立の動きを、主に建築から見てゆく。これまで可能なかぎり建築的想像力（空間的想像力といってもいい）を駆使すべく語ってきたが、あらためて、この立場を肝に銘じたい。

1　中大兄と大海人

†「大皇弟」（一）

六六一年に斉明が没し、天智が即位式をへずに「称制《まつりごときこしめ》す」。その王権下の大海人を、『日本書紀』は「大皇弟《ひつぎのみこ》」と表記します。「大皇弟」という漢字表現は大王（天皇）の弟を意味し、訓みは「日嗣《ひつぎ》の御子《みこ》」、すなわち皇位を継ぐ御子。

また「東宮大皇弟《ひつぎのみこ》」（東宮太皇弟）、「東宮《まうけのきみ》」とも書きます。天皇のおわす御所の東にある東宮は、皇太子の宮。転じて皇太子そのものを指す。皇太子は飛鳥浄御原令で初めて制度化された地位ですが、この法令は天武天皇が編纂を指示し没後に完成したもの。六八九年に諸司に配布されました。天智の代では、「東宮大皇弟」も「東宮」も虚構といわざるを得ないのです。

次期後継に予定されていたと思わせたいが、ズバリそうとはいえない重い現実があった。それで躍起となり、統一性の欠如とも思える多彩な表現となったのでしょう。実際、これらの表記が繰りかえし出てきますので、いつしか読む者の多くは、大海人が次期後継に予定されていたと錯覚に陥るようです。それなのに、天智が心変わりした？

大王を政治的に補佐する弟の存在は過去にはあったものの、「大皇弟」という表記は初出とみられます。これはのちに、『日本書紀』の編纂過程で案出されたのではないか。そこには、大海人が壬申の乱をへて即位したほんとうの経緯を糊塗し、天皇家や編纂者にとって望ましい皇（王）統を通そうとする意図がはたらいているとみられます。編纂者は腐心しているのです。

なお『万葉集』に、天智の代における大海人を「皇太子《ひつぎのみこ》」と表記する箇所があります。編纂段階で添えられた題詞《だいし》に見られるもので、この箇所は持統九年（六九五年）から文武《もんむ》二年（六九八年）の間に書き込まれたものでした（小川『万葉集』）。

†その実態は――「大皇弟」(二)

『日本書紀』は天智王権末期における、大王と大海人のやり取りについて（これが壬申の乱にいたるわけですが）、詳細に描くものの、それ以前の大海人については情報が少ない。天武が命じて編纂のはじまった『日本書紀』ですから、めざましい活躍があったのなら、のちの天武関連記事と同様、遠慮なく書き込まれたでしょう。ところが、なぜか希薄……。

「大皇弟」として遇されていたのなら王権内ナンバーツー。壬申の乱およびその後の活躍ぶりから見ても、地位に十分見合う高い能力を遺憾なく発揮していたと考えられます。ところがその割に、記事の内容に乏しい。挙げるとすれば〝甲子《かっし》の宣〟をおこなったことぐらい。これについては後述しますが、壬申の乱から、急に活躍し出すような印象が否めないのです。

天智（中大兄）にとって大海人は存在感を発揮させたくない人物だったのか。

それでいて大海人は天智の娘を四人も娶《めと》っている（天智の生前に大田―鸕野の姉妹、没後に発生した壬申の乱をへて二人）。近親結婚がふつうの時代であったにせよ、『日本書紀』のいうように、両親を同じくする実の兄弟であったとすれば、そこまで近い血縁内の結婚はきわめて稀。四度も繰りかえすとは考え難いのです。

反旗を翻さないよう縁組を重ねて血の繋がりを濃く保ちつつ、終始警戒を怠らない。それが天智の大海人対策だったのでしょう。逆に天智没後における娘二人との縁組は、遺族の反乱を抑えたい大海人の意図からと考えられます。

✝中大兄不在時の大海人

ここで兄弟の母、斉明の最晩年にもどります。

『日本書紀』によれば六六〇年に百済が滅亡し、その残党が復興支援を倭国に求めてきた。これを受けて翌年（六六一年）正月、老齢の斉明は援軍を率いて難波を発つ。海路、小豆島の北

（大伯海《おおくのうみ》）にて、中大兄王子の娘で大海人の妃・大田王女が女児を出産した（＝大伯《おおく》（大来）女王）。ここから、大海人も母斉明に随行していたことがわかる。実質的な総司令官は中大兄王子だった。

だが女帝は七月、「朝倉橘広庭《たちばなのひろにわ》宮」（福岡県朝倉市）にて没してしまう。享年六十八（『本朝皇胤紹運録』）。これにより朝鮮出兵はいったん停止される。

その後、中大兄王子は正式に即位しないまま、最高権力者として振る舞いますが（天智称制《しょうせい》）、崩御した斉明の殯を飛鳥でおこなうために一旦、前線を離れました。その間、十月から翌年五月まで大海人が司令官を代行し、その指揮ぶりを地方豪族が高く評価していた可能性が指摘されています。『日本書紀』から間接的に窺えるというのです。

それならば、天武が編纂を命じた『日本書紀』において、なぜ、そうした大海人（＝天武）の活躍ぶりが直接示されないのでしょうか。

おそらく、最初はこれを伝える記事があった。だが、天武没後に削除されたのではなかったか。大海人出自の問題に直結するわけではありませんが、編纂者はなぜか、その扱いに手こずっているようだ……

†『日本書紀』の二面作戦

「天智天皇」「天武天皇」「持統天皇」を収める『日本書紀』巻第二十七から巻第三十までは、編纂者にとって同時代史でした。どのように叙述するかで、その後の政治動向に大きな影響をあたえる政治文書でもあったのです。少々先回りしていうなら、これを纏めるにあたり編纂者は二面作戦を採ったようです。すなわち――

一方で、大海人王を「大皇弟」と位置づけ、壬申の乱が正義の戦いであったこと、そしてその結果生まれた天武天皇が正統であることを強調する。これによって、のちに皇位に就く天武の皇后、鸕野（持統天皇）の立場を守るのです。天武天皇の存在があって初めて、持統天皇があり得たのですから。

他方、今見たように大海人王の実績のうち、消せるものは消して存在感の突出を避ける。天智を出し抜くような活躍があってはならない。本音では、大海人の活躍はできるだけ壬申の乱と天皇即位の範囲にとどめておきたかったか。そして天武天皇の実績の多くは皇后との共同であったことをいう（それは実態だった）。つまり天武をなるべく相対化して、〈父―娘〉の関係にある〈天智―持統〉の血脈をアピールするのです。

二面作戦は矛盾する面をもちますので、どちらか一つの見かたに偏ると、読む者は全体を取り逃がしてしまう。あちら立てれば、こちら立たずの感が否めませんが、奇妙なことに、持統天皇にとっては両方とも必要であり、望ましいことでした。時と場合によって、使い分けてゆくのです。問題の輪郭は本書が終わるころ、くっきりとしてくるでしょう。

†白村江の戦いと大海人

斉明の殯も終えて六六三年、中大兄は百済復興を期し、また半島支配の橋頭堡を築くために、国運をかけて唐・新羅に決戦を挑む（白村江の戦い）。前軍、中軍、後軍と三つの部隊に分かれて編制された総勢二万七千人の兵。それらを率いる将軍として六人の名が挙げられるも、そこに大海人の名は見えない。これに大海人がどのように関わったのか、『日本書紀』に直接の記載がありません。

しかしこの時、大海人王が参軍していたことは確かです。というのはそのころ、妃の大田王女が筑紫の娜大津《なのおおつ》（博多港）にて長男大津王を生んだと伝える文書があるからです（『日本書紀』にはない）。父の没後、悲劇に見舞われる大来、大津の姉弟ですが、二年を隔て、ともに父の出征先で生まれたのでした。

さて、この時の大海人についても『日本書紀』は黙して語らない。

六六一年から翌年にかけて総司令官中大兄が不在の間、これを代行して高い評価を得ていたのなら、六六三年の白村江の戦いにおいてかなりの地位にあったとみるのが道理だ。

しかし、さしたる立場はあたえられなかったのか。斉明亡き今、異父兄弟の確執のために役から外されたのだろうか。もし、そんな状態だったのなら、大敗も宜《むべ》なるかな、といわざるを得ない。

あるいはこの時の参戦記事も前回同様、削除されたのか。

削除は厄介な代物だ。その後に清書すれば痕跡が残らない。残るのは、ただ文意の曖昧さ、訳の分からなさのみ……。『日本書紀』は相当に巧妙な、生半可に扱えない書物であることを知らなければならないのです。

逆にいえば、『日本書紀』が積極的に記述していても（たとえば天智と天武が実の兄弟であった、天智王権下で天武は「大皇弟」であった等々）、なかなか鵜呑みにできないことにもなります。

中大兄の即位はなぜ遅れた

中大兄皇子は六六七年、都を飛鳥から遠く北へ六〇キロ、近江は琵琶湖のほとりの大津に遷す。翌六六八年、新築なった王宮で即位しました。

『日本書紀』は六四五年の飛鳥板蓋宮の変以降、「中大兄皇子」を一貫して政治の主人公として描きますが、それならば、なぜ六六八年まで二十三年間も王位に就かなかったのか？　斉明が崩御してもなお七年間、中大兄の即位がなかったのはなぜか？　ここに隠された事情があるとみるのは自然でしょう。

――板蓋宮の変で中大兄は〝血に塗《まみ》れし手〟を持ってしまった。この汚点ゆえに、なかなか即位できなかった、という見解がある。しかし大王家の一員として行動したのだから、責められる筋合いにはなかった。仮にこれが汚点になったとしても、二十三年はあまりに長過ぎる。

白村江の大敗後つづく唐・新羅との軍事的緊張も理由として挙げられる。しかし、大王に即位して正式に発する命令のほうが、はるかに威厳が具わり、士気も高揚する。軍事的観点から見ても即位を急ぐべきだ。いくら緊張下であっても、だから即位できなかったというのは本末転倒の議論ではないか。

また、即位していないほうが何かと動きやすかったという、『日本書紀』にべったり寄り添った、苦し紛れのような議論もあった。アカデミズムの権威による見解だったせいか、長年通説化していたが、今では説得力を失っている。

確かに板蓋宮の変の時点で皇極は弟・孝徳を即位させた後、次は息子中大兄に、と考えていたでしょう。ところが孝徳が没しても中大兄に即位させず、彼女自身が重祚しました（斉明）。舒明が没してから十四年、変から十年がたち、女帝の心境に変化が兆したとみられるのです。

――これまでわたしは大王として、「皇祖母尊」として多くの経験を積み、治政にも祭祀にも自信を深めてきた。舒明が崩御されてから、やがて後継は中大兄と考えていたが、生来の気性ゆえか、振る舞いゆえか、どうも人心がついてゆかないのは如何ともしがたい。

また十四年の長い歳月が我が心のなかの舒明の影を、気がつけば薄いものにしている。それに引き換え皮肉なもので、大海人はますます存在感を増し、惚れ惚れするほどの偉丈夫だ（『日本書紀』の人物評に「壮《をとこざかり》に及《いた》りて雄抜《をを》しく神武《たけ》し」）。かれの軍事的才能には並々ならぬものがあり、また中大兄にくらべ人望も厚いこともわかってきた。

大海人はわたしが王位に就いたことで、大王の子となった。前夫との子ではあっても、腹を痛めたことに違いはない。わたしの血が流れているのだ。弟の孝徳でさえ即位したのだから、大海人の即位もあり得るではないか。

高向王とのあいだの長男大海人王（漢皇子）、舒明とのあいだの次男中大兄王子。どちらを後継とするか、母として迷う。決めるのは難しい。

だが実際、どちらか一方に決めたところで、その後、うまくやっていけるかどうか、それも見えない……

逆にわたしが大王として君臨していれば、息子たちは今の小康状態を保つことができる。わたしに宿る宗教的カリスマは余人をもって代えがたい。それは周囲も等しく認めているところではないか。そうだ、わたしが大王に復帰すればよいのだ。

どちらが後継となるか、時間の推移のうちに自ずと帰趨が決まるだろう。どう転んでも、わたしの血が流れていることに変わりはない……。

斉明は、自分の王統があらたに開かれることを夢想したのかもしれない（後述のように、孫娘の持統がさらに大きな構想を描いて斉明をも包含し、これを実現してしまう）。

†遷都強行にともなって

六六一年に女帝が崩御した後も即位をめぐり、この異父兄弟間で鍔迫《つばぜ》り合いがつづいていた。だが六六七年、中大兄はついにこれを押し切る。飛鳥の牽牛子《こんごし》塚《づか》古墳で母斉明の本葬を済ませ、中大兄は近江大津への遷都を決然と挙行した。これによって大海人との確執を振り切り、ついに翌年、即位を果たします。それは遷都強行によって果たされた即位とみることができます（大和、前掲書）。

大津遷都の政策上の理由については第Ⅱ部で触れましたが、表に出ない裏の理由には、こうした個人の内奥にかかわる問題があったとみられるのです。

†冠位二十六階と大海人――「大皇弟」はほんとうか（一）

中大兄王子にとって大海人王は、自分そして子孫の立場を脅かしかねない、有能なだけに危険な人物と映っていたでしょう。注目され評価を高めるような立場には置きたくなかったのではないか。

中大兄の称制期を含む天智王権下で、大海人はほんとうに「大皇弟」と呼ばれていたのか、疑問が消えません。そもそも「大皇弟」なる地位はあったのか？

この観点に立つと、「大皇弟」大海人の功績を伝える記事が思いのほか少ない。大海人が重責を担った件として、多くの人が思い浮かべるであろう、天智（称制）三年（六六四年）二月の〝甲子《かっし》の宣〟。これを見てみましょう。大海人のはたらきを示す『日本書紀』初出の箇所です。

天皇、大皇弟に命《みことのり》して、冠位の階名を増し換《か》ふること（略）を宣《のたま》ふ。其の冠は二十六階有り

いわゆる〝冠位二十六階〟の発布を伝える記事です。

まだ即位していない称制段階の中大兄王子を『日本書紀』は天皇とは呼ばず、一貫して「皇太子」と表記するのですが、六六四年のこの記事でのみ、称制段階の中大兄を「天皇」と表記している。一箇所だけ統一が取れていないのは破綻といっていいでしょう。編纂ミスが露呈しているのはあきらかであり、さらには単純ミスにとどまらない可能性があります。この「天皇、大皇弟」の表記は、一連の編纂作業がほぼ完了したのち、別の手によって作為的になされたの

ではないか、との疑念をもちます。

編纂の最終段階――。『日本書紀』に「大皇弟」を挿入する作業があったと仮定しましょう。「大皇弟」が出てくるのは全三十巻のうち、天智紀と壬申紀（天武紀・上）の二巻だけ。つまりそこでしか使われない特殊用語ですから、編纂者が作為的に「大皇弟」なるタームを案出し、挿入した可能性があります。この想定はあながち不当ではないでしょう。

　そして編纂者はこの記事の原文に「大皇弟」を挿入した際、思わずつづけて、もともと「皇太子」とあった箇所を、「大皇弟」と紛らわしいと思ったのか、「天皇」と書き換えてしまったのではないか。称制段階の中大兄は「皇太子」とするはずなのに、そこだけ不覚にも「天皇」と表記してしまった。一箇所だけ統一が取れていないのは、そういう事情だったのではないか。作為がミスを連動させたというわけです。

「大皇弟」なる用語を入れる作為さえなければ、不統一は起きなかったにちがいない。この不統一が、図らずも作為的作業を露呈してしまったのです。

　そうだったとすれば、「大皇弟」なるものの信憑性が問われます。「大皇弟」なる存在はなかったのではないか。唐突にも「大皇弟」を〝甲子の宣〟に関わらせるのは「大皇弟」のリアリティを上げるためだった、ともみられるではないか。「大王弟」に実態がなかったとなると、大海人の冠位二十六階への関与も揺らいできます。

†天智王権末期の大海人――「大皇弟」はほんとうか（二）

> 天智十年（六七一年）正月六日にも同様の記事があります。
>
> 東宮太皇弟奉宣《みことのり》して、或本《あるふみ》に云はく、大友皇子宣命《みことのり》す。冠位・法度の事を施行《のたまひおこな》ひたまふ

ここに見られる「冠位」とは冠位二十六階。六六四年に発布された〝冠位二十六階〟との関係について諸説ありましたが、その改定版とみることができるでしょう（吉川『飛鳥の都』）。これを「東宮太皇弟」つまり大海人が天智に代わって宣言したという記事です。天智が没する年になされたこの冠位の宣布は、『日本書紀』が大海人のはたらきを伝える、最後で最大といっていい任務。ところが「或本に云はく」として、宣命《せんみょう》したのは「大友皇子」ともいっており、現在の文献史学では、むしろこちらのほうが有力視されています。

『日本書紀』における「大皇弟」の表記が編纂最終盤での作為であり、大海人が冠位二十六階に関与していないのかもしれず、かつ、この六七一年の記事で「或本」がいうように、宣命したのが大友王子だったとしたら――。天智王権下において「東宮太皇弟」大海人王は終始、大

した仕事をあたえられていなかったことになります。

そうだとすると、天武が命じて編纂のはじまった『日本書紀』なのに、「皇太子」と表記される厩戸王子や中大兄王子の過剰なまでの華々しい活躍ぶりとくらべて、天武こと「大皇弟」の影がじつに薄くなってしまうのです。

はたして「大皇弟」はほんとうだったのか？

ここで冠位二十六階を俎上に載せているのは、本書の意図からいって、天智王権における大海人の位置を見届けるためです。冠位二十六階にこだわったのは、これが『日本書紀』の伝える、天智王権での大海人最大かつ唯一の事績といえるからです（他に挙げるとすれば、臨終間近い鎌足の邸に遣いに出された件か）。

†天智の次期王権構想

六七一年の「冠位施行」を大海人が宣していたという記事がほんとうなら、じつに奇妙なタイミングで重大な出来事が起きたことになります。

というのは、大海人王が「冠位」を宣した、なんとその前日に、天智は大海人を排除する王権人事を定めているからです（『日本書紀』）。自身の長男、大友王子を太政大臣に任命したのです。長男が太政大臣となれば、当時の状況から、これは〝天智後継〟を意味しました。

じつはこの記事が「太政大臣」の初見であり、その性格は、のちに確立する律令制下、官僚トップとしての太政大臣とは大きく異なるものでした。『日本書紀』の三十一年後に完成している我が国初の漢詩集『懐風藻』には評伝箇所があり、大友王子についてつぎのようにいう（江口訳）。

太政大臣を拝す。百揆を総《す》べて以てこれを試む。（略）始めて万機に親しむ

そう、太政大臣としての大友は、万機を治めた、すなわち政治を総攬したといっているのです。天智が示したのは、太政大臣の大友をトップとし、その下に左大臣、右大臣が並び、その他、重臣五名で大友を補佐する体制。これは、来るべき〝大友王権〟の一足早い具体化でした。そこでは大海人は明確に排除されていたのです。

大友をトップとする次期体制が示された翌日ですから、「冠位・法度の事」を宣する役目は当然、「或本」のいうように大友であったにちがいありません。とすると、ここでも大海人の関与は実態を失う。やはり天智は一貫して、名誉ある地位も仕事も大海人にあたえることはなかったとみられるのです。

『日本書紀』は大海人を「大皇弟」と表記し、天智王権で後継だったと思わせるのは詐術とい

うほかないでしょう。その目的は、やがて起こる壬申の乱の正当化です。後継に認められていたのだから即位して当然、という論理を主張しているのです。

こうした記述に翻弄されて、天智は当初、大海人を後継に予定していたが、晩年になって心変わりしたと一般に思われています。しかし、その認識は見直される必要があるでしょう。この点に関し『日本書紀』のいうところは訝しいのです。

†兄弟間継承

確かに当時は父子直系継承も兄弟間継承もありました。「倭王は天を兄とし、日を弟とします」という第一回遣隋使のことばからも窺えるように（第Ⅰ部）、往時の我が国において〝兄弟〟の観念が殊のほか大きく作用していました。大王には大后のほか、複数の妻妃がいましたので、母親の出自と本人の年齢が一定以上であることを満たせば、資質を加味し、複数の後継予定者があり得たのです。兄弟間で適任者がいなくなってから、大王の子が後継とされるというながれがありました。

——仏教公伝のあった六世紀半ば以降を振りかえれば欽明没後、〈敏達—用明—崇峻—推古〉と、兄弟関係にある子たちが次々と即位した。弟が払底すれば姉妹にまで及んだ。崇峻殺害の後、推古が即位して初の女性大王が誕生したのがこれにあたる。

このように、大王を父とする兄弟間の王位継承は当時の慣行でした。ただし〈兄から弟へ〉が原則です。

本書は大海人を天智の異父兄とみなしています。天智から大海人（＝天武）への継承となると、母は同じ斉明ですが〈弟から異父兄へ〉となり、きわめて異例なことになります。天智王権において大海人が終始疎外されていたのも、天智が異父兄の大海人の存在を警戒していたことのあらわれとみられます。後述するように、壬申の乱と呼ばれるものは、やはり革命だった疑いがあるのです。

男帝の子であれば、兄から弟への継承は十分にあり得たからこそ（というより、そのほうがまだ優勢だった）、『日本書紀』は天智を実の兄とし、大海人を「大皇弟」と表記したわけです。これにより『日本書紀』は壬申の乱を正当化したのです。

しかし大海人即位後は一転し、〈天武―持統〉朝は直系継承を大前提とするのでした。

†恋歌をめぐって（一）

ここで角度を変えて、天智と天武の人間関係はどうだったのかを探ってみましょう。これを語る材料として『万葉集』に着目しますと、即位前の中大兄の歌につぎの一首があります（巻一）。

香久山は　畝傍《うねび》を惜しと　耳梨《みみなし》と　相争ひき　神代《かみよ》より　かくにあるらし
古《いにしへ》も　然《しか》にこそあれ　うつせみも　妻を　争ふらしき

「香久山」「畝傍」「耳梨」は大和三山。香久山は畝傍山を耳成山に取られるのが惜しいと思い、耳成山と争ったという。神代の昔からそうなのだから、今の世の人も妻を取り合うのだろう、というのがこの歌の大意ですが、一般論を装いながら、その実、中大兄の動きと心境が吐露されているとみられています。

「香久山」は大海人、「耳梨」が中大兄、「畝傍」は大海人の当時の妃で寵愛を受けていた美貌の万葉歌人額田王《ぬかたのおおきみ》。大海人とのあいだに一女をなしています（そのうちの一人、十市は大友王子の妃となった）。

大和三山に擬《なぞら》えられた三者の関係は、当時から噂になっていたのです。

†恋歌をめぐって（二）

天智天皇が近江大津宮で即位して四カ月後の天智七年（六六八年）五月、天皇が催した宴において、耳目をひく出来事がありました。琵琶湖東岸の蒲生野《がもうの》（滋賀県東近江市）に出掛け、鹿の若角などをもとめた遊猟行事後の宴席――。額田王が詠んだ歌が発端です(『万葉集』)。この女流歌人、かつて大海人妃でしたが、今は心ならずも天智に譲り渡されている。年齢四十のころとみられます。

あかねさす　紫草野《むらさきの》行き　標野《しめの》行き　野守《のもり》は見ずや　君が袖振る

紫草の原にわたしを見つけた「君」が袖を振っている。袖を振るのは恋ごころの表現。「君」とはこの席にいる前夫、大海人王。かの女、そして天智との関係は列席者ならだれでも知っている。

だれもいないわけじゃありません、あなた、野守に見つかってしまいますよ――、皆の前で彼女はそう歌ったのです。堂々と。

そこには宴席の余興でありながら、そうとは言い切れないものが漂います。一片の真実を感じるのが人情でしょう。面前で堂々とのろけられ、夫である天智はメンツをつぶされる。かといって宴を盛り上げる歌に怒るに怒れず、苦虫を嚙みつぶすばかり。かたや大海人は、してやったり!　の思いだったのでしょう。得意満面、つぎのように返しています。

紫草の　にほへる妹《いも》を　憎くあらば　人妻ゆゑに　我恋《こ》ひめやも

今でもまだ恋しく思っているよ、と応じました。これまた堂々と、宴での戯れ言のかたちを借りて、心の内を歌い上げたのです。この時、天智に抗すべき手立てはなく、ただ啞然として見ているしかない……。この時は美貌の歌人をめぐっての鞘当てでしたが、これに限らず、ふたりの男の胸中には相当複雑な葛藤・確執があったと見え、意地を張り合っていたのです。

†面前での乱暴狼藉

のちの奈良時代に書かれた藤原氏の家伝書（『藤氏家伝』）に、大海人関連記事があります。この顚末も『日本書紀』にはありません。

今述べた宴での件との前後関係は不明ながら、おそらく同年のこととみられます。所は近江、琵琶湖畔に建つ高殿。現在と違って往時、湖岸は陸側にさらに迫っていました。即位して間もない天智が重臣たちを召した、これも酒宴の席です――

大王の面前で、大海人が乱暴狼藉をはたらいた。突然、床に長槍を突き立てたのです。周囲は何事かと驚き、凍りつく。「大皇弟」の突拍子もない行為、としかいいようがない。天智は無礼な振る舞いに怒り心頭、即刻、首を刎《は》ねるよう命じたが、中臣鎌足が割って入り事なきを得ます。

　天智の面前で、このような異様な行動に走った大海人の胸中を推し量ってみましょう。異父ながら母を同じくする兄弟として、しかも兄として、自分がその座に納まってもおかしくないはずだという、抑えきれない本音があった。この違いは一体、何なのだ……。そうした思いが祝宴の場で爆発したのではなかったか。

　打ち首が当然の所業にたいし鎌足はなぜ、天智をなだめたのか？　鎌足にしても体を張った行為です。興奮の極にあった天智が、制止する鎌足も同罪とみなしたら、それまでです。そこには、王権内での大海人の位置が、あまりに脇に置かれていることにたいし、その心情を汲み取るところがあったのではないか。

　翌六六九年、大海人は病床に伏す中臣鎌足の家に遣わされ、鎌足一統にのみ「藤原」姓を与えたと『日本書紀』はいいます。鎌足はこの年に亡くなりますが、遺児に藤原史《ふひと》（不比等）、十一歳がいました。のちに六八九年、三十一歳になっていた史が判事に登用され以後、持統朝における知恵袋となります。実際、本書で持統の事績としていることの多くにはかれが関与しているとみられます。

2　壬申の革命

†「虎に翼を着けて放てり」

『日本書紀』天智紀において「大皇弟」がさかんに繰りかえされるものの、それにしては大海人の存在感が薄いことを述べた。そのいっぽうで、大海人に大幅にスペースを割いて克明に伝えるのは、天智晩年（巻第二十七）と天武「即位前紀」（巻第二十八）に出てくる、天智が病床に大海人を呼び出すくだり。この一件が壬申の乱のトリガーを引いたといわれています。『日本書紀』の伝える顚末に耳を傾けてみましょう。

天智十年（六七一年）十月、近江大津宮の「大殿」。病が重篤化した天智は死後、自分の想定どおりに事が運ぶよう、最後の企みを試みる。大海人を枕頭に召し出し、こう告げる。

「後事を以て汝に属《つ》く」

なんと後事は全て大海人に任せるというのです。この年の正月に、〝大友王権〟の実行体制を定めたばかりなのに――。一八〇度の方針転換？

この甘言に乗ったなら、謀叛の心あり、と殺されるにちがいない。そう察した大海人は、機敏にも丁重に辞退。中大兄時代からの天智のやり口をつぶさに見てきた大海人にとって、この甘言を謀略と見抜くのは、そう難しいことではなかった。

そこで大海人は、自分は出家して仏門に入り、天智の弔いに専念したいと申し出る。大王になる意思はないことを具体的なかたちで表明したのです。もちろんカムフラージュでしたが、罠を張っていた天智もこれは受け入れざるを得なかった。大海人の知恵が天智の知謀を上回った瞬間でした。

しかし、身の危険に晒されていることに変わりはない。その後の行動も、大海人は的確かつ迅速だった。その日のうちにすぐに剃髪し、法衣に身をつつんで大津を発って吉野に向かう。去りゆく大海人の後ろ姿を見届けながら、つぎのように呟く人があったという（『日本書紀』）。

「虎に翼を着けて放てり」

危険人物をみすみす見逃してしまった、というのです。その後の展開を見るなら、まさにここが危機一髪の時でした。こうして大海人は壬申の乱への第一関門を突破します。

†いざ出立――半島情勢を見据えて

それから一カ月半が経った十二月初めに天智は世を去る。享年四十六。

翌天武元年（六七二年）五月、近江の大友王権が我が身を狙っているとの情報に雌伏六カ月、機を窺っていた大海人王は最終準備を整えて六月二十二日、いざこの時と吉野を発つ。

妃の鸕野王女、その息子の草壁王子（十歳）をふくめ、総勢三十人余り。ごく少数での、目立たぬ出立――。とはいえ、それは、伊勢湾岸地域を中心とする各地の支持勢力と十分な事前打ち合わせを済ませたうえでの出立だった。

対して近江王権は、唐からの使者への対応に追われていた。『日本書紀』によれば、四十七隻の大船団とともに、前年（六七一年）十一月から筑紫に来ていたのです（六六九年にも同様の記事がある）。

白村江の戦い以降、朝鮮半島情勢は転変し、まさに激動のさなかにあった。唐・新羅連合軍によって高句麗は滅亡（六六八年）。その後、新羅がかつての同盟国である唐に反旗を翻し、百済と高句麗、それぞれの旧領地に進攻、占領してしまう（六七〇年～七一年）。その結果、唐と新羅は交戦状態に入った。

唐の大船団が引き揚げ、壬申の革命が勃発した六七二年当時、半島における唐、新羅間の戦闘は激化していたのです。こうした情勢が危急の時を告げ、唐軍は来航目的を達することなく引き揚げたと推察されます。倭国は半島情勢の激変に救われました。

しかし白村江での大敗が近江王権にはボディーブローのように効き、とくに駆り出された西国の豪族、民衆は疲弊していたのです。また、大挙して来航した唐との交渉対応に追われる一方で、天智の殯が重なっていました。こうした状況下、王権は弱体化していた。したがって大海人への対策は後手に回らざるを得なかったのです。

近江王権が疲弊しているのを見通していた大海人は、唐の大軍が引き揚げたのを確認したうえで、決然と行動を起こしたにちがいない。唐軍の停泊中に大海人が蜂起を図れば、混乱に乗じ軍事介入される恐れがあったからです。

✝大海人の出自と葛藤

ここで当時、大海人王が抱いていた出自にともなう葛藤を振りかえっておきましょう。

見てきたように、かれは王権の中枢にいるようでいて、じつは疎外されていた。女帝の座に昇りつめた母皇極（斉明）だが、それは再婚相手の大王舒明が没し、後継に決め手を欠いたが故に回ってきた王位だった。蘇我氏が推す古人大兄と、なお王位を狙う山背大兄との間の拮抗関係ゆえ、どちらか一方に決定することが困難だったからです。

第Ⅱ部で触れたように母の前夫、すなわち大海人王の父高向王は、母が再婚した時点で亡くなっていたのか、あるいは政治的にあらたな縁組みとなったのか、定かでない。だが、いずれの場合にせよ、高向王と宝女王（のちの皇極）とのあいだに出生した大海人王の序列は、同じ母ではあるが、舒明を父とする弟の中大兄王子に及ばなかった。

生みの母が女帝として長期にわたり二度も君臨し、また王母（皇祖母尊）とまつりあげられているだけに、王位は肌に感じられて近い。しかし長年にわたる王位継承の慣行から、そこには越えられない溝があり、王位は果てしなく遠いのだった。近くて遠く、遠くて近い……。若く有能であっただけに、大海人はこのジレンマに苦しむ。諦めきれない大海人の胸中にたぎる野望……。そこに、天智晩年の振る舞い、仕打ちが火を点けた。

自分の政権をつくる――。だが王権内で多数派工作に活路を見いだすのは所詮不可能。母は大王だったが、父は用明の孫。したがって大海人は曾孫であり、こうした出自は当時の王権において尊貴性が低かった。曾祖父が用明ながら、関係は遠い。母である大王斉明の存在感が大きかっただけに、血筋としては母系を頼りにしていたのではなかったか。

†母系と父系

第Ⅱ部で『日本書紀』が斉明を「狂心」と、悪《あ》しざまに批判していることを紹介しました。

皇極と斉明は同一人物ながら、斉明にたいする批判が異様にキツイのです。皇極時代は息子中大兄への〝中継ぎ〟として振る舞っていた女帝でしたが、重祚してからの斉明にたいしては筆致が変わる。なかなか中大兄に譲位しなかったからでしょう。

斉明の胸中、長男大海人に譲位する考えが兆していたのではないか……。これが実現すれば、母系の大王が誕生することになる。大海人か、中大兄か、決め切れない斉明。これを糾弾したい編纂者の思いが、別件ながら、異様に辛辣な批判記事につながったとみられます。

『日本書紀』最終段階で父系継承が明確に打ち出され、子の代に父系、母系両方の可能性を孕み躊躇していた斉明は疎んじられるようになったのかもしれません。それは中国に根深い儒教的「男尊女卑」観念の発動にほかなりません。それが朝鮮半島にとどまらず、我が国にも及んだということでしょう。

本書には推古、皇極（斉明）、持統、元明、元正と、五人六代の女帝が登場します。とくに皇極（斉明）と持統は自己主張がつよく、存在感を発揮していました。父系尊重・母系排除の儒教的観念が王権内にそれほど影響しなければ（如何せん、それが〝文明〟だった）、その後の王（皇）位継承のあり方は、また違ったものになっていたかもしれません。

最終的には父系継承による「万世一系」が定着しますが、その途上で母系を根拠として王（皇）位継承にむかう人物がいても不思議ではないのです。なお男尊女卑をいう儒教にたいして、道教は女性の優越性、母系の永遠性をいいます（福永『「馬」の文化と「船」の文化』）。

天智からの後継指名が罠である以上、大海人王が取り得る行動は唯一つ、在野の豪族たちを糾合して革命を敢行するのみ――。武力による王位簒奪です。天智の遺志を踏みにじり、軍事力で政権を奪取する。乱暴だが、自分の政権を確立するには、これしかない――。そう決断したのです。

前大王の遺志によって成立した直系王子を頂く政府を、前大王の実弟ではなく異父兄が武力で倒そうというのです。そして見事に大勝利をおさめるのでした（天武天皇）。

†鸕野王女のルーツ

大海人（天武）にたいし終始隠然たる影響力を発揮する、鸕野王女の出自にも触れておきましょう。

父は中大兄王子（天智）、母は孝徳王権における右大臣・蘇我倉山田石川麻呂の娘の遠智《おち》娘《いらつめ》。第Ⅱ部で触れたように（一八一頁）、〝板蓋宮の変〟にむけて仕組まれたともみえる縁組みから鸕野は生まれたのでした。ちなみに中大兄の長女は、同じく遠智娘を母とする大田王女で、大海人との間に大津王を産んでいた。血統的に二王女とも「蘇我氏濃度二分の一」（倉本『蘇我氏』)。〈反蘇我〉と〈蘇我〉、両方の血が等しくながれていたのです。もっとも、政治的にみればこの場合、〈蘇我〉の中身は〈反蘇我本家〉。

遠智娘の父である石川麻呂は讒言《ざんげん》により謀叛の罪を着せられ、六四九年に自経《じけい》に追い込まれた(山田寺の変)。六年前に竣工していた氏寺金堂前がその現場となりました(山田寺の建築については前掲『法隆寺の謎を解く』)。

自死の道を選び取ったにもかかわらず、遺体は無残にも切り刻まれた。もてあそぶかのような残忍なやり口。命じたのは中大兄王子、死んだ石川麻呂は中大兄の妻遠智娘の父です。遠智娘は哀れ、夫によって父をこのように辱められたのでした。

母遠智娘は悲嘆のあまり病の床に伏した。二年後に鸕野の弟を出産したものの、その後、間もなく亡くなる。父の所業により母を喪うことになった当時七、八歳の鸕野は、心に深刻な傷を負ったことでしょう。

それはやがて少女の胸の中に、父天智への恨みを芽生えさせたにちがいない。けっして表に出せない、しかし抑えるにも抑えきれない、鬱屈した感情。かの女の成長とともにこの思いは消えることなく、むしろつよまってゆく。憾みの感情は胸の底深くに沈殿していった……

さて母亡き後、鸕野は誰の下で育てられたか? 父方の祖母で、当時退位した王母(「皇祖母尊」=皇極)に引き取られたとみられている。これにともない鸕野は少女期を孝徳の難波宮、次いで斉明の飛鳥板蓋宮などで過ごしていた。鸕野の性格形成に祖母である皇極の影響は大きかったでしょう。

†蘇我氏の縁と〈反ポスト天智〉王権

大海人王と鸕野王女は大津から吉野に逃避する途上、嶋宮に立ち寄っていました。また壬申の革命に大勝利をおさめて飛鳥に凱旋した際も、大海人王は斉明の後飛鳥岡本宮にまっすぐ行かず、まず嶋宮に入っている。

——嶋宮は蘇我馬子の住んだ邸宅敷地に建て増しされた宮。皇極紀に「宮殿を嶋大臣の家に接《ま》ぜて起てて」とある。建築遺構には変遷が認められるが、馬子時代の方形の池が当時も残っていた（明日香村教育委員会ほか）。

さて、蘇我家本家を滅ぼした天智の遺児との決戦の前のみならず、大勝後にも、蘇我家の栄華を象徴する地に嶋宮を訪れて宿泊している。吉野入りの前は行程上、適地だったこともありますが、蘇我氏の地元というべき飛鳥で必勝祈願をしたのではないか。終戦後は大勝利の報告と感謝でしょうか（この時は三泊も）。

なぜ、蘇我氏との縁を窺わせるような行為に出ているのか、それが政治的に意味するものは一見、謎ですが、大海人王と鸕野王女の出自をみると、それほど唐突なことではない。

大海人王の父が用明の孫の高向王であったとすれば（すでに述べたように、その立場に本書は立っている）、大海人は用明の曾孫。用明の母（堅塩媛《きたしひめ》）は蘇我稲目の娘ですので、遠縁ながら大海人に蘇我氏の血が流れていないわけではない。

鸕野王女は比較にならないほど蘇我氏に近い（前掲倉本による「蘇我氏濃度二分の一」）。母が蘇我倉山田石川麻呂の娘であり、石川麻呂は蝦夷の弟の長男。蝦夷の長男入鹿とは本家と分家、同族内ライバルでした。

鸕野十三歳の時、父中大兄の主導により、大海人との婚姻関係が結ばれた。夫婦の血統上の地位をくらべると、大海人は用明の曾孫に過ぎず、天智王女の鸕野が格段に優位に立つ。大海人は鸕野から無言のプレッシャーを受けていたでしょう。

嶋宮への立ち寄りに話をもどすなら、これには巨大豪族蘇我氏との縁を再確認し、〈反ポスト天智〉王権の旗印の下、蘇我氏の地元である飛鳥の勢力を糾合する意図があったのではないか。事実、壬申の乱において飛鳥周辺も主戦場のひとつとなり、ここでも大友（ポスト天智王権）軍を撃破しています。

†王女の選択

ここで天智王女である鸕野の立場を考えてみましょう。大海人の妻として、父の遺志に反する立場に立たざるを得なかったと思われがちですが、じつはそういうわけでもなかった。

意外に思われるかもしれませんが、当時の王権では蘇我系が重用されていた。中大兄王子が先陣を切った〝飛鳥板蓋宮の変〟で絶たれたのは、すでに述べたように蘇我本家のみ。その他、傍系は王権内で生き延び、大臣を輩出するなどしていた。腹心の鎌足亡き天智晩年には、蘇我倉山田石川麻呂の二人の弟を左大臣と御史《ぎょし》大夫《たいふ》に起用するなど重用していたのです（蘇我赤兄《あかえ》、果安《はたやす》）。いずれも〝板蓋宮の変〟の実行者側で、かれらが大友王権の中枢に入っていました（赤兄は有間王子に変を起こすよう誘導した人物）。

鸕野王女の父は天智、母は蘇我。血脈からいってもこの際、大海人と訣別し、蘇我系氏族が影響力をもつ〈ポスト天智〉王権（＝大友王権）に留まる選択も大いにあり得ました。

なににもましてこの時、大海人の王権内での立場は非常に脆弱です。それはほとんど逃亡に近い。常識に照らせば、大海人と訣別して近江に残るほうがはるかに安全と思われていたでしょう。だが、数いる大海人の妃のうち、吉野行を共にしたのは鸕野だけでした。ここから見ても、尋常ならざる強靭な決意が窺えます。

これには鸕野の特殊な事情が反映しています。母方の祖父を惨殺し、結果、母の衰弱死までもたらした父中大兄への屈折した思いがあったにちがいない。父の遺したその直系王子の王権の一員になる気にはとてもなれなかったことは容易に想像されます。

鸕野が抱えていた心の闇にも気づいておくべきでしょう。さきに触れた、母に死をもたらした父への、少女時代から消しきれない恨みの感情……。二十八歳の今、それをそのまま引きずっていたとも思われませんが、しかし父最愛の遺児を亡き者にすることに、なんの躊躇も要らなかった。

鸕野が〈反ポスト天智〉王権の立場で行動したのは、本人の意思にもとづく積極的選択でした。果断にも彼女は、大海人王の決断力と実行力、とくにその軍事的才能に人生の全てを賭けた。今こそ勝負の時、と――

†兵力の確保

敵の目を逃れて、夜を徹して行軍をつづける（鸕野や少年王子草壁は輿《こし》に乗って途中、桑名まで）。途上、まず近江の大津宮にいた大海人別腹の長男高市《たけち》王十九歳が、日を置いて大津王が、それぞれ合流する（少年大津は輿に乗せられて）。密使を派遣し、落ち合うよう指示していたのです。大津の母は、今は亡き大田王女（鸕野の実姉、六六七年ころ没）。

やがて王位を競うことになる草壁と大津。十一歳と十歳のまだあどけなさの残る、この、父を同じくする異母兄弟を鸕野は複雑な思いで見ていたことでしょう。

行く先々で兵が澎湃《ほうはい》として起こり、その数が急速に膨らんだかのように『日本書紀』はいう。

伊賀、伊勢、美濃勢などから支援を得、とくに行軍四日目の尾張勢二万の合流が大きかった。最終的に総勢三万に膨れ上がった（大友軍も同数）。

必然のなりゆきで大海人軍が膨れ上がったかのように描くが、事前に何の準備もなく、そんなに事がうまくゆくはずもない。吉野に籠ってから天武は各地の有力豪族と周到に連絡を重ね、兵力の確保にむけて準備怠りなかったのです。

――天智の政治にたいし、地方豪族たちのあいだで不満のマグマが溜まっていた。外交面では白村江の戦い大敗北の後も唐・新羅との関係は不安定なまま、緊張関係がつづいていた。豪族たちにしてみれば、いつまた対外戦線に駆り出されるのか、全く見えない状況だった。

内政面でいえば、全国規模で本格的な戸籍が作られた（庚午年籍《こうごねんじゃく》、六七〇年）。具体的には土地や民に関わる各地豪族の既得権を取り上げ、中央で一括管理するためだった。これにより徴税や民の徴発の効率が格段に上がる。

しかし豪族たちは、既得権益の剥奪につながるこの措置に不満を募らせていた。国家システムの改革は大海人王も意図するところだが、それは権力を手に入れてからのこと。この場は豪族と折り合いをつけるに如くはない。

また、白村江の〝負の遺産〟というべき、性急かつ強引な飛鳥から大津への遷都も評判が頗る《すこぶ》悪かった。既得権益のある住み慣れた地元から引き剝がされて、縁もゆかりもない土地に移住させられたのだから、無理からぬことだ。

大海人王は、こうした外交・内政両面にわたる地方豪族たちの広汎な不満に目をつけ、天智政治継承の大友王権打倒にむけて、かれらを隠密裏に糾合したのです。そして長男の高市王に軍事の全権を付与するのでした。

†「天照大神を望拝」する

『日本書紀』は行軍三日目の朝、三重県四日市市を流れる「迹太川《とほ》」の川辺から「天照太神《あまてらすおほみかみ》を望拝」したという。従軍した舎人の日誌にも「天照大神を拝礼」したことが記録されている。こうした記事を以て、大海人王が伊勢神宮を遥拝したとみなす向きが多い。

そもそも皇祖神アマテラスとは後述のように、天皇を根拠づけるために天武・持統朝において創造され導入された神でした。壬申の乱が起きたこの時期、皇祖神アマテラスはまだ伊勢神宮にまつられておらず、その構想は大海人王・鸕野王女の胸中に温められている段階にあったとみられます。

伊勢の海上、雲間から射し昇る朝日を大海人王は遥拝し、光芒を放つ太陽霊の神々しさに向かって、おのれの胸中にある日の神を投影したのでしょう。

日の神、太陽神は世界の各地で信仰の対象となりますが、とくに我が国のように海に囲まれた島国にあっては、東の海上から昇る日の出が篤い信仰の対象となるのは道理といえます。行軍の途上、決戦を控え、あらためての日の出遥拝は、大海人必死の勝利の祈願だったにちがいない。

『万葉集』には壬申の乱の折、伊勢から神風が吹き、日中にもかかわらず暗雲に覆われて真っ暗になり、大友軍は怯え恐れて蹴散らされ、天武(=大海人)軍に大勝利をもたらしたと謳う歌があります(巻二)。伊勢神宮の偉大な神威を礼讃し、これに守護された天皇の栄光を称《たた》えているのですが、その一節はつぎのようです。

渡会《わたらひ》の　斎宮《いつきのみや》ゆ　神風に　い吹き惑《まと》はし
天雲《あまくも》を　日の目も見せず　常闇《とこやみ》に　覆ひたまひて(略)

「―ゆ」は、「―から」の意。持統朝の宮廷歌人、柿本人麻呂の作。朝廷の意向を的確に汲み取って存分に謳い上げるのがかれの役目。この歌を以て、当時の伊勢神宮に実体が具わっていたとはいえないでしょう。

†はためく赤旗

近江で最終決戦をむかえるのですが、興味深いのは、数万に膨れ上がった大海人軍が「赤色を以て衣の上に着く」と『日本書紀』にあることです。

また『古事記』序文には「絳旗《かうき》兵を耀《かがや》かして、凶徒瓦のごとく解けき」とある。「絳旗」とは赤旗のこと。赤旗をはためかせて押し寄せる大海人軍に、大友軍はひとたまりもなく瓦解し、敗走したというのです。

なぜ、ここで赤が強調されているのか？

中国のある有名な故事に因んでいるのです。それによれば漢王朝を開いた初代皇帝が赤旗をもちいていたといいます。大海人は、あたらしく王朝を開くのだとつよく意識していたのです。壬申の乱と我々は呼び慣れていますが、さきにも述べたように、大海人王の意識においてこれはまさしく、革命にほかなりませんでした。

――古来、中国には天命思想といって、天からの命を受けて皇帝が地上を治める、という思想があった。皇帝が不徳をなし、失政をおこなえば、革命によって王朝は交代する、言い換えれば、血統の刷新は大いにあり得る。場合によっては、あって然るべきとする（易姓革命《えきせい》）。これが父系の血筋をほとんど引かぬ大海人王にとって、自身の行為を正当化する論拠となった。

政権奪取後のことになりますが翌六七三年、朝鮮諸国から前大王への弔使は帰し、天皇への賀使のみを受け入れます。これまでの倭国の代替わりではまず見られない対応だけに、使者た

ちは驚いたことでしょう。済州島は耽羅《たむら》からの使者に、

「天皇、新に天下を平《む》けて、初めて即位す」

と伝えています（『日本書紀』、傍点筆者）。天皇はあたらしく天下を平定し、初めて即位したといっているのですから、天皇はまぎれもなく初代であり、革命が達成されたことをあきらかにするのでした。

革命しかなかった

血統のつらなりが正統性をなす我が国では、易姓革命の思想は受け入れられなかったとされます。確かに全体のながれとしてはそういえますが、天智の直系王子の首実検にまで突き進んだ大海人王の行動の根底には、あきらかに従来とは異質の、革命の意識がありました。

父は大王用明の孫で、大海人は曾孫であるにすぎない。母は大王斉明（皇極）だが、大王家に嫁いだのは自分を生んだ後のこと。従来の基準に照らせば、王位継承者として見劣りのする大海人王が権威と権力の頂点に立つには、置かれた状況からして、武力による革命しかなかった。

逆にいえば血統上、弱い立場の大海人王（天武）にとって、暴力をともなう易姓革命によってしか、自らを正当化できなかったのです。しかし武力で王位を簒奪するには自力ではとうてい足りず、広範な勢力を糾合する必要があった。それには当時の状況が格好の追い風となりました。先述した天智王権下の政治情勢を再掲するなら、

（一）無謀な対外戦争による深刻な国家的苦境と地方の疲弊
（二）これを乗り切るためでもあった強引な中央集権化政策
（三）これに対する諸豪族、庶民の不信・不満の鬱積

白村江の敗戦により列島を異様な軍事的緊張に陥れ、しかも膨大な犠牲者を出した責任を棚上げし、その上、中央集権化を強引に推進して全国を疲弊させた天智政治。これをそのまま引き継ぐ大友王権に強い逆風が吹いていたのです。それは王位簒奪を図る大海人にとって格好の追い風となりました。地方豪族を糾合するに十分な大義が立ったのです。こうした情勢を最大限に利用して、大海人王は革命へと突き進んだのでした。

†革命と天皇

振りかえって、『日本書紀』が天智王権下の大海人を「皇大弟」と呼び、後継の座が約束されていたかのように書くのは、ひとえに、大海人が武力によって達成した政権奪取の革命性を

オブラートに包み込むためでした。しかしその政権交代は、父系の王子の首を母系の王が取った戦いでした。

暴力革命であったことを認めてしまうと、天皇としての正統性が危うくなってしまいます。全ては皇祖神の定めたところからはじまることを示す「天孫降臨」神話も、これにつづく「万世一系」の天皇も成り立たなくなってしまうからです。それで『日本書紀』は、壬申の革命をあたかも必然であるかのように描くのです。

しかし、この革命の勝利をへて鸕野は皇后の座を得、さらには、そのはたらき故に天皇にまで昇りつめます（持統）。革命に勝利してこそ、天武のみならず持統の即位も可能となったのです。この武力革命なしには、天武も持統も、天皇位に就くことはあり得ませんでした。天皇の歴史の起点は、背反する危うさのうえに成り立っていたのです。

革命から生まれた天皇――
革命を全否定する天皇――

第9章　飛鳥凱旋

1　革命の成就

†斉明王宮の再利用――飛鳥への三度目の帰還

壬申の革命から半年余りが経った翌年の天武二年（六七三年）二月二十七日、大海人王は飛鳥浄御原宮にて即位しました（宮名は天武最晩年の六八六年）。ここに後世、天武という漢風諡号を得る天皇が誕生し、同時に、「正妃」鸕野を皇后とします。

天智が君臨していた近江の大津宮は打ち棄てられ、荒れるにまかされます。都は再び飛鳥にもどったのでした。大津宮跡の門や回廊遺構からは掘立て柱の抜き取り穴が見いだされ、これらは飛鳥浄御原宮に再利用されたとみられています。

――古代を語るうえで「天皇」という語をどの時点から使うかは判断が難しい。「天皇」号は天武の時代の途中からとみられるものの、その時期を確定することはできない。本書では、大海人即位の時点から天皇号をもちいることにする（皇后、皇太子もこれに準じる）。

天武が入った飛鳥浄御原宮は、全てがあたらしいわけではありませんでした。その具体的内容が発掘調査により、かなりあきらかになっています（橿原考古学研究所ほか）。

天武は母斉明が造営した後《のちの》飛鳥岡本宮をそのまま再利用して、居住と日々の政務に当てました。四周を塀で囲われたその範囲は東西約一五五メートル、南北約一九七メートル（本書では〝旧宮〟と呼ぶ）。旧宮は南北、約一対三に分割され、こぶし程度の礫が敷かれた南区画が政務ゾーン（狭いほう）、頭ほどのサイズの石が敷かれた北区画が天皇の居住ゾーン（広いほう）となっていました。

その下層には、これも斉明が建てた飛鳥板蓋宮が、さらにその下には舒明の飛鳥岡本宮とみられる遺構が部分的に見いだされています。下層遺構の発掘調査は上層にある遺構を破損しかねないので、十分な調査ができませんが、大王宮は建て替えられても、場所が変わっていないのです。これは大王への権力集中が進み、歴代遷宮が終わりに近づいている証しといえましょう。

†正方位の王宮

最初に建てられた岡本宮（六三〇～六三六年焼失）は建物の向きが西に約二〇度傾いていたと認められます。南東から北西に下がる土地の傾斜に倣ったのでしょう。ところが、その後に造営された板蓋宮（六四三～六五五年冬）では土地を平らにならしたとみられ、建物群は南北を基軸とする正方位にのっていました。焼失した板蓋宮の跡地には後《のちの》岡本宮（六五六年～）が、これも正方位で建てられました（林部『飛鳥の宮と藤原京』）。これが〝旧宮〟となったわけです。また、振りかえれば〝板蓋宮の変〟をへて造営された難波宮も正方位にのっていました（第Ⅱ部）。

伽藍のみならず王宮までもが、なぜ正方位をとるのかといえば、これは仏教によるというよりは、天にあって不動と見える北極星を基準とし、〈南―北〉を世界の中軸とする、中国古来の思想によるものでした。その受容こそ文明化の証しだったのは、当時において否応もない事実なのです。

中国では今でも北京などに見るように、王宮から都市にいたるまで、南北を基軸とすることが古来多く、「天子南面す」が大原則とされていました。天子は皇帝、我が国でいえば天皇。天子は北極星の下、南に向くのでした。

†「岡本宮の南に……」

『日本書紀』によれば、即位に先立って大海人は、

宮室《おほみや》を岡本宮の南に営《つく》る

ここにいう「岡本宮」は後飛鳥岡本宮のこと。発掘調査の結果、あたらしく「営《つく》」られた「宮室」遺構が旧宮の南側、北西に下る飛鳥川右岸から見いだされました。といっても内郭の中軸線から、かなり東に外れています（〝東南郭〟あるいは〝新宮〟と呼びましょう）。このような配置は王宮として変則的ですが、飛鳥川が斜めに流れているため、敷地を確保するために、そうせざるを得なかったのでしょう。苦肉の策です。

四周を塀で囲われた〝東南郭〟の範囲は東西約九四メートル、南北約五五メートル。その中央にあるあたらしい大型建物は東西約二九メートル、南北約一五メートルで、旧宮のどの建物よりも大きい。

この大型建物は南側の庭に面して幅三・三メートル、奥行二・四メートルの巨大な階段を三つもち、庭からの高さは二メートルほどあったと推定されます。床の高さは格を表しますので、

建物の格も高いものでした。庭は、床から階段の先端までが石敷き、そこから塀まで約一五メートルが礫敷きで、奥行がやや浅い。これも敷地の制約からといえます。
旧宮も新宮も、石が敷き詰められた庭に建つ宮殿でした。それはあたかも、浄められた河原に建つかのようなイメージだったのではないか。天武の飛鳥浄御原宮は、共通のイメージをもつ旧宮と東南郭、新旧二つの宮の複合体だったのです。

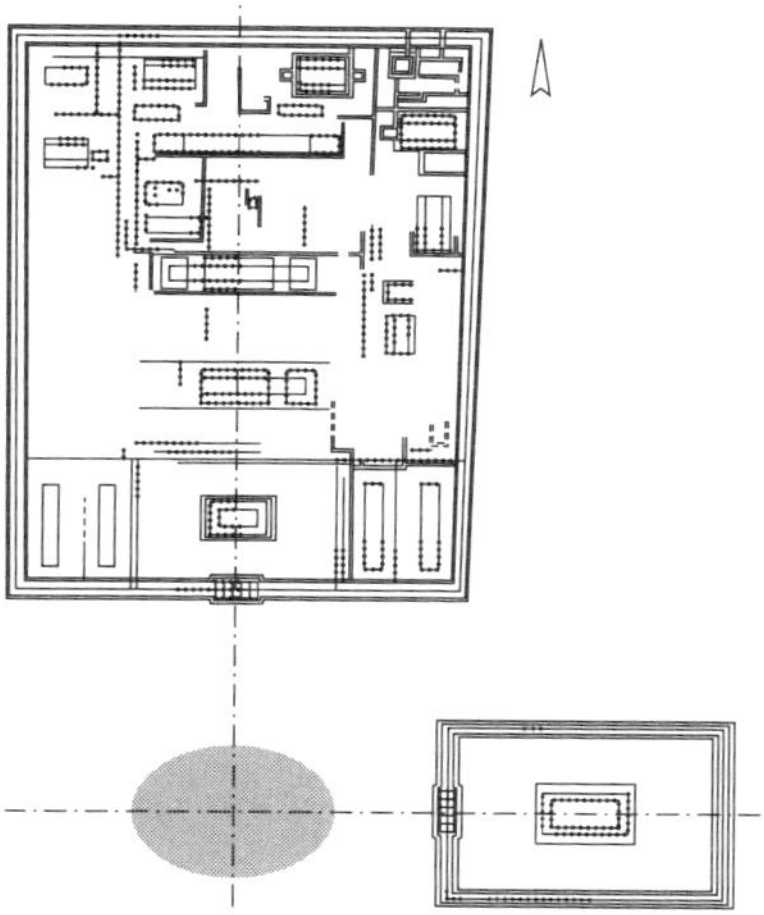

飛鳥浄御原宮／配置復元図（林部均『飛鳥の宮と藤原京』より作成）

興味深いことに、旧宮の正門が大陸伝来の正規のかたちに則って南に向くのに対し、新宮の正門は異例にも西に向いていました。新宮に南門はなく、それでいながら中央の大型建物自体は南に向いているのです。

新宮における建物と門の関係がチグハグのように感じられますが、これは二つの宮を行き来する便を考慮してのこと。つまり新旧二つの宮は一体のものとして機能したのです。

なお周辺にも施設が付随していました。全体を囲っていたとみられる塀も部分的に確認されています。また、どの建物も全て掘立て柱でした。

✝大極殿の前身？

さて、即位の時点で大型のあたらしい「宮室」が旧宮の東南に出来たわけですから、当然そこで即位式がおこなわれていたかと思われます。ところが、

> 天皇、有司《つかさ》に命《みことおほ》せて壇場《たかみくら》を設けて、飛鳥浄御原宮に即帝位《あまつひつぎしろしめ》す

とあり、屋外に壇を設置して即位しました。歴代大王はあたらしい宮の地にその都度、壇をもうけ、登壇して即位するのが、およそ慣行となっており（拙著『伊勢神宮の謎を解く』）、天武はこれを踏襲しています。

後述するように『日本書紀』には六八一年、浄御原宮の「大極殿《おほあんどの》」で天武天皇が皇后をともない、律令制定の方針を発する場面があります。この「大極殿」とは、浄御原宮でどの建物より大きい、新宮中央の大型建物（＝「宮室」）のことと考えられます。しかし、今みたように、そこで即位式はおこなわれていなかったようなのです。

それでは即位式の際、浄御原宮の一体、どこに壇を置いたのか？　おそらく旧宮の南正門からの中軸線と、新宮の西正門からの中軸線とが交差するポイントだったのではないか。『日本書紀』が「大極殿」と表記する「宮室」は、依然として掘立て柱によるもの。しかも敷地の制約から、変則的な位置に配置されていました。

そもそも即位式がおこなわれない「宮室」を大極殿と表記するのは無理があります。飛鳥板蓋宮の場合と同じく、ここも過剰表現とみられます。のちの藤原京、平城京などで大極殿《だいごくでん》と中国風に呼ばれる建物は、瓦葺きで礎石立ちであり、用途も即位や朝賀など国家的儀礼に特化されます。浄御原宮の「宮室」は「大極殿」的なあり方を模索しつつも、そこまでいたっていなかったのでしょう。

母系で天皇

飛鳥浄御原宮に見られたように、全て一新するのではなく、新旧二つの宮を複合させるのは異例なことでした。そこには、時間とコストのカットという、現代人がすぐ思いつくような理由にとどまらない、天武天皇の深謀遠慮があったと思われます。

母体となった後飛鳥岡本宮は生母の斉明が建てた宮であり、そこで斉明が政務を執り、生活をしていた。当時、兄から弟への王位継承はあり得ましたが、弟から兄へ、しかも母方で――、というのは極めて異例です。

このハードルを越えるために天武は、自分が母斉明につらなる天皇であることを、建築をもちい、目に見える形で強調したのです。すなわち女帝が居住し執務した宮を再利用し、これに新宮を増設して全体を天武王宮、飛鳥浄御原宮とする。天武は地上の現実である建築で直接、自らの正統性をアピールするのでした。そこに言葉は要らなかった。

天智には〈舒明―斉明〉を両親にもつという、これ以上ないバックボーンがありましたが、天武にとっては母斉明の存在こそ、頼りにし得る最大のよすが、拠りどころだった。

このころ不文律として父系優先の観念が作用していたものの、後世ほど縛りがつよくなかったとみられます。母が大王――、これを根拠とする天皇が存在し得ることを、建築物という動かぬ現実によって既成事実化し、明証したのです。

†なぜ女神が皇室の祖先神？

母斉明の宮を前提としつつ、それを取り込んだかたちで構築された複合体、飛鳥浄御原宮の存在。言葉を弄さずとも、それが有無を言わさぬ説得力を生むのでした。

その時、天武天皇の胸中に「皇祖母尊《すめみおやのみこと》」像が立ち上がっていた……。皇祖母尊のモデルは、もちろん母、斉明（皇極）天皇。皇祖神アマテラスが成立する前の段階です。ここには母が一家の芯、一族の要になる、母系社会に根付いた女神信仰の残り香が漂っています。〝国母《こくも》〟的イメージを抱かせる「皇祖母尊」は、昔から伝わっている素朴な女性太陽神と重なるのではないか。それなら、女帝を母にもつ自分の即位は十分にあり得るのだ。

いや、タブーを打破するには、言葉はかえって邪魔になる。ここは論より証拠、あたらしい宮は母斉明の宮をベースとして王権の継続性を強調し、さらに、大規模な正殿を建て増して新王権の樹立をアピールしよう。

斉明の息子である自分の即位はあり得る現実なのだ、ということを既成化、視覚化したのです。そこには建築が地上の現実として存在することの、言葉では成し得ない圧倒的な、有無を言わさぬメッセージがありました。

建築ならではの効能――。かなり乱暴ですが、現実政治がもつ、忘れてはならない一面です。政治の世界における建築の存在感、その効果、影響力は古代では現代以上に、はるかに大きかったのです。

天武の正統化を盤石にするには、女神を皇祖神に立てることがきわめて有効でした。祖先神を女性とするこの方針は、鸕野皇后の立場も強化することになり、大いに望むところだったでしょう（あるいは鸕野の発案だったか）。

実際、〈皇極―斉明〉と史上初の重祚をなし遂げ、二期九年にわたって国を統治し、王位を離れた間も皇祖母尊と崇められたこの女帝を、教科書をはじめ通説は、従来あまりに軽視してきたのではなかったか。舒明以降、天皇制に向かう紆余曲折のなかで王（皇）統が整えられたのは、この女帝の存在あってこそ、と思われます。

――『皇室典範』で天皇は「男系の男子」と規定されているが、皇室の祖先神が女神であることと矛盾しているのではないか？　そういう声を今日、よく耳にするが、壬申の革命をへて即位した天武にかかわる以上のような天皇誕生の事情が疑問を解く糸口になるのではないか。さらには後述するように天武の没後、皇后が天皇となり、皇祖神として振る舞うには、皇祖神が女神であることがこの上なく有利にはたらいた。

2　伊勢神宮の整備

†一新される正統性のありか

大海人王は首尾よく革命に勝利し、斉明王宮であった旧宮に新宮を加えた飛鳥浄御原宮を構えて皇位に就いた（天武）。しかし、それだけでは十分ではない。前大王の遺志を踏みにじり、軍事力の行使によって獲得された地位と権力であるだけに、あらたな正統性を打ち立てる必要がありました。

大海人王は新政権の拠って立つ基盤、その論理を、自ら構築しなければならなかったのです。この難関をクリヤーするには、そもそも王権の正統性とは何なのか、その考え方の枠組み、イデオロギーそのものから構築してゆく必要があるのでした。

それには新政権の正統性をあらたに構築するのがベストです。そこで創出されたのが、
（一）皇祖神に根拠づけられた天皇、というあたらしい観念のあり方、イデオロギー
（二）皇祖神の存在を明証する、その御所としての伊勢神宮の整備
という構想でした。皇祖神に女神が立てられたところに、天武・持統朝にながれる特殊な事情が窺えます。

伊勢神宮の“再スタート”

さて即位して早々の四月、天武は伊勢神宮に仕える斎王として愛娘の大来皇女（大伯皇女とも）、当時十三歳を任命します。それまでの約五十年間、舒明以降の歴代大王は伊勢神宮に斎王の派遣をしていなかったのです。当時の王権は伊勢神宮と疎遠であった印象が否めませんが、これが一新されるのです。

大来はまず「泊瀬斎宮」にて禊《みそぎ》をおこないます（第Ⅰ部で触れた脇本遺跡の一部か）。そして

禊の期間をへて翌年十月、伊勢に赴くのでした。

　この間、一年半が経過していますが、伊勢神宮の建築的整備をおこなうにも十分な時間があったといえます。天武は伊勢神宮を皇祖神の宮として、祭祀・建築の両面を整備したとみられるのです。斎王任命のなされた六七三年から、伊勢神宮の〝再スタート〟期間がはじまっていた。そして斎王が派遣された六七四年には、伊勢神宮の主な建築的整備はほとんど済んでいたとみられます。

　ここに単なる国家神ではない、皇祖神なる神が発明され、その子孫として天皇という現人神《あらひとがみ》が受肉し誕生する。皇祖神と天皇との関係を祭祀において顕現するのが皇祖神に仕える皇女（＝斎王）。そして皇祖神の所在を具体的に表すのが、これをまつる伊勢神宮なのです。こうして天皇という存在は、豪族間の談合によって決まる相対的な存在ではなく、高貴なる唯一の血統によって裏打ちされる、至高の存在となる。

　飛鳥浄御原宮の従来にないありようを含め、ここまで準備万端、用意周到なところを見せつけられますと、以上のような性格をもつ〝皇祖神〟構想は、隠遁していた吉野を発つ前から大海人王、鸕野王女の胸中に芽生えていたのではないか。

†社殿の整備

六七三年に伊勢への斎王派遣を決定したのと軌を一にして、伊勢神宮社殿の整備がはじまったのはほぼ間違いないでしょう。というのは、前述のとおり舒明以降の約五十年間、歴代王権が伊勢神宮にかかわった形跡が見られないため、茅葺き、掘立て柱の社殿はかなり荒廃していたのではないか。

『日本書紀』において「伊勢神宮」という表記は五八五年、用明による斎王派遣記事に初出しています（歴史的リアリティを欠く箇所は別として）。それ以前は「伊勢の祠《まつり》」あるいは単に「祠《やしろ》」と表記され、ささやかな祠《ほこら》であったことを窺わせます。

用明の代における伊勢神宮にまつられた神の名は「日神《ひのかみ》」。太陽霊ともいうべき自然神で、まだ皇祖神とはいえません。

舒明以降の王権下で五十年にわたって空位となっていた斎王の派遣、そして社殿の整備。これによって伊勢神宮の格は急速に上昇しました。そこには血縁的には遠いとはいえ、用明との関係をアピールしたいという天武なりの意思があったのかもしれません。

さて天武天皇によって整備された伊勢神宮とは、どのような社殿であったのか？

じつは当時の社殿に関する直接の史料は、考古学的にも文献的にもありません。しかし伊勢神宮には式年遷宮という、定期的に建て替える制度があるから、現在と同じものが建っていたのだろうと漠然と思いこまれているに過ぎないのです。

ところで二〇一三年に挙行された式年遷宮の際、二十年に一度なされるこの制度によって、あたらしい社殿が寸分違わず発祥当初そのままに建て替えられた、という情報がテレビ、ネット、新聞、雑誌など、あらゆるメディアをとおして駆けめぐりました。以前から根づよくある思い込みが、相変わらず繰りかえされたのです。

事実をいうなら、社殿の現状は、式年遷宮を重ねるなかで、建物規模からして発祥当初から大きくなっている。伊勢神宮の建築に特徴的な千木《ちぎ》や堅魚木《かつおぎ》、掘立て柱などの部材も古代・中世を通じて段階的に寸法を増していた。中世末期に式年遷宮は百三十年近い中断を余儀なくされましたが、近世初めに復興。その際に定められたあり方がほぼ受け継がれているのが現状なのです。つまり、発祥当初のまま、というのは現実とかなり乖離があります。

伊勢神宮の社殿に関する最古の史料は八世紀半ば、奈良中期・天平時代のもの。これによれば、天武天皇の曾孫である聖武の代になっても、伊勢神宮の社殿は現在とくらべてかなり華奢で、飾り金物の使用もきわめて限定的。千木や堅魚木に飾り金物は付いていなかったのです。

コントラストも鮮やかに、茅葺き屋根の上で金色に輝く千木や堅魚木――。その燦然と輝くさまは現代の我々にとって、伊勢神宮を代表するイメージのひとつといえますが、そうなったのは平安中期、十一世紀前半から。当初からのものではありません。

また、茅葺き屋根も現在はたいそう分厚く存在感を増し、かつ、繊細に仕上げられている。しかしかつては、今ほどの厚さではなかった。工芸品のように先端を綺麗に切り揃えられることもなく、茅はボサボサだった（室町前期の古文献から）。

†神宮社殿に保たれてきたもの

駆け足で概観しましたが、現在の社殿は規模といい、仕上げといい、雄壮かつ煌《きら》びやか、随分と立派になっている（変遷の詳細については拙著『伊勢神宮と天皇の謎』）。

したがって、社殿の現状からストレートに当初の姿を想定することはできない。一体、何が踏襲され、保持されてきたのか。『日本書紀』にいう「祠」の段階から現在にいたる過程のなかで、保持されてきたものがポイントとなります。

（一）茅葺きの屋根（千木・堅魚木をふくむ）
（二）掘立て柱（棟持ち柱をふくむ）
（三）高床式

前二者は当時においてごくふつうの材料であり、工法だった。千木・堅魚木や棟持ち柱はその後、神宮建築の象徴となりますが、当初は構造上・施工上の合理性があったのです。

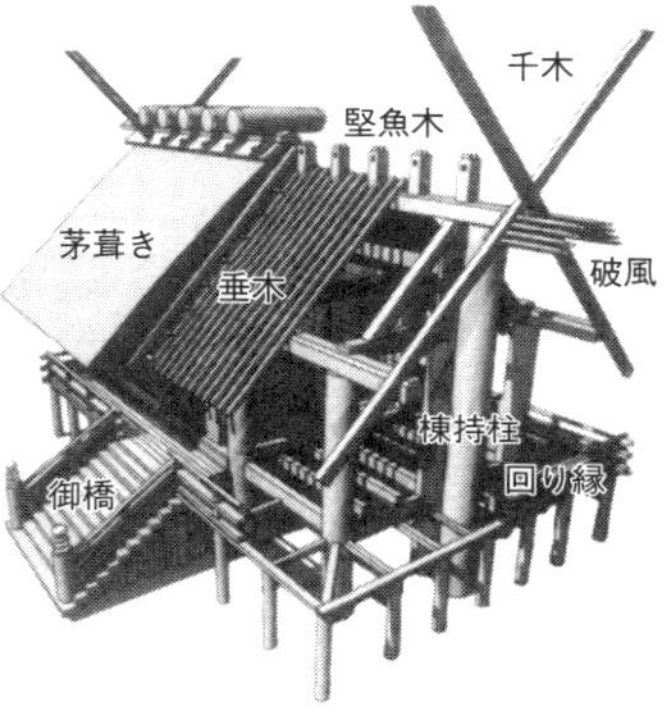

現在の伊勢神宮内宮正殿／部位説明図
（『週刊日本遺産 伊勢神宮』より）

三番目の特徴は大王をはじめ有力者の住む住居、そして宝物や稲を納める倉に一般的な形式でした。高床は湿気対策に有効なだけでなく、ステータスを示すものでもありました。

このように、昔から伝わる旧来の材料・工法をもちいつつ、ハイグレードな形式を採ったところに、伊勢神宮〝再スタート〟の深謀遠慮があった。まつられたのが途方もなく古い由来をもつ神であることを目に見える形で提示したのです。

†あえて古く、不合理なものを

伊勢神宮社殿の柱は全て掘立て柱。地面に深く穴を掘り、そこに柱を落とし込んで立てる縄文以来の工法です。このやり方は手っ取り早くはあるが（地上に柱を垂直に立てるのは、そう容易くはない）、しかし柱の地中部分が直に土に接するので、腐食をまぬがれない。大陸伝来の伽藍建築では、地面に据えた礎石の上に柱を立てる。こうすれば、柱が腐ることもない。もちろん、屋根は瓦葺きです。

伊勢神宮〝再スタート〟が進行していた六七〇年代当時、既述のように飛鳥寺は建立されていたし、法隆寺は〝新創建〟の途上にあった。これらはいうまでもなく、礎石工法によっていた（五重塔心柱だけは掘立て柱）。

ところが、そういう合理的な工法には目もくれず、というか意識的に無視して、伊勢神宮では旧来の工法に依っている。耐用年限に問題のある掘立て柱をあえてもちいているのです。また茅葺きも、もちがわるく、定期的な葺き替えを余儀なくされる。

このような社殿のありようは、時代遅れをものともしない、確信的なものでした。

それはなによりもまず、皇祖神の御所である伊勢神宮が大昔からずっとつづいてきたことを具体的に証するためだった。皇統は神代にはじまったというストーリーを、目に見えるものにしたのです。実際、大陸伝来のあたらしい工法で造った伊勢神宮では、皇統の悠遠さをいったところで説得力をもたない。それでは絵空事になってしまう。そこに天武・持統の深い洞察がありました。

しかし飛鳥浄御原宮に関連して述べたように、この時点で想定されている皇祖は、天武の母で鸕野の祖母の皇極（斉明）をモデルとする皇祖母尊。祖先神的性格を帯びながらも身近な存在で至高性を欠き、その位置づけは明確とはいえません。もっとも、一元的でなく多様性を包みこむのは列島特有の性格とも思われます。

第10章　藤原京建設

1　恒久の都へ

†天皇制律令国家へのあらまし

武力革命をへて皇位に就いた天武は、方針を一八〇度転換します。易姓革命を認めたなら、今度は自分の身を危険に晒すことになりかねません。そこで、自分の起こしたことが、今後二度と繰りかえされないよう、揺るぎない体制の構築に全力が注がれます。革命をへた後は革命をけっして許さない、革命なき体制の実現に邁進するのです。神話、法令、建築そして都市と、観念から現実にいたるあらゆる方策を尽くして——。詳しくは後述しますが、ここで概観しておきましょう。

――六七三年、斎王の派遣決定を契機として伊勢神宮の整備がはじまった（翌年、出立）。天武没後の六九〇年に持統が伊勢神宮第一回式年遷宮を挙行。

六七六年、天武が藤原の地に「新城《にいき》」の建設を模索。この時は着工を見送ったと『日本書紀』にあるが、該当する工事の痕跡が近年の発掘調査で確認されている。

六八二年には道路・側溝工事が本格化し、天武が没する六八六年までつづく。この「新城」がやがて持統により、我が国初の碁盤目状計画都市藤原京（新益京《しんやくのみやこ》）に発展する。そこは〈天武―持統〉朝の後継天皇が代々君臨する都であった。

また、六八一年には天武が鸕野皇后と共に「律令」の作成を指示している。それは天武没後の六八九年に持統によって諸司に配布された（飛鳥浄御原令）。大陸に範をとった法令であり、一律的な統治がもくろまれたが、そこに我が国特有の〈天皇―皇太子〉制が織り込まれた。

こうした試みの数々をとおして中央の権力および権威が飛躍的に強化されてゆきました。〈天武―持統〉朝において、権力と権威を兼ね備えた天皇制律令国家の骨格が築かれるのでした。

天皇は権威をもつが権力をもたないとよくいわれますが、草創期にあっては当てはまりません。武力革命をへて皇位を開いた天武にとって、軍事にもとづく権威と権力こそ、政権のよって立つ基盤でした。「凡《およ》そ政要《まつりごとのぬみ》は軍事《いくさのこと》なり」という詔（六八四年）がこのことを如実に物語っています。

天皇制律令国家を目に見える形で三次元化し、権威と権力を象徴するのが藤原京であり、その中核の藤原宮でした。天武亡き後、工事が再開され、そして六九四年、藤原宮への持統遷居がなされました。

さらには七〇一年、大宝律令が完成する。こうして律令国家が歩み出します。そこにおいて藤原京と大宝律令はセットの関係にありました。なお「日本」という国名がいつ成立したかについては諸説ありますが、大宝律令においてとみるのが有力です。

そもそも律令とは中国発祥ですが、中央集権を前提とし、中央から支配圏全域にわたって一律に発せられる法令でした。国を統治する技術としてこれを有効化するには、それなりの素地が必要でした。個別をこえた普遍性を有する仏教がその地ならしと浸透促進の役割を果たしました。

また、談合によって大王を決定する豪族連合的段階から、中央集権的な天皇制への転換においても、普遍的価値をいう仏教の果たした役割は無視できないものがありました。

†現人神の出現

六八一年には『日本書紀』の編纂事業がはじまっていました。『古事記』の編纂開始もこのころとみられます。こうして神話と歴史の構築が進行してゆくのです。

これらは革命を正当化するために、皇祖神の子孫である天皇という、全くあたらしい概念「現《あき》つ御《み》神《かみ》」（＝現人神《あらひとがみ》）を打ち出し、これを文字化して現実を補強する試みでもありました。それまで大王と呼ばれてきた存在は、神をまつる者のうちでもっとも神に近いといえました。しかし神の子孫ということになると、これは神話と現実の政治が綯《な》い交ぜになったあらたな展開です。壬申の革命に勝利したからこそ説得力が出てきたのでしょう。

今列挙した個々の具体的な事績の背景に、あたらしい政治的イデオロギーがはたらいていたといえます。

すでに「幕間その一」で触れたように、「天皇」呼称が推古、あるいは天智の代までさかのぼる可能性を否定するものではありませんが、天皇が現実の政治過程のなかで皇祖神の子孫とされ、実効性をもつにいたったのは、天武朝からとみられるのです。

仮に推古、あるいは天智の代まで「天皇」の初出がさかのぼるとしても、〈皇祖神—天皇〉の概念的枠組みにささえられ、「天皇」の実質が具現化されたのは、やはり壬申の革命をへてからだった、というしかありません。

ただし、このような発想が全て天武のものだったとはいいきれません。前面に立って行動したのは大海人王だったでしょうが、その発想には鸕野の存在を考えないわけにはいかないのです。

なお現人神を意味する「明神《あきつみかみ》」「現為明神《あきつみかみ》」が『日本書紀』孝徳紀に初出しますが、これは当時もちいられたというよりは、のちの用語を編纂者がさかのぼって適用したとみられます（岩波文庫版、補注）。

†勝利して十年

〈天武―持統〉朝において天皇制律令国家「日本」が成立したことは現在、ほぼ定説化しているといえますが、これにむけて、わけても画期となった年があります。『日本書紀』によれば、革命に勝利して数えで十年の天武十年（六八一年）、満を持して時代を画する国家政策が矢継ぎ早に打ち出されます。

革命後の国内秩序の回復は滞りなくなされているし、対外情勢についていえば六七六年に新羅が半島を統一し、唐軍はすでに朝鮮半島から撤退している。唐はその後、反攻を意図するも結局断念せざるを得ない状況にある。東アジアの軍事的緊張がやわらぎ、いよいよ革命の総仕上げにむかう本格始動の時がきたのです。政策の要点を順次挙げましょう。

†全国の神社を統制下に

正月二日、幣帛《いはひのみてぐら》を諸《もろもろ》の神祇《あまつかみくにつかみ》に頒《あかちまだ》す
同月十九日、畿内《うちつくに》及び諸国《くにぐに》に詔《みことのり》して、天社地社《あまつやしろくにつやしろ》の神の宮を修理《をさめつく》らしむ

まず国家の神祇政策が断行された。各地の豪族を朝廷に呼び出し、天皇霊の宿る幣帛を頒け与えたのです。豪族は地元に帰り、朝廷から押し戴いた幣帛を自分たちのまつる神々に捧げる。すなわちこれは神祇政策をとおして、天皇が豪族の上に君臨する存在であることを体感させる儀式でした。同時に、天皇霊が各豪族のまつる神々より上位にあることを周知させるのでした。

次いで各地の豪族にたいし、神社の造営を命じる詔が発せられる。「修理」には新築の意味と、現代語における修理の意味の両方があります。すでに「神の宮」が建っている場合は改修を（少数の限られた例）、そうでない多くの場合は新築を意味しました。

それまで多くの豪族首長は居館の内外で自分たち独自の神々をまつっていましたが（自然界の神々や祖霊神）、「神の宮」に特化した建物は少数でした。まつる側の頂点に立つ各首長は、一族にとって神にもっとも近い存在となります。とくに首長の居館内部でおこなわれる祭祀は外から見えず、朝廷にとって不気味なものがあります。

そうした祭祀を全て外在化させる、つまり居館の外に出して、外からの管理を容易にする。

このような目的の下、詔が発せられたとみられるのです。これが大きな切っ掛けとなり、各地に神社が建てられるようになった。現代の我々がふつう思っているよりも、社殿をもつ神社という存在は、意外とあたらしいのです。

†「律令を定め、法式を改めむ」

翌二月、天皇・皇后、共に大極殿に居《おは》しまして（略）、詔して曰はく（傍点筆者）、

「朕、今より更《また》律令を定め、法式を改めむと欲《おも》ふ」

是の日に、草壁皇子尊を立てて、皇太子とす

ここにいう「律令」とは、八年後の六八九年に配布される飛鳥浄御原令を指します（律令は、国家制度法である令と刑罰法である律からなるが、この時制定されるのは令のみ）。

浄御原令によって「皇太子」が初めて法令化されます。「是の日に」草壁を皇太子にしたという『日本書紀』の記述を信用すれば、法令化以前に皇太子としたことになりますが、後継決定を急いだのでしょう。草壁皇子、二十歳。鸕野のつよい意思を、この時、天武は呑んだのです。これを固めるための律令制定の方針決定だったのか。

さらに翌月、この時も天武は飛鳥浄御原宮の「大極殿」にて、『日本書紀』の編纂を命じる。全国に神社を整備させ、天皇を頂点としつつ唐帝国にも通用する体系的法令を定め、国家のアイデンティティを裏付ける歴史書を編纂する——。こうして、いよいよ天皇制律令国家・日本の誕生にいたりますが、その途上、天武は六八六年に飛鳥浄御原宮にて病没してしまう（『日本書紀』では享年不明、『本朝皇胤紹運録』など中世文献では六十五）。

†天武の没後に

『日本書紀』が完成する前に没したことによって、英雄的天皇天武は、思わぬ痛手を被ることになりました。後半段階の編纂を完全に他者の手にゆだねることになったからです。他者とはほかでもない、皇后であった持統であり、最終的には持統臣下であった藤原不比等。天武関連記事に作為的な加筆や削除がなされ、さらには膨大な持統紀が付け加わることになりました。『日本書紀』は養老四年（七二〇年）五月に完成しましたが、これを見届けるように不比等は三カ月後に没します。

〈天武―持統〉朝に天皇制律令国家「日本」の誕生を見るのは古代史学ではほぼ定説化しています。さらに踏み込んでいえば、これから見てゆくように、まさに持統朝において「日本」という国家も国号も誕生した、といって過言ではありません。この意味でいうと、天武朝は「日本」が誕生する手前の、産気づいた段階だったといえるでしょう。

持統の底力

天武没後、持統は天武をこえて、一段と大胆かつ強硬な路線を打ち出すのでした。さかのぼれば従来、天武の事績とされてきたものも、天皇・皇后による合作、すなわち〈持統の頭脳＋天武の行動〉だったともみられるのです。

「正妃」だった鸕野が天武の「皇后」に立ったのは、壬申の乱の翌年のことでした。『日本書紀』につぎのような記事が見えるのは示唆的です（「持統天皇称制前紀」）。

> 皇后、始《はじめ》より今に迄《いた》るまでに、天皇を佐《たす》けまつりて天下を定めたまふ

「始より」とは壬申の乱の当初から、とみていいでしょう。皇后（大后）が天皇（大王）をサポートするのは当然としても、ここまで表に出して特筆するのは異例です。そしてこの文の前には、壬申の乱における鸕野と天武の関係について驚くべきことが書いてあります。

> 与《とも》に謀《はかりこと》を定む

鸕野が天武と共同して作戦を決めた、といっているのです。『日本書紀』が皇后のはたらきを軍事にまでひろげるのは異例中の異例。もっとも鸕野は行軍途上の桑名にとどまっており、そこまでいうのは過剰表現かもしれません。持統の意思にもとづく潤色ともいわれます。しかしながら軍事に臨んでも皇后のカンの冴え、論理立ての鋭さ、居住まいの迫力には並々ならぬものがあったのでしょう。

〈鸕野―持統〉が〈王妃―皇后―天皇〉とたどる軌跡は、古代日本における「中天皇」の傑出した発展形と見なすことができるかもしれません（一六八頁）。すくなくとも、天武の事績とされることに皇后のはたらきがかなりあった可能性を念頭においておきたい。

†恒久の都へ――天皇アイデンティティの強化

我が国古代の王権では代替りごとに王宮を遷して建て替えることを常としていました。列島固有の、およそ他に例を見ない〝歴代遷宮〟と呼ばれる慣行です。

大王の代替りごとに繰りかえされる歴代遷宮は王権の更新と蘇生をアピールしました。その一方で、王権の継続性において不安定な面を併せもちます。代替りにおいて、有力豪族が次の大王を選ぶ権限が前提とされていたからです。

長期にわたっておこなわれていた歴代遷宮でしたが、七世紀も半ばころから、権力の継続に執念を燃やす大王が徐々に力を増し、終息にむかうようになる。舒明以降の王宮を振りかえっておきましょう。

――六四二年に即位した皇極は、前大王舒明の飛鳥岡本宮跡地を造成しなおし、あらたに宮を建てる（翌年完成し遷居、飛鳥板蓋宮。六四五年、ここで宮中テロが起きた）。従来の歴代遷宮では場所も変わるのが常であり、これは大きな変化だった。同じ場所を選んだことは、舒明にはじまる王権のアイデンティティ、その継続性をつよく主張した（八角墳も舒明陵からはじまった。これを主導したのも皇極だった）。

その後、六五五年に再び即位した斉明天皇（＝皇極）は、飛鳥板蓋宮が焼失したため、同じ場所にあたらしい宮を建てた（後《のちの》飛鳥岡本宮）。これが天武の飛鳥浄御原宮に発展した。〈飛鳥岡本宮―飛鳥板蓋宮―後飛鳥岡本宮―飛鳥浄御原宮〉と、四つの宮が同じ場所に重層的に営まれたのだ。

斉明後継の天智は都を飛鳥から近江大津に遷したが、六七二年に壬申の革命が勃発。これに勝利した天武天皇は飛鳥に帰還し、母・斉明の後飛鳥岡本宮に入る。そして天武は新宮（大極殿）を増設したのです。

つまり舒明以降、皇極（斉明）の代から歴代遷宮が変容しはじめ、同ヽ一ヽのヽ場所における宮の建て替えが繰りかえされるようになっていた。さらに天武の代になると、建て替えることなく再利用し、これに増築をおこなう。これは皇（王）統の発展的継承を強調するものでした。

それは、天皇（大王）への権力および権威の集中を意味しました。その決定打となったのが、天武・持統による日本初の碁盤目状（条坊制）都市の建設でした。王権継続に不安を残す歴代遷宮からの完全なる脱却を意図し、その基盤を盤石にするものだったのです。

2 藤原京の建設

†新城、次いで新益京——藤原京の経緯（一）

さきに触れたように天武天皇は六七六年、狭い飛鳥盆地から北に三キロほど、広い奈良盆地の東南部に進出し、碁盤目状の街区割りからなる条坊制都市の建設を企てました。『日本書紀』は、当初は「新城」、次いで「新益京」と表記します。

六八六年に天武が没し、工事は中断。皇后であった持統が六九〇年に即位しますが、その翌年に「使者を遣わして新益京に鎮め祭らしむ」、つまり地鎮祭をしたとの記事があります。これが「新益京」の初出です。この語の意味は、飛鳥に新たに益された京。今日では一般に藤原

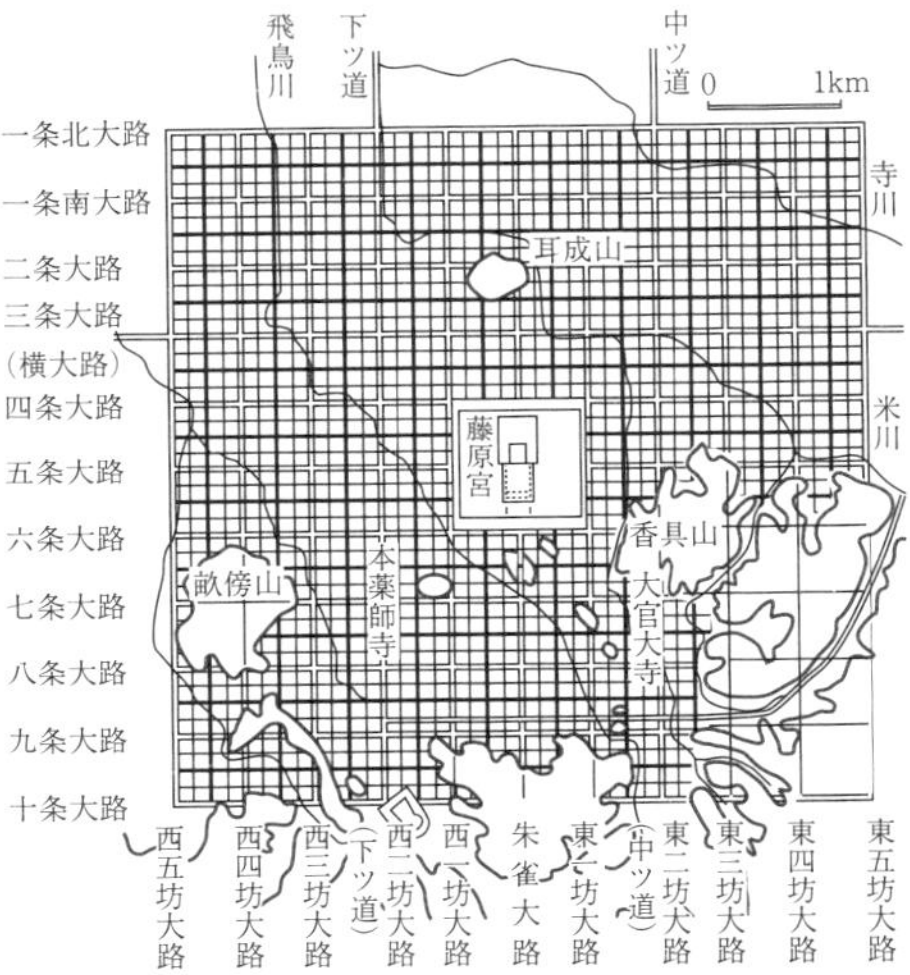

藤原京／復元想定図（木下ほか編、前掲書））

京と呼んでいます。

京域は正方位をとる五・三キロ四方の巨大な正方形として計画され、その中心に、これまた正方形の藤原宮があったという復元想定案が現在、ほぼ通説化しています。この巨大正方形は東西・南北とも十街区に分割され、そのうち中心ゾーンをなす四区画を藤原宮が占める、というきわめて図式的な構成です（小澤「飛鳥の都と古墳の終末」）。

天皇が政務を執り、生活の場でもある宮域の内側にも、外側と同じく街区割りがなされた痕跡が確認されています（道路、排水溝や掘立て柱による建物跡）。それらは宮の位置が決定された後に埋め戻され、解体移転されたとみられるのです（木下『藤原京』）。

こうしたことから、中枢となる宮は飛鳥に残したままで、当初はニュータウン的なものを予定していたと考えられます。それが途中から、宮もここに遷してひとつの完結した都市になるよう、計画を変更した――

『日本書紀』に六八四年、天武天皇が予定京域を巡行して「宮室之地」を定めたとあります。藤原宮の位置を決めたわけです。この時、すでに京域内に本《もと》薬師寺金堂の工事が進められており、こうした既成条件を踏まえての位置決めだったのでしょう。なお本薬師寺とは藤原京に建てられた薬師寺という意味。現存する薬師寺はこれと同じ規模、同じ伽藍配置で平城京に建てられたものです。

「宮室之地」を決めた際、京域の輪郭を何らか想定していたと思われますが、それを拡大して正方形に近づけたのが、現在ほぼ通説化している巨大正方形にあたるのではないか。

†当初からの計画でなかった?――藤原京の経緯(二)

巨大正方形案で印象的に思うのは、大和三山を取り込む計画が今日見ても斬新なことです。三山への信仰がつよくあったことが窺えますが、これを正方形計画都市内に取り込むとは、なんとも大胆な発想というしかありません。

しかもこの正方形都市は三山にとどまらず、南東部にかなりの丘陵地域を含んでいます。街路は何度も分断され、大和三山および南東部丘陵に道路敷設はありませんでした。正方形都市は理念上の存在とならざるを得ないのです。

ほんとうにこの規模の正方形都市が当初から構想されていたのだろうか？

もしそうだったとしたら、中心を占める宮にしては、地形的に見て、その位置が南の丘陵に寄り過ぎている。巨大正方形案において南縁をなすのは〝十条大路〟ですが、丘陵による分断に次ぐ分断がつづき、大路としてあり得たのか、疑問です。本来の長さの半分にも満たないのですから。

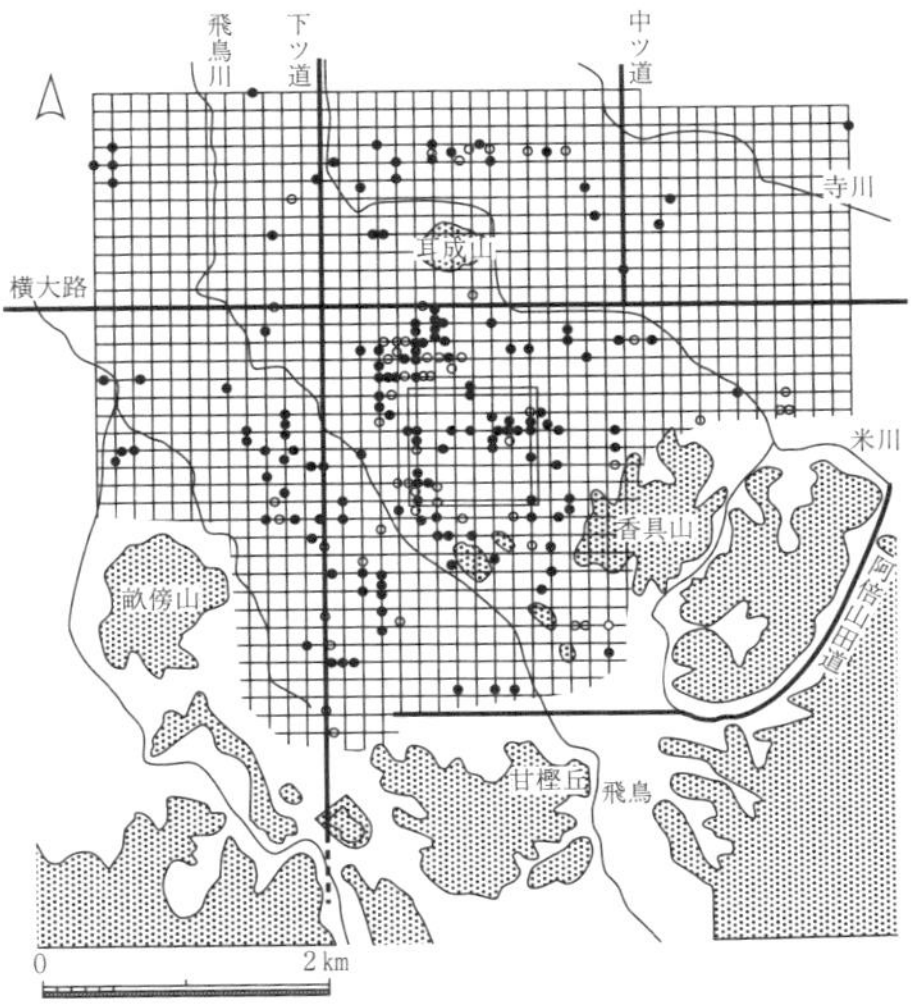

藤原京／条坊遺跡図（林部、前掲書）

　そこまで分かったうえでこの計画が当初からあったとは考えにくい。実際、発掘調査においても十条大路は見いだされていないのです。

　巨大正方形想定案において南端部が確認されないとなると、断念された可能性をみるのは自然なことでしょう。天武が定めた宮の位置を前提として、巨大正方形都市として計画しなおしたが、南端部は丘陵部に阻まれて未施工に終わらざるを得なかった――。それがほんとうのところではないか。

仮に当初からの計画であったなら、北にある耳成山に宮をもっと近づけ、南側に平地をさらに確保したでしょう。建築家としてはそのように考えます。正方形都市の中央に正方形の王宮があるという発想はあり得ても、宮の位置が先に決まっていて、かつ既存道路を含めるとなると、現実には地形上の制約があり、完遂は難しいものでした。

†大転換の実際――藤原京の経緯（三）

今や教科書に堂々と掲載されている巨大正方形都市としての藤原京――

正方形が想定されたとすれば、その形成プロセスは、実際には以上に述べたように、天武によって王宮の位置決めがなされた後、持統によって工事が再開された際だったのではないか。すでに進んでいた道路工事の現状を踏まえ、これを包含しつつ、藤原宮を中心として最大限可能な正方形都市を出現させようとした。その結果、南東部に大きく丘陵が喰いこんでくることとなった――

以上の想定を『日本書紀』の記述に照合させてみましょう。王宮の位置決めは、天武天皇が「宮室之地」を定めたとある六八四年がこれにあたります。この時はまだ、王宮を中心とする正方形都市の構想はなかったと考えられるのです。何らかの輪郭設定はあったでしょうが――

持統が即位した六九〇年、七月に太政大臣に任命されたばかりの高市皇子が十月に藤原宮の地を視察しています。これを踏まえて十二月には持統自身が同地を視察し、翌年の十月に藤原京（＝「新益京」）の地鎮祭がおこなわれている。王宮を中心とする正方形都市に拡大する計画の決定は、六九〇年ないし六九一年前半とみてよいのではないか。

六九一年に「新益京」の名が初出しますので、この名もこのころ生まれたのでしょう。あたらしい天皇の下、王宮を中心とする正方形都市があらためて再スタートしたのです。このプロセスにおいて天武は正方形構想に関与することはなく、これを計画し実行したのは持統でした。なお、宮をも遷す本格的な京を呼ぶのに、ニュータウン的な「新たに益《ま》した京」とは物足りなさを感じますが、これは天武の代に定めた事業を変更拡大することに対する反発をやわらげるための策とみられます。持統は名を捨て、実を取ったのです。

藤原京の地鎮祭の後、翌年に藤原宮の地鎮祭がおこなわれたのはだいぶ遅い感がありますが、藤原京の計画が正方形に一新されたことを受け、あらためてなされたのでしょう。

同時に、藤原京がほんとうに巨大正方形都市であったのか？　その形成過程を含め、理念と実際のさらなる検証が必要と思われます。

以上の点を押さえたうえで、藤原京は理念的には正方形を目指したが、実際には難しかった――。そのようにみなし、話を進めましょう。

〈朝堂院―大極殿―内裏〉をもつ正方形の宮を中心として、周囲に東西九二〇メートル、南北九二〇メートルの、これも正方形の京域が計画されたわけですが、発掘調査によれば、実際には東西幅と南北幅に二〇メートルあまりの違いを生じていました。街区割りの施工精度に難があったのです。途方もない都市計画レベルの仕事は、建築とは勝手が違ったのです。

†理想と現実

藤原京の計画範囲は、のちに遷都される平城京を上回るほど広大でした。しかし現実にはそううまく事は運ばなかったようです。外縁近くでは人家は疎らだったとみられ、いたずらに大規模にした感があります。

また、水はけがよくない土地柄でしたから排水処理もままならなかったとみられます。藤原宮跡地周辺に足を運んでみますと、今でも雨の後などはぬかっています。当時の『続日本紀』の記事には、「京域の内外に多くの穢臭あり」とあり（七〇六年）、異臭が発生していたのです。『万葉集』には天武天皇を讃える歌として、

皇《おほきみ》は神にし座《ま》せば　赤駒の　匍匐《はらば》ふ田井を京師《みやこ》と成しつ
大君は神にし座せば　水鳥の　すだく水沼《みぬま》を皇都《みやこ》と成しつ

がよく知られています（巻十九）。従来これらは編纂者の注釈に従い、壬申の乱後の飛鳥浄御原宮を中心とする飛鳥京を歌っていると解釈するのが一般的でした。しかし土地柄からして、これは藤原京とみるべきとされています（岸『都城の生態』）。歌に謳われているからといって、綺麗なことばかりではなかったのです。

藤原京が現実を踏まえて計画されていたとはいい難く、この壮大な図式的計画は全くといってよいほどに観念の産物でした。天皇の、天皇による中央集権国家――。これを図解することに急だったのは否めないでしょう。

†正方形を発想した由来

藤原京の発想は、『周礼《しゅらい》』「考工記」のいう理想都市モデルを範としていたとみられています（小澤『日本古代宮都構造の研究』）。『周礼』は紀元前二世紀、前漢時代の成立とされ、理想化された周の行政について書かれた規範書で、「考工記」はそこに収載された一篇。

中国からの情報収集は六六九年の遣唐使の派遣を最後に途絶えていたものの、六八一年に出国した遣新羅使が『周礼』の思想を身につけ、帰国後には藤原京建設に関与したといいます（鈴木「日本古代国家への道」）。

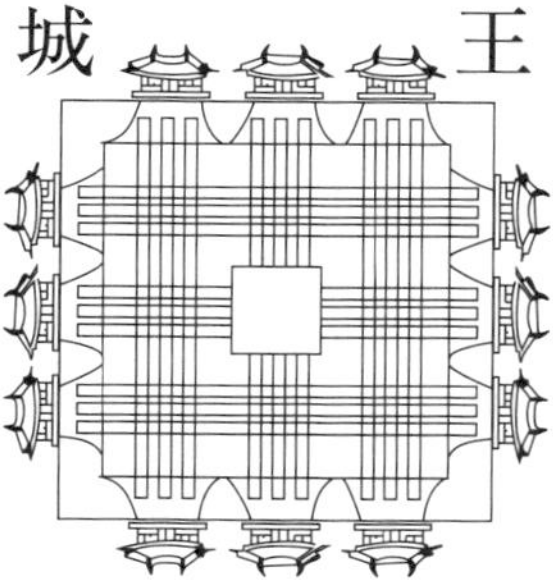

『周礼』のながれをくむ王城模式図／中国（佐川英治『中国古代都城の設計と思想』）

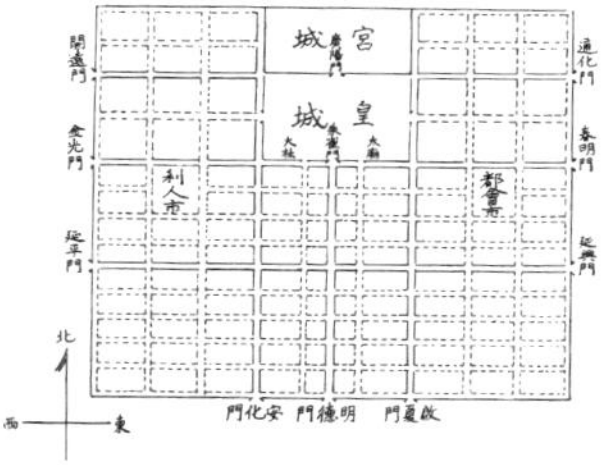

隋大興城／都市計画図／中国（那波利貞復元、佐川・前掲書）

『周礼』「考工記」には、中国古来の〝天円地方〟の思想にもとづいて、地上世界が正方形をなすのと同じく、王城は正方形の輪郭をもち、その中心に王宮が位置すべきである、という世界観が示されていたのです。それは重んじられた理念ではありましたが観念のみの産物ともいえ、現実の唐の都・長安はかなり違っていたのです。

　正方形案を藤原京に採用したのは長安の都市構成を知らなかったから、とみるのが一般的になっています。しかしながら、唐の長安城は隋の都であった大興《だいこう》城が発展したものであり、基本構造は踏襲されていました。帰国した遣隋使や遣唐使たちからの情報が雲散霧消していたとも考えにくく、また今述べたように当時の遣新羅使からの情報もあった。ある程度わかったうえでの正方形案の採用だったのではないか（佐川『中国古代都城の設計と思想』）。

持統天皇は考えたすえに、『周礼』にあった理念モデルを採用し、天武の代にすでに出来ていた部分（「宮室之地」を内包する「新城」）を前提として、「宮室之地」を中心とする巨大正方形都市「新益京」に拡大したのでしょう。

†在来工法と伝来工法

持統四年（六九〇年）正月に皇后鸕野が即位。持統天皇、この時四十六歳。年末には自ら藤原京の現地視察に訪れ、四年余りに及んだ中断期間をへて工事再開に動きます。

繰り返しになりますが、この間、六八九年に飛鳥浄御原令が諸司に配布され翌年、官制が大きく変化しています。六八一年に天武が皇后同席の場で、「律令」を定めたいと宣言した、その「律令」が実施されたのです。これに対応すべく藤原宮内、大極殿の南側にひろがる朝堂院の構成に変更が出たと推定されています（仁藤、前掲書）。

藤原宮で興味深いのは、施設の性格や用途に合わせ、工法を使い分けていることです。天皇の私的施設である内裏は従来どおりの茅葺き、掘立て柱という流儀が踏襲されていました。こちらのゾーンが先に完成し、そこに六九四年、持統が遷居したのです。

大極殿や朝堂など、国家の重要儀式や政務をおこなう公的施設は後を追うかたちになりますが（完成は七〇〇年ころ）、この間、公的行事は引きつづき飛鳥浄御原宮が使われていたとみられます。即位したばかりの天皇の権威強化のためにも、内裏への遷居を先行させ、「藤原宮」および「新益京」の既成事実化を急いだのでしょう。

これに対し公的施設では、伽藍建築に見られるような大陸伝来の工法を採っていました。すなわち屋根は瓦葺き、柱は掘立てではなく礎石の上に立っていたのです。そして柱や梁は朱色に、窓枠などは緑色に塗り分けられました。木部の端部などには金色に輝く金具が取り付けられます。

このように王宮に中国建築の流儀が導入されたのは初めてのことでした。それはまるで伽藍建築のように立派だと受け止められたことでしょう。飛鳥寺から百年、これまでの王宮の伝統を打ち破る新機軸といえます。

大極殿は中国の〝太極殿〟に由来すると考えられ、そこは絶対普遍の中国的天に対応する地上の中心。そこにおいてこの世が統治されるのです。朝堂院から大極殿に入る南門は、藤原宮のまさしく中心に位置していました。

✝藤原京の世界観

さきにも触れましたが、紀元前十世紀にもさかのぼる中国最古の宇宙観として〝天円地方〟説が根づよくありました。天はちょうどプラネタリウムのようにドーム状（円）であり、地は

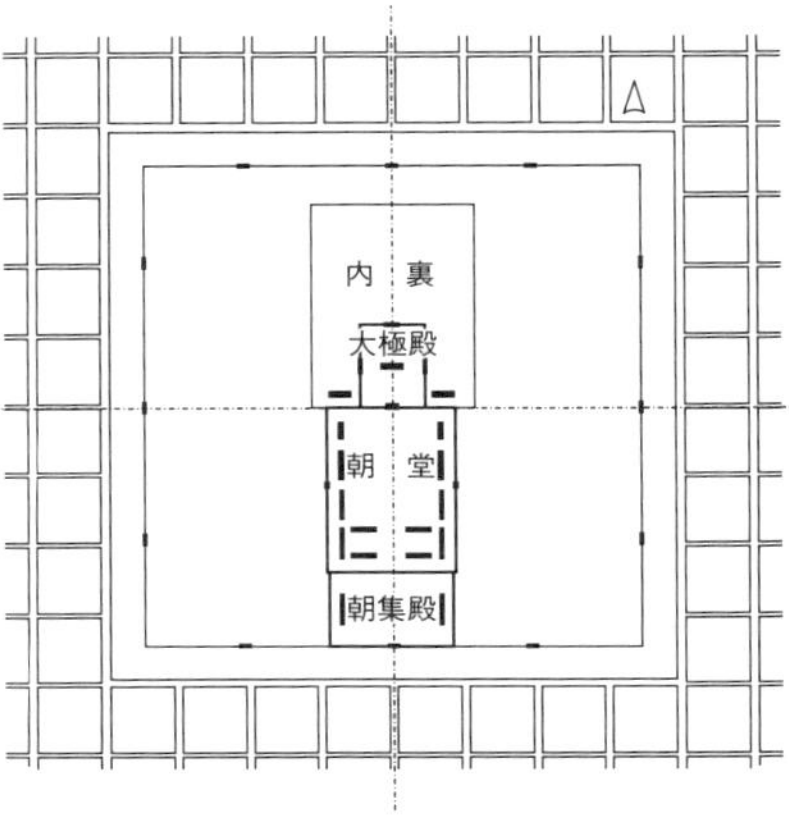

藤原宮/配置図(林部、前掲書より)

東西南北にもとづいて正方形をなしているというものです、『周礼』の理想的都市モデルには、それがよくあらわれています。

――満天にひろがる宇宙の〈中心〉となり、全ての星々がそのまわりを回る北極星。これが神格化されて天帝と呼ばれ、それは全宇宙を司っている。しかし人格神ではなく、いわば〝宇宙の摂理〟。その絶対的支配力にあやかろうと紀元前三世紀、秦の時代から皇帝という称号が使われ出した。秦の始皇帝である。なお「天子、南面す」(二〇八頁)の天子は、皇帝と同義。

三世紀、三国時代の魏の時代には宮殿の中心建物として太極殿が設定され、そこは地上世界の〈中心〉とみなされた。天帝は天、皇帝は地と、上下の関係にあるが、我が国の天皇は天帝と皇帝を融合させて生み出されたのかもしれない。中国では天帝を天皇大帝ともいい、これを短縮したのが天皇だという説もある。我が国の律令は天子、天皇、皇帝の三語を場合により使い分けるように規定していた(『養老律令』七一八年完成、七五七年施行）。聖武天皇は勝宝感神《しょうほうかんじん》聖武皇帝という諡号をもつ。

太陽神である皇祖神アマテラスとの関係が気になりますが、アマテラスは国内秩序として、北極星は海外にも通用する国際秩序として位置づけていたか。またアマテラスは昼を、北極星は夜の秩序を司る、と棲み分けていたのか。太陽と北極星は〈国内―国際〉、〈昼―夜〉と複合的に作用していたのかもしれません。

†藤原京と天武陵

六八八年、亡き天武天皇は二年に及ぶ殯《もがり》をへて「大内《おほち》陵」に葬られました（野口王墓、明日香村野口）。前年に造営がはじまったこの古墳は、すでに触れたように、舒明陵からつづく八角墳。五段構成で、最外縁の対辺距離が三七メートルほど。造営を主導したのは皇后鸕野でしょう。

八角墳と〝八紘〟の関係についてはすでに触れましたが（一七〇頁）、八紘は、〝地方〟の四方位の角度を等分した八方位をもちます。これは〝天円地方〟からの発展形でしょう。我が国で皇祖母尊（＝皇極）による舒明陵造営以来、引き継がれてきた八角墳は、この八紘を我が国流に適用した古墳とみられます。

ここで見落とせないのは、天武陵の位置――。藤原宮および藤原京を南北につらぬく中心軸

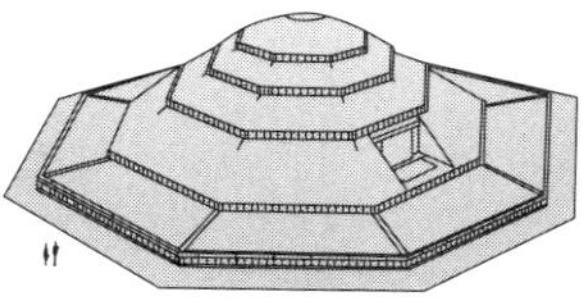

天武—持統陵（野口王墓古墳）／復元図（前掲『飛鳥・藤原京展』）

上、南の位置に天武陵が造営されたことです。つまり、藤原宮の南門である朱雀門の先、宮の中軸線の南延長線上に亡き夫・天武が眠っているのです。中国の世界観では南に死者たちが蘇る所があり、葬地に適すとされます（福永『道教と古代日本』）。

これは藤原京の世界観を自家薬籠中のものとしたうえでの位置決めであり、この点からも、鸕野が新都構想に深くかかわっていたことが窺えます。

歴代遷宮の停止

天武天皇が六八四年、何らかの輪郭が想定された京域の中に藤原宮の位置を決めました。宮の周囲には碁盤目状の街路が走り、官僚、商工業者、兵士たちの住宅群や巨大伽藍が建設されます。先述のように、宮の位置が決定された時にはすでに工事が進行中であった本薬師寺金堂は、六八七年ころ完成しました。百済大寺、高市大寺を前身とする大官大寺の選地は宮の位置決めにともなっておこなわれたとみられる（着工は文武朝。七一一年、完成直前に焼失）。

びっしりと計画された都市の中の王宮が、天皇の代替りごとに場所を遷すなど考えられません。王宮は不動であり、これで歴代遷宮に終止符が打たれる、と持統は確信したことでしょう。

それはすなわち、皇位継承をめぐる豪族の発言権を封じ込めることを意味しました。かの女帝は想念上、完璧な答えを見いだしたのです。恒久の宮は権威権力の継続に揺るぎない力を発揮するのですから。

しかし恒久の宮建設は、場所を変えて王宮を建てることによって得ていた権威・権力の蘇生の機会を失うことになります。これを補うためにも、伊勢神宮で式年遷宮をはじめることになったのです。式年遷宮に蘇る生命の息吹の注入をもとめ、同時に藤原京の建設には、恒久的秩序の達成をもとめたのでした。

第11章

後継の闇からアマテラスの成立へ

1　天武後継をめぐる闇

†天武の言動――吉野の盟約（一）

天武・鸕野のふたりは夫唱婦随で同じ道を歩んだとみられているようですが、その実、婦唱夫随、鸕野が影響力を発揮して天武を動かしていた面がありました。いい例が六七九年の、いわゆる〝吉野の盟約〟です。経緯のあらましを以下、『日本書紀』にもとづき、訓み下し文をまじえて追いましょう。その前段になりますが、この年の正月、天武天皇は飛鳥浄御原宮にてつぎのような命令を下していました。

「諸王は、母と雖も、王の姓に非ずは拝むこと莫《まな》。凡そ諸臣は、亦卑母《ひききいろは》を拝むこと莫」

母が王家の出身でない場合、諸王は母を拝んではならない。臣下の者も母が「卑母」すなわち自分より出自の低い場合は、母を拝んではならない、というのです。なぜこのようなことをわざわざ天武自ら言い立てる必要があったのか？

それは壬申の革命で打倒した大友が、まさしく「卑母」の生まれだったからです。こうした通告の徹底をとおして、壬申の革命における自分の立場を正当化し、ひいては天武政権の正統化を図っているのです。しかしそれだけではありませんでした。天武の複数いる妻たちの差別化をとおして、その皇子たちの即位の可能性を摘むものでもあった。鸕野にとっては、この意味が大きかったといわねばなりません。

五月、天武と鸕野以下、六名の皇子が吉野宮に集まりました。吉野はかねてより神仙境として知られる道教の聖地。天武の生母であった斉明がこよなく愛した地であり、この女帝は六五六年に宮を建てていた。それが吉野宮です。さきに触れたように鸕野にとって斉明は、少女時代に王宮生活を共にした祖母。天武と持統が吉野を〝盟約〟の場に選んだのは、「皇祖母尊」に発する母方の血統を誇示する狙いもあったでしょう。

招集をかけられた六名の皇子のうち、天智の息子が二名（河嶋二十三歳、施基《しき》）、天武の息子が四名（草壁十八歳、大津十七歳、高市二十六歳、忍壁《おさかべ》）。全て腹違いですが、いずれも血統上、皇位に就く可能性をもち、その野心を抱きかねない面々です。そこで天武はこう切り出した。

「朕、今日、汝等と倶《とも》に庭に盟《ちか》ひて、千歳の後に事無からしめむと欲す。奈之何《いかに》」

この場で直接言われたら、賛意を表すしかないでしょう。まってました、とばかりに草壁十八歳が真っ先に誓いの言葉を述べる。

「吾兄弟長幼、（略）各異腹《ことはら》より出でたり。然れども同じきと異なりと別《わ》かず。倶《とも》に天皇の勅に随ひて、相扶《たす》けて忤《さか》ふること無けむ。若し今より以後、此の盟の如くにあらずは、身命亡び、子孫絶えむ。忘れじ、失《あやま》たじ」

我々兄弟はそれぞれ、違う母親から生まれたけれども、そのことにはこだわらず、みな天皇の命に従って助け合い、けっして逆らうことはありません。もし今後、この誓いを破るようなことがあれば、自らの命を落とすだけでなく、子孫も絶えることを覚悟する、とまで宣誓し、けっしてこの誓いを忘れることはないし、過ちは犯さないと約すのでした。

参会者はここでだれ一人、否とはいえない。そんなことを口にしたら、自分の身が危ない。強引に押し切られるしかないのでした。なお高市皇子は天武の長男ですが、母が地方豪族の娘、つまり「卑母」とされていたのです。

†持統の計略――吉野の盟約（二）

意外に思われるのは、天智の王子二名がこの場に呼ばれていること。壬申の革命をへてもなお、天智の遺児による反乱に目を光らせていたのです。もっとも、二人の母は大友と同じく「卑母」でした。したがってこの年正月の詔によれば、彼らに天武後継の可能性はないはずですが、実力行使に出られればそれも通用しない。これは自身が起こした壬申の革命が立証しています。危険な芽は早くに摘み取ろうと、あらためて、念押しをしたのでしょう。

そして訝しいのは、天武の問いかけにたいする草壁の応答がこれ以上ない、あまりに〝出来過ぎた〟答えであることです。

ここでクローズアップしたいのは、草壁によるこの宣言をいちばん喜んだのは誰か？　という謎。さらにいえば、状況設定をふくめ、こうしたシナリオを誰が仕組んだのか？　これこそ〝吉野の盟約〟最大の疑問です。もうすこし推移を見てみましょう。

最初に問いかけの言葉を発したのは天武ですから、かれにとって満足のいく答えであったことは確かですが、かれ以上にほくそ笑んだのは、ぬかりなくこの場に同席していた鸕野ではなかったか。「異腹《ことはら》より出でた」皇子たちは、分け隔てなくみな〝同腹〟だといっているのですから、皇后鸕野はまさに〝国母〟——

〝国母〟鸕野が産んだのはもちろん草壁ですから、この〝盟約〟は、天武後継が草壁であることを念押しし、逆らった者は本人のみならず、子孫も死を免れないと参列した諸王に宣告するに等しいものでした。

『日本書紀』によれば、さらに天武が重ねてつぎのように畳み掛ける——

「朕《わ》が男等《こども》、各異腹にして生れたり。然れども今一母同産《ひとつおもはらから》の如く慈《めぐ》まむ」

「若し茲《こ》の盟に違はば、忽ちに朕が身を亡《ほろぼ》さむ」

まるで歌舞伎芝居のように、すでにストーリーは出来上がっていたのです。くどいほどそれが繰りかえされている。して、その作者は？

ここまでくれば、もうあきらかでしょう。この結論をいちばん喜んだひとに違いなく、いうまでもなく皇后鸕野そのひとです。そしてこの箇所における記述のくどさは彼女の執念のあらわれというしかありません。

〝吉野の盟約〟に少々深入りしたのは、天武天皇と皇后鸕野の関係が窺えるからです。すなわち、天武在世中から皇后鸕野は影響力を発揮していたということ、後継問題に関しては天武を動かしつつ、むしろ鸕野のペースで動いていたことがわかります。

†草壁と大津

「朕が男等」のうち最年長は高市皇子で、壬申の革命で大きな功績を挙げていました。しかし、その母が「卑母」である故、後継からは除外されるのでした。

すでに述べたように、当時は必ずしも正嫡の長男が後継と決まっていたわけではなく、予め次期後継を決めておくという皇太子制もありませんでした。それは六八九年に飛鳥浄御原令が制定されてからです。

『日本書紀』六八一年の記事に、草壁を皇太子にした記事がありました。これがほんとうだったとすれば、それは令の制定に先行してのことであり、鸕野はとにかく急いでいたということになります。かの女にとって自分の腹を痛めたのは草壁皇子。次期後継は草壁でなければならなかった。だから天武生存中の早いうちに、後継は草壁に固めておこうと躍起になっていたのです。

明確な後継決定ルールを予め定めておくことは、王朝存続のために望まれることでした。それはまた天武にとっても必要なことでした。だからこそ、六八一年に「律令」の編纂をはじめさせた。

立場が変われば、言うことも変わる。自分が起こした革命を、自分と子孫にたいしてはけっして起こさせない——。手のひらを返すように方針を転換します。いったん天皇として最高位に就いたなら、子々孫々まで引き継がせ、自分の血統を栄えさせようと——。

だが天武には有望な後継者が二人いた。鸕野王女(盟約時は皇后)が産んだ草壁皇子と、鸕野の姉だが当時すでに亡くなっていた大田王女の大津皇子です。血統においても、もし大田王女が生存していたなら皇后になっていた可能性があり、その場合は文句なく大津皇子が次期後継となっていた。

年齢的には草壁皇子が一歳上であるものの、能力・器量にたいする朝廷内の評価は大津皇子のほうが高かった。というより、並ぶ者なき逸材だった。持統の立場に立つ『日本書紀』にしてから、つぎのように伝えています(拙訳)。

容姿は端麗で体格が良く背も高い。立ち居振る舞いは立派で利発。言葉遣いに優れて性格は明朗。(略)長ずるにおよび分別をよく弁え、ますます学芸に才を発揮するようになり、とくに文筆を好んだ。我が国の詩賦の興隆は大津皇子にはじまる。

ベタ褒めの感がありますが、とにかく文武に勝れ、人を惹きつける魅力にあふれた人物だったことが偲ばれます。そのことが逆に、何としても草壁を確実に天武後継としたい鸕野にとっては最大の不安材料となっていたことは想像に難くありません。

†〝大津皇子の変〟への道(一)

皇位継承をスムースに運ぶには、なによりもまず、次期後継者を確かなものにしておかなければならない。六八一年に「皇太子」の記事があるものの、法令上はまだ皇太子制が成立しておらず、〝吉野の盟約〟は、〈天皇―皇太子〉制に向かう〝産みの苦しみ〟のプロセスなのでした。

そこで、継承の可能性をもち、野心を抱きかねない関係者全員を集め、邪《よこしま》な行動に出ないよう誓約させておく。皇后鸕野による〝根回し〟だったのです。もしこれに反する動きをしたら、その時は、命がないぞ、という脅迫をともなって――

ところが天武天皇の心は揺らぎ出す。皇位継承システムを確立するためには正嫡長男の草壁になるが、感情的には、皇后鸕野の姉故大田王女が遺し、宮廷内の評価も圧倒的な大津にたいする思いを断ち切ることができなかったようなのです。

例えば『日本書紀』には六八三年、「大津皇子、始めて朝政を聴《きこ》しめす」とあります。それは天武が政務を執る場に大津皇子が立ち会う、つまり国政への参画を意味しました。皇子はこの時、〝帝王学〟がはじまったと思ったのかもしれません。

草壁後継を前提としたうえで、「若し茲の盟に違はば、忽ち朕が身を亡ぼさむ」とまで言ったという天武の人事とは思われません。あるいは吉野における天武念押しの、あの一言は、鸕野の意向による『日本書紀』の潤色でしょうか。

大津皇子は当時二十一歳。「朝政を聴《きこ》しめす」立場を与えられたことは大津に、自分こそ天皇意中の次期後継なのでは、との思いを抱かせたのではなかったか。実際、『懐風藻』が伝えるところでは、新羅僧が大津の面前で「太子の骨法、此れ人臣の相にあらず」と評したという。この一言も「太子」をその気にさせたことでしょう。

†〝大津皇子の変〟への道（二）

六八六年、天武天皇は死をむかえる一カ月前に、かつて吉野に招集した六名をふくむ八名の皇子に封戸《ふこ》を与えています。朝廷が支配する公民の最後の割譲がなされたのですが、草壁、大津、高市の三名がもっとも多く、それぞれに四百戸、その他には二百戸、百戸というものでした。高市皇子に封戸四百というのは、それだけ壬申の革命での戦功が大きかったことへの褒賞でしょう。

ここで注目したいのは、草壁、大津が同じ四百戸という点です。後継に予定されているはずの草壁と同じ封戸数を大津が得ている。異様な厚遇ぶりといえるでしょう。〝吉野の盟約〟から七年余り、逞しく賢く成長した大津に天武は目を細め、肩入れする心情を抑え切れなくなっていたのではないか。

朝政に臨ませる、草壁と同じ封戸を与える、まして聞こえてくる大津の世評は群を抜いて高い……。天武の意思がぐらりと揺らいでくる。しかし死を前にして衰弱する一方の生命力では、決定を覆すほどの気力は残っていなかったのでした。

2 無冠の女帝——皇后即位まで

†〝吉野の盟約〟の効力——〝大津皇子の変〟をめぐって（一）

朱鳥元年（六八六年）九月、天武没。天皇に代わって最高権力を行使するには、すくなくとも朝廷の支持・承認を取り付けておく必要がありましたが、皇后であった鸕野は、そうしたプロセスを一切省き、当然のごとく強引に天皇権力を代行する。自我がむき出しになった鸕野の行動がエスカレートしはじめるのです。はたして一カ月後の十月、突然、大津皇子が逮捕され、翌日に死を賜る（賜死《みまからし》む）。

草壁皇子の殺害を企てた罪ということですが、仮にその疑いがあったにせよ、逮捕の翌日に死刑に処すという、処置のあまりの迅速さ、関与していたとされる人物への処罰の軽さなどから（多くは無罪放免）、大津は無実の罪を被せられたとみられるのです。

だが大津皇子に謀叛を起こさせる条件が整っていたのも事実。だからといって、もちろん即断はできません。ただ『懐風藻』の「河嶋皇子」の評伝に「大津皇子と親しい関係にあったが、大津が謀叛を企てた際、密告した」と書かれています。すでに触れたように、河嶋皇子も〝吉野の盟約〟に参加していました。

ここで考えられるのは、兄のように信頼していた六歳上の河嶋、そのかれに大津は自分の思いを打ち明けた、ということ。大津としては信頼する人生の先輩に相談する、できれば力を貸してもらえないかといったつもりだったかもしれません。

しかし河嶋は、いったんそのような話を聞いてしまった以上、自分に嫌疑がかけられ、連座の憂き目に遭うのは必定。まして吉野で後継は草壁と誓約している身なのでした。このまま放置していたら、自分の命が危ない。〝吉野の盟約〟は確かに絶大な効力を発揮したのです。河嶋はすぐに密告した……。大津は甘かった。

情報を得た前皇后鸕野の動きは果断だった。天武薨去早々に、大津抹殺の願ってもない機会が到来したと思ったことでしょう。監視網を敷いていた矢先に、向うからやって来たのです。鸕野の血が沸き立つ。この機を逃してはならない、と——

危険要素は一刻も早く摘み取る。そう、体内に流れる天智の血が鸕野を駆り立て、血の命ずるままに鸕野は急いだ。逮捕と同時に即刻、天武最愛の皇子に死を命じるのでした。血脈を強調することは著者として好むものではありませんが、しかしここは目を背けてはならないように思われるのです。

物証はなく、申し開きの機会もないままに、哀れ大津皇子は「死を賜る」しかなかった。鸕野は、吉野で盟約の儀式をしておいてよかった、とつくづく思ったことでしょう。内実はともあれ、死罪に処したのは盟約に反したからと大義名分が立つからです。

死を宣告された日、自邸から二〜三キロほどの磐余の池で詠んだ歌が遺されています（『万葉集』巻三）。池は橿原市東池尻町にあったことが近年の発掘調査により判明しています（橿原市教育委員会）。

百伝《ももづた》ふ　磐余の池に　鳴く鴨を　今日のみ見てや　雲隠りなむ

飛鳥の北西、磐余の池で鳴く鴨を見るのも今日が見納めかと、雲に隠れゆくように明日消えるわが命の儚さを嘆く歌。大津皇子、享年二十四の絶唱でした。翌日には自邸で死刑執行。あまりに手際のいい運びとしかいいようがありません。

†ひそかに伊勢の神宮に下りて――〝大津皇子の変〟をめぐって（二）

じつは大津は、伊勢神宮に斎王として仕えていた姉、大来皇女の許を訪れていました。この時、姉は二十六歳。姉弟はすでに両親を喪っており、互いを思いやる心情は殊のほか、つよかったにちがいない。

事件調書と見紛うばかりですが、『万葉集』に採録されている大来皇女の歌から、大津皇子の伊勢来訪の意味を窺うことができます。もっとも、編纂者による題詞《だいし》あってこその読み取りになりますが（巻二）。

「大津皇子窃《ひそ》かに伊勢神宮に下りて上り来まし時、大伯《おおく》皇女の御作」という題詞につづいて、

わが背子を　大和へやると　さ夜ふけて　暁露《あかときつゆ》に　我が立ち濡れし

二人行けど　行き過ぎがたき　秋山を　いかにか君が　ひとり越ゆらむ

題詞にある「窃かに」から洞察すると、大津皇子は、これで命を落とすことになるかもしれない、との覚悟をもって伊勢神宮に仕える姉大来皇女の許を訪ねていた――。夜が更けてから伊勢を出立したのは、人目を忍んでのことだったにちがいありません。伊勢に来たこと自体、挙動不審とみなされ逮捕される危険があります。

伊勢神宮、それは天武・鸕野が己の系譜からなる皇統にアイデンティティをあたえるべく整備した聖地。この二首は、伊勢から飛鳥の都に帰る弟の身を案じる姉の哀切に満ちた歌です。それが事件を証するかのように『万葉集』で扱われているのです。ただし、これらの歌は、大来になりかわって別の人物が歌ったものとみられています。

天武亡き後、どう転んでも我が身が狙われる状況下、大津としては座してその時を待つか、それとも打って出るか、二つに一つの選択しかなかったといえるでしょう。持統と草壁から見て、かれに危険要素がなかったとはいえないでしょうが、稀有な可能性に満ちた若い命が拙速にも絶たれるのでした。

姉の大来皇女は急遽、都の飛鳥に召還された。事件の余波を恐れての鸕野の指示でしょう。その時の大来の歌も『万葉集』に見えます（巻二）。

神風の　伊勢の国にも　あらましを　何しか来けむ　君もあらなくに

（伊勢からもどるようにとの命により都に帰って来たけれども）わが愛する弟のいない都になど、なぜもどってきたのだろうか。弟のいない飛鳥の都なんて、わたしには何の意味もないのに――と、やり場のない心情を嘆いた歌です。抑制が効いているだけに情の深さが沁みてくる。これが精いっぱいの表現であり、これ以上、踏み込んだなら、あらぬ嫌疑が作者にかけられたでしょう。

†なぜつづく鸕野の直接統治

大津皇子を亡き者にした後も鸕野は草壁を即位させていません（こうしたことからも、やはり『日本書紀』の「立太子」記事はリアリティを欠くように見える）。

なぜ、すぐに就けないのか？〝大津皇子の変〟が起きた時、草壁は二十五歳。最有力対抗馬を消した今、皇太子だったのなら、即位は十分可能だったはずではないか。

だが当時は我々が思うほど、鸕野の足元は安定していなかったのです。まず〝大津皇子の変〟じたい、皇后鸕野が強引に事を運んだ感がつよく、「死を賜」った大津に世間の同情が集まっていました。正面切ってではなくとも、非難のまなざしは皇后も肌で感じ取っていた。そんななか、草壁即位を断行すれば、朝廷そのものが揺るぎかねない。ここは自分が先頭に立って体制を固めなくてはならない、そう考えたにちがいない。

確かに天武政権下では皇族に権力が集中し（皇親政治）、有力豪族の弱体化が図られていましたが、天武亡き今、青壮年期に達していた皇子たちによる造反の可能性が〝大津皇子の変〟をへてもなお、ないとはいえなかった。そもそも、それを恐れて〝吉野の盟約〟を仕組んだのでした。このように不安定な状況下で、大津にくらべて世評の高いとはいえない草壁を即位させるのは不安がのこる。それで公的手続きをへぬまま、鸕野の直接統治がつづくのでした（『日本書紀』は「称制」という）。

†草壁葬儀の場にて（一）

ところが持統（称制）三年（六八九年）四月、鸕野最愛の皇子草壁が病没。享年二十八、大津皇子が死罪に処されてから僅か二年半後のことでした。

草壁葬儀の場となった殯宮にて、鸕野重用の朝廷歌人柿本人麻呂により挽歌が捧げられました。その一節に、『古事記』『日本書紀』にいう「天照大神《あまてらすおおみかみ》」の前身とみられる神が登場していて注目されます（『万葉集』巻二）。

天地《あめつち》の　初《はじめ》の時　久方の　天の河原に

八百万《やほよろづ》　千万神《ちよろづがみ》の　神集ひ　集ひ座《いま》して　神議《はか》り　議りし時に
天照《あまて》らす　日女《ひるめ》の命《みこと》（以下つづく）

ここに謳われている「天の河原」が、やがて「高天原」に昇華してゆきます（文武即位の詔、六九七年）。

また「天照らす日女の命」とは、壬申の革命の行軍の途上、大海人が伊勢から「望拝」したような太陽霊に、皇祖神の性格を付与した存在とみられます。ヒルメとは日の女、ひらたくいうなら、日のおばさんとでもいうようなニュアンスをもつ庶民的な呼び名（溝口『アマテラスの誕生』）。そのままでは皇祖にふさわしくなく、ミコトを付けて神格を上げています。

つまりこの挽歌は、自然神の素朴な人格化であったヒルメから、至高の人格神である皇祖神へと神格を上げてゆく政治的過程を示し、ここに、『古事記』『日本書紀』において提示される皇祖神アマテラスへの萌芽が読み取れます。ここから、天武が重視していた皇祖母尊からの脱皮を果たした至高の皇祖神が成立してゆきます。それこそ、鸕野が渇望する皇祖神なのです。

†草壁葬儀の場にて（二）

いや、この時、アマテラスの名を得てはいないものの、これに近い皇祖神が生まれていたのかもしれない。なぜなら、つぎの箇所がつづくからです。

天照らす　日女の命　天《あめ》をば　知らしめすと（略）
天雲《あまくも》の　八重かき分けて　神下し　座《いま》せまつりし　高照らす　日の皇子《みこ》は
飛ぶ鳥の　浄みの宮に　神ながら　太敷き座《ま》して　天皇《すめろき》の敷きます国と
天の原　石門《いはと》を開き　神上《かむあが》り　上りいましぬ（略）

ここに謳われる「天照らす日女の命」とは『古事記』において登場する皇祖神アマテラスの前身。それでは、「日の皇子」とは誰か。

それは「天照らす日女の命」によって天から地上に下され、「飛ぶ鳥の浄みの宮」つまり飛鳥浄御原宮を構えた神としての天武天皇にほかなりません（神野志『古事記と日本書紀』）。そう、そして下った場所はいうまでもありません、飛鳥の、石が敷き詰められた清浄な原に建つ、その名も浄御原宮なのでした。

天から下され、地上に降臨したのは、かつては『古事記』神話にもとづいて瓊瓊《にに》杵尊《ぎのみこと》と思いこまれていたようです。しかしここでは『古事記』が七一二年に成立する前の、それとは異なる六八九年時点の神話が謳われているのです。

天上の神によって地上に下されたのが天皇である――。このようなコンセプトがさらに詳しく展開されて『古事記』に結実していったのです。草壁葬儀の段階は、その手前にあったとみていいでしょう。

天武天皇を天から地上に降ろしたのが「天照らす日女の命」というのですから（そう歌うよう命じたのは鸕野でしょう）、これはもうヒルメの段階にとどまりません。至高で、かつ人格をもつ皇祖神に近い存在です。つまり名こそまだ得ていないものの、挽歌における「天照らす日女の命」は、皇祖神アマテラスが成立する、その一歩手前の段階に来ていたのです。

†百官、神祇官に会集りて……

このプロセスは歌に詠むという観念上のレベルにとどまるものではありませんでした。神祇政策上の裏付けも準備怠りなく執りおこなっていたとみられます。

持統三年（六八九年）八月、百官《つかさつかさ》、神祇官に会集《まうごなは》りて、天神地祇の事を奉宣《のべたてまつ》る

「神祇官」とは律令政府において神まつりを掌握する役所で、『日本書紀』における初出箇所。この記事だけでは、それがどのような意味を担ったのか、よくわかりませんので、前後の関連

事項とともに読み込んでみましょう。さきに画期の年として挙げた六八一年から、その後の展開です（一部重複）。

天武十年（六八一年）正月二日　幣帛を諸の神祇に頒つ
　同月十九日　畿内及び諸国に詔して、天社地社の神の宮を整備させる
　二月　詔して、「朕、今より更に律令を定め、法式を改めたいと思う」
持統〔称制〕三年（六八九年）四月　草壁葬儀にて「天照らす日女の命」が現出
　六月　飛鳥浄御原令配布、皇太子の法令化
　八月　百官を神祇官に集め、天神地祇のことが宣された
持統四年（六九〇年）正月一日　持統天皇即位式にて史上初めて神璽《しんじ》の剣と鏡が献上
　　　　　二十三日　幣帛を畿内の天神地祇に頒つ
　七月　幣帛を天神地祇に頒つ
　九月　伊勢神宮第一回式年遷宮

こうしたながれのなかに、あらためて六八九年の「神祇官」記事を位置づけますと、この時点ですでに皇祖神「天照らす日女の命」が現出していますし、また皇太子制も法令化している。

おそらくこの時、神祇官に集めた百官に、神祇官の整備・再発足を伝えるとともに（それまでは「神官」だった）、皇祖神を頂点とする神祇体系の周知徹底を図ったのではなかったか。六八九年にそのような段階にあった可能性が高いとなると、翌年正月におこなわれた持統天皇の即位式、そして九月の伊勢神宮第一回式年遷宮（「太神宮諸雑事記《だいじんぐうしょぞうじき》」）の意義がいっそう明確になってきます。ただし、いかに超越的とはいえ、列島に誕生したアマテラスを大陸伝来の至高神とくらべれば、まだまだゆるやかなものではあったのですが――

以上のような具体的な事績をへて、万世一系的「天皇」を根拠づける「皇祖」アマテラス像が結ばれてゆくのでした。

――「万世一系」という語自体は当時からのものではない。一八六七年（慶応三年）に岩倉具視によって編み出されたとされる。そして一八八九年公布の明治憲法第一条に「大日本帝国ハ万世一系ノ天皇之ヲ統治ス」と掲げられた。この語は皇国史観の中核をなし、義務教育をとおして国民にひろく浸透した。

†「万世一系」的天皇へのテイクオフ

鸕野は六八九年、最愛の息子草壁皇子を喪ったものの、その二カ月後の六月に飛鳥浄御原令を配布し、翌年の正月に即位します。〈天皇―皇太子〉の関係を法令で裏付け、息子亡き今、その息子、つまり孫の珂瑠《かる》（軽）の即位にむかって奪闘するのです。大津皇子を亡き者にしておいてよかったと、鸕野は胸をなでおろす思いだったでしょう。

天皇の在世中に、後継者を決めておく。それが次期後継をめぐる混乱を避け、かつ天皇家から安定的に天皇を輩出する決め手になる。皇祖に裏付けられた天皇と、その直系皇子の関係が制度化され、スムースに実行されて初めて「万世一系」的天皇のあり方が安定する。飛鳥浄御原令の制定はそれをしっかりと裏付けるものでした。鸕野は、次は自分自身が即位し、皇統を孫の珂瑠につなげようと決意していたのです。

珂瑠は父草壁をつうじて天武・鸕野と、母安陪《あべ》（元明）をつうじて天智とつながる血統にありました。もちろん鸕野は天智の娘。すなわち珂瑠は血統的に天智とも天武ともつながっているのです。鸕野の本心は父と夫、どちらに向いていたのでしょうか。

第12章 持統天皇の伊勢神宮

1 神明造りの誕生

ここで再度、皇祖神の御所としての伊勢神宮に注目したい。さきに見たような王母から皇祖神への格上げが、社殿建築に影響をもたらしているかどうかを見直したいからです。まずは妻側両端に立つ棟持ち柱から——

†棟持ち柱とは

あらためての話になりますが、もっともシンプルな三角屋根が切妻です。頂点を通る水平材を棟木といい、その両端を支持する柱が棟持ち柱。伊勢神宮では棟持ち柱が壁面内に納まらず、外に出ている。これを独立棟持ち柱という。もちろん掘立て柱です。

——独立の棟持ち柱は伊勢神宮に限られるわけではない。土器や銅鐸《どうたく》の表面に表現された高床建物にも見られ実際、各地の遺構にも独立棟持ち柱の痕跡がある。地位の高い人物の住居か、宝物を納める倉などに供されたとみられるが、祭祀がおこなわれる場合もあった。

独立棟持ち柱は宗教的なシンボルと受け取られやすいのですが、そもそも構造上、施工上の理由から生まれたと考えられます。

呼称からも窺えるように、この柱は、屋根頂部に架け渡された棟木を支持するためにある。棟持ち柱を壁面から外に出して独立させれば、高床を支える梁と交差せずに済みます。往時の技術水準ではこの方が造りやすかったとみられるのです。

稲倉風の社殿に立つ棟持ち柱／御稲御倉（みしねのみくら）／伊勢神宮内宮

また、切妻の高床建物は、土器や銅鐸に描かれるように、三角形をなす側（＝妻側）に入口をとる造り（＝妻入り）が多かった。棟木を妻壁から突出させ、屋根を妻側に大きく張り出せば、そのまま入口上部が庇となります。こうした建築のあり方は列島に根づいていたとみられますが、淵源をたずねるなら、東南アジアや中国江南地方にまでゆくでしょう。

そして、ここがおもしろいところですが、人びとは独り屹立する棟持ち柱につよい印象を受けた。それは上昇する力に溢れ、凜々しく雄渾《ゆうこん》——。得体の知れぬ力をひとは自ずと感じとるのです。経験からきた合理的判断が、全く別の意味を漂わせる。この柱は精神性を帯び、崇高さを増していきました。

†平入り、そして特異な社殿配置

伊勢神宮は、長くつづいたこのながれを汲みますが、入口は例外的に、妻面と直角をなす面にとっている（＝平《ひら》入り）。これは意外に思われるでしょうが、大陸伝来の伽藍建築の流儀なのでした。

六八〇年に天武によって発願され没後、持統によって創建が進められていた薬師寺と、六九〇年に最初の式年遷宮をむかえる伊勢神宮社殿には、深い関係が見いだされるのです。この点を最初に指摘したのは日本古代仏教史の田村圓澄氏です（『伊勢神宮の成立』）。

よく見ると、正殿と二宝殿からなる伊勢神宮の社殿配置は、左右対称であること、そして三要素からなる三極性という点で、一塔一金堂からなる薬師寺（藤原京内に創建された本《もと》薬師寺。現薬師寺も同様）の伽藍配置と共通しています。三極性をもつ左右対称は、大陸からの影響な

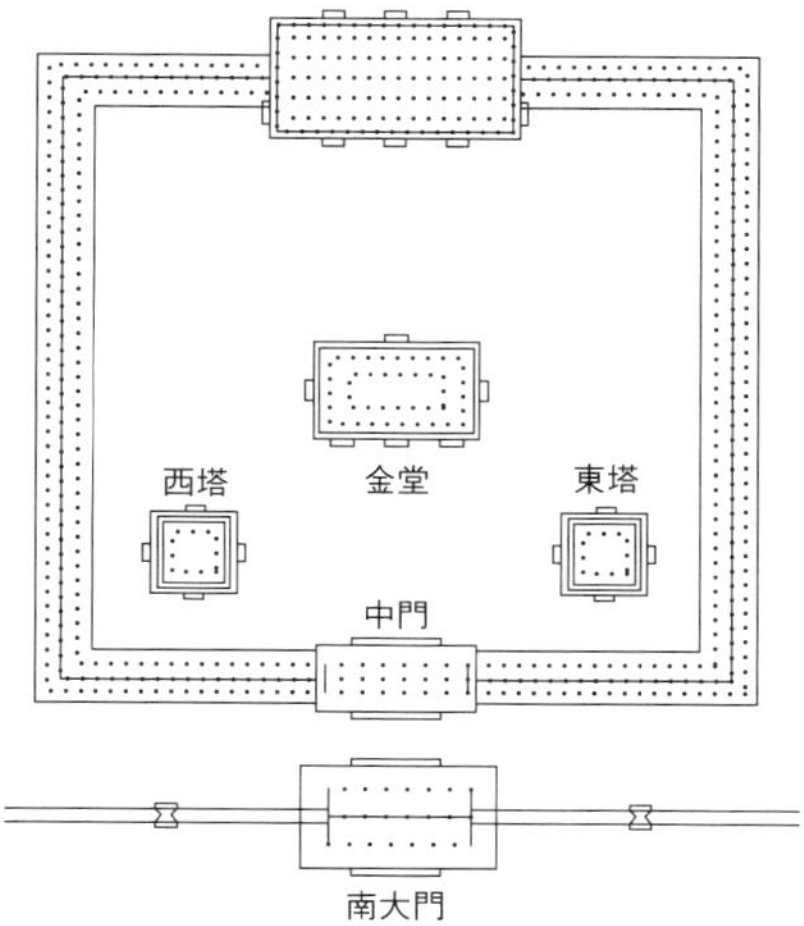

薬師寺／配置図（日本建築学会編、前掲書より）

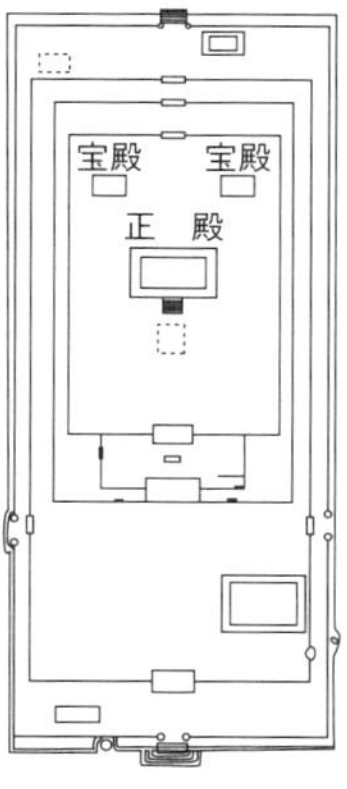

伊勢神宮内宮／配置図（日本建築学会編、前掲書より）

しには考えられないといっていいでしょう。薬師寺の伽藍配置は、天武発願の前年に建てられた、朝鮮半島は新羅の四天王寺からきていると考えられます。

当時、遣唐使は途絶えており、新羅の最新情報をとり入れたとみられるのです。天武朝における遣新羅使は六七五年、六七六年に出国し、それぞれ翌年に帰国しています。また出国した年は不明ながら、六七九年に帰国した遣新羅使もいます。

それでいながら内宮は、三極の上下が反転しているという関係性を見て取ることができます。三極性は当時最新の伽藍配置にならい、反転性はこれとの違いを意識したものでしょう。こうした他にない固有の配置だけでなく、社殿に見られる平入りによって、伊勢神宮内宮では、伽藍および他の神社との差別化も周到になされるのでした。

このように単純ではない側面をもつものの、もっとも日本的と思われがちな伊勢神宮ですが、そこには大陸からの影響が濃厚に反映されています。天皇制律令国家の誕生に向かう天武・持統朝の文化的風潮は、排他的に日本一辺倒というよりは、意外かもしれませんが大陸文化を積極的に取り入れていたのです。

もっとも、天皇制という日本固有のものと、律令制という大陸由来のものを同時に追求していたのですから、当然のことともいえるでしょう。

†構造的に不要

社殿建築のあり方をさらに具体的に見てゆきましょう。

伊勢神宮の本殿は、神明《しんめい》造りと呼ばれます（宝殿など他の社殿をふくむ場合もある。ただし外宮の御饌殿《みけでん》を除く）。内宮の正殿には皇祖神アマテラスがまつられており、そこはアマテラスの御所。その外壁四周には欄干付きの縁側が回っていますが（回り縁）、これが取り付くのは、主神をまつる正殿のみです（内宮、外宮とも）。

正殿の現状を見ましょう。

妻側に独り立つ棟持ち柱は、他の柱よりかなり太い。独り立って自己主張するこの円柱の存在感は強烈です。威風堂々と、それこそ神の権威を象徴するかのように──

そして妻壁両端のコーナーに円柱が立ち、妻壁の中心にも柱がある。妻側の壁面の幅は五・五メートルですが、そこに、棟持ち柱をふくめて四本もの柱があるのです。

柱が込み合っている、という印象が拭えません。構造的にも、この立ち方、この本数はあきらかに過剰です。コーナーに柱があれば、棟持ち柱は構造的になくても済むのです。

†棟持ち柱を不要にしたもの

逆のケースがあります。アマテラスに食事を捧げる外宮の御饌殿では、独立する棟持ち柱があり、コーナーに柱がない（もちろん床下にはある）。

御饌殿では、厚い板で壁をつくり、コーナーでは板を交互に咬ませ固定している（＝板校倉《あぜくら》造り）。東大寺正倉院の校倉造りを板に置き換えてイメージするとわかりやすいでしょう。

コーナー柱がない分、それだけ独立棟持ち柱の構造的役割は大きい。棟木を直接支持する棟持ち柱は、屋根の荷重を直接負担することによって、壁にかかる荷重を軽減しているのです。

神明造りではコーナーに柱を立て、縦に溝を切り込み、そこに厚板を落とし込んで板壁をつくります。確かにこのほうが施工しやすいし、コーナー部をしっかりと固定できる。柱が立つ分、屋根荷重への耐久性が増すし、変形も少ない。

そして、さきに述べたように、コーナーに柱があれば、棟持ち柱は構造的になくても済む。コーナー柱の登場は、棟持ち柱を構造的に過剰な存在としたのです。

逆にいうと当初、伊勢神宮の社殿は独立の棟持ち柱をもつ板校倉造りだったと想定される。そこから、コーナーに柱が立つ神明造りに発展したとみられるのです。

以上をまとめましょう。

伊勢神宮社殿の原形として、御饌殿に見るような、棟持ち柱をもつ板校倉造りがあった。その後、社殿のコーナーに柱を立てたことによって、神明造りが生まれた。そのとき、棟持ち柱は構造的に不要になったが、それでも棟持ち柱は残った。というより、棟持ち柱は伊勢神宮に欠かせないものとなっていたのです。

なぜでしょうか？

構造的にはなくても済むのに、ある柱。それがゆえに、この独立する棟持ち柱の存在感がいっそうつよく、見る者の目に迫ってきたのでしょう。構造上の役割を超え、存在すること自体に意味のある、凜々しく尊貴な柱――

崇高な精神性、神々しさを帯びるのは必定でした。合理性を離れてなお、いや合理性から解放されたがゆえにこそ、至高性を帯びる柱。そこに皇祖の尊貴性を見出したのでしょう。

伊勢神宮外宮／板校倉造りの御饌殿
（日本建築学会編、前掲書）

†回り縁

しかしながら、板校倉造りから神明造りが生まれたのは構造上、施工上の問題だけとは思われないのです。もっと直接的な要因を挙げましょう。それは、正殿四周に取り付く回り縁の発生です。板校倉造りの場合、さきにも述べたようにコーナーで板と板を交差させるので、コーナーから板がかなり突出します。そこに縁側をぐるりと回してもチグハグになってしまうのは、すぐにおわかりいただけるでしょう。回り縁を歩く動きに対し、突出部がいかにも邪魔になります。

この回り縁はあくまで正殿の外観を飾るものであり、実際に人が歩き回るわけではありません。しかしそうであっても回り縁の存在は、そこに人が立ち、そして歩くイメージをともないます。そこで、どうしても違和感を生じてしまう。デザインとしてこなれていないのです。

板校倉造りと回り縁は水と油の関係にあります。全く馴染まない。すなわち、回り縁を正殿に取り付けることを決めた時、必然的に板校倉造りは放棄されたのです。

そしてコーナーに柱が立てられ、そこに彫り込まれた縦溝に板が嵌め込まれた。こうすれば、回り縁と矛盾しない（第Ⅲ部扉写真）。

回り縁を付けるというデザイン上の大変更が造り手だけでおこなわれるとは考えられません。天皇の裁断を仰いだにちがいないのです。明治になってからですが、朽ちやすい掘立て柱の方式を改め、コンクリート基礎をもちいる提案が担当大臣からなされたことがあった。しかし、天皇はこれを却下した。伊勢神宮にかかわる大きな変更は、天皇の裁断に委ねられたのです。

†つらぬく棟持ち柱・つらぬかれる回り縁

神明造りを象徴する第一の要素は、さきに触れた棟持ち柱といっていいでしょう。天と地をむすんで、宇宙根源の力を体現しているかのように凛々しく雄渾です。そのような棟持ち柱が回り縁を貫通している。

板校倉造りと同じく、棟持ち柱も回り縁の機能を阻害しているといえますが、事情は大いに異なる。コーナーでの板の突出と回り縁との関係では、心理的に回り縁の都合が優先されます(施工者にとっては違うでしょうが)。

ところが棟持ち柱と回り縁の関係になると、棟持ち柱の都合が優先される。棟持ち柱は精神的な意味を帯びた、それだけ大事な柱と認識されているからです。

要は相対関係になるのですが、視覚的に棟持ち柱は堂々としていて圧倒的な存在感を誇る。同時に、精神的意味を深く帯びている。対して回り縁は軽くて装飾的で、付加的。このような場合、ひとは棟持ち柱を自ずと優先するのです。

大地から立ち上がって、地上世界と天上世界をむすぶ独立棟持ち柱――

それが建物四周を水平に回る縁側をつらぬく。これにより、柱のもつ根源的な力は、いっそうつよめられる。そういう力を引き出すことにおいて、回り縁は恰好の材料を提供した。

棟持ち柱はその力を見せつけるかのように回り縁を突き抜ける。回り縁は自らつらぬかれることによって、棟持ち柱の象徴性を謳い上げ、讃美しているのです。

2　それは稲倉の宮殿化

伊勢神宮の本殿の前身が板校倉造りであったことがわかりました。それでは、そもそも、なぜ板校倉造りだったのだろうか？

†稲倉について

板校倉造りは、まさしく文字どおり、倉のイメージが濃厚です。往時の倉は、今日の倉庫とはだいぶ異なり、貴重品を納める高床式の、格の高い建物でした（ただし、高床建物がすべて倉というわけではない）。

倉には鏡、玉、刀剣など宝物を納める宝倉《ほくら》（＝神庫）、武器庫、そして稲倉などがあった。伊勢神宮本殿の板校倉造りは稲倉からきたとみられるのです。皇祖天照《アマテラス》が日女《ひるめ》、日の女神（＝太陽女神）であることは、すでに述べてきた由来からもあきらかですが、それは稲霊《いなだま》をまとう神でもありました。

——太陽神と稲霊は本来、近しい関係にある。輝く太陽は無限のエネルギーを地上に注ぎ、稲はその下で、みるみるうちに生育する。稲のみのりの米は太陽エネルギーと大地の力の結晶であり、地上における太陽の精と映る。

米は効率のよいカロリー源として驚異の食材。これをみのらす稲には底知れぬ神秘な力が宿ると信じるのはきわめて自然なことだった。そこから稲霊信仰が生まれた。稲を尊重する心持ちは、やがて稲を貯蔵する稲倉にまで及び、稲倉の格が上がってゆく。そこには稲霊が充満している……

やがて稲倉そのものが稲霊を象徴するようになるのでした。伊勢神宮では現在でも毎年、さまざまな稲作儀礼が入念におこなわれています。その古来のかたちは平安初期の『皇太神宮儀式帳《こうたいじんぐう》』に伝えられていますが、そうした関連からも、伊勢神宮正殿のモデルが稲倉であったことは十分腑《ふ》に落ちます（皇太神宮＝伊勢神宮内宮）。

†「御倉棚挙之神」——『古事記』から

さて、それなら稲霊は皇祖とどのようにしてむすびついたのか？　これを見ておきましょう。皇室の祖先である太陽神アマテラスと稲霊の関係は、『古事記』『日本書紀』神話から窺うことができます。

『古事記』は七一二年、草壁皇子の妃で文武の母であった元明《げんめい》天皇に提出されました（持統の異母妹）。そこには、生まれたばかりのアマテラスに玉飾りを授ける、つぎのような場面がある（石川『新釈古事記』）。

（筆者注：イザナキは）頸にかけた玉飾の、玉の緒ゆらゆらとゆり鳴らして、これをとって、アマテラス大神にさずけていうには、
「なんじ、高天原を治めよ」
さきにうまれた女神は、玉飾とともに、高天原をえた。（略）ちなみに、かの玉飾の名を御倉棚挙之神《ミクラタナノカミ》という。

生まれたばかりのアマテラスに天上の聖空間「高天原」が授けられ、アマテラスは高天原を治めることになります。

同時に授けられた玉飾りは、ミクラタナノカミと呼ばれました。『古事記』に出てくるこの倉は稲倉を指し、板校倉造りがまさに打ってつけです。そこに納められる稲のエッセンスである稲霊を『古事記』は御倉棚挙之神、つまり「稲倉の棚にまつられる神」と命名する。このとき、稲倉は玉飾りをそのご神体とする稲霊の座になっています。アマテラスはこの玉飾りを身

に着けたことにより、稲霊と一体化するのでした。ここに太陽神である皇祖と稲霊の習合がみてとれます。稲とこれを育む太陽の関係からして必然的な動きですが、皇祖神への共感をひろげて支持を集めるうえでも効果的でした。

†「倉稲魂命」──『日本書紀』から

七二〇年、亡き草壁皇子とその妃だった元明天皇の娘元正《げんしょう》天皇に提出された『日本書紀』も、稲霊と稲倉が密接な関係にあることを窺わせている。『日本書紀』神代巻は主調をなす主文と、異説を紹介する多くの一書《あるふみ》からなりますが、注目されるのは一書に登場する、イザナキとイザナミのあいだに生まれた倉稲魂命《うかのみたまのみこと》の存在です。

ウカ（食）とは食べ物、とくに稲。つまりウカノミタマノミコトの内実は稲の魂《たま》（＝稲霊）であり、倉稲魂命という表記はそれが稲倉に宿ることをまさに示している。ウカノミタマとは倉に収蔵された稲の魂なのです。すなわち、ここでも稲倉は、稲霊が宿るところと観念されています。

さらに『日本書紀』には、太陽神と稲霊の関連をうかがわせる有名なくだりがあります（これも一書）。〝天孫降臨〟の場面で、太陽神である皇祖アマテラスは、我が子につぎのように命じ、稲穂を授ける。

「吾が高天原に所御《きこしめ》す斎庭《ゆにわ》の穂《いなのほ》を以て、亦吾が児《みこ》に御《まか》せまつるべし」

「斎庭」とは、神に捧げるための稲を育てる神聖な田。アマテラスは高天原の稲を地上に下す我が子に持たせるのですが、下る途中で妃が男子を産んだので、代わりにこの子、つまり孫の瓊瓊杵尊《ににぎのみこと》を下すことになったといいます。ニニギとは、稲穂がにぎにぎしく実ったさまを意味し、稲霊の神格化です。『古事記』でもアマテラスの子に代えて孫を下すのは同様ですが、その事情説明が異なる。いざ下ろうと装束を整えていると妃に赤子が生まれたので、あらたに誕生した孫を下したとなっています。

いずれにせよ、孫が生まれたからといって、なぜ、親ではなく孫が統治することになるのか、不自然な展開ですが、そこに秘された政治的意味の重大さはのちにあきらかになるでしょう。とにかく、アマテラスの孫が地上を治めることになるのです。

このような経緯をもつ天孫降臨という皇祖神神話のなかに稲霊信仰は根を下ろしますが、このストーリーは『日本書紀』編纂時に完成されたものでしょう。この箇所が主文ではなく「一《ある》書《ふみ》に曰はく」として付け加えられているのも、編纂後期に挿入されたことを窺わせます。一書は全て後からというわけではありませんが、その可能性が高まるといえるでしょう。

そもそもアマテラスにしても高天原にしても、『日本書紀』に初出するのは一書。こうしたことからしてアマテラスも高天原も、『日本書紀』編纂後期の段階に編入されたことが浮かび上がってきます。

ウカノミタマノミコトやミクラタナノカミは神名をもつとはいえ、人格的な性格は薄い稲霊。古くからの信仰の産物です。『古事記』『日本書紀』神話のなかに皇祖アマテラスが打ち出されると、あまり言われなくなってゆきます。伊勢神宮が当初、板校倉造りの稲倉をモデルとしていたことと重なるのです。

†なぜ回り縁が?——稲倉から宮殿へ

しかしそれなら、なぜ板校倉造りに回り縁を付けたのか? その結果、神明造りが誕生したのですから、これは本質的な問いです。

確かに板校倉造りは稲倉を思わせるし、稲霊をまつる社殿にピッタリといえます。しかし皇祖アマテラスの住む宮殿に、板校倉造りはふさわしいか? そのような疑念が抱かれたとしても、不思議ではありません。

稲霊と違い、アマテラスは人格神。これをまつる正殿が稲倉まがいでは尊貴性に欠けるのではないか……。そういう思いが整備・建て替えを予定する者の胸中に芽生えるのは、むしろ当然のながれでしょう。

この観点に立つとき、皇祖アマテラスの御所としての正殿を倉から宮殿化することは十分に考えられます。板校倉造りだった正殿を宮殿化する、その具体的手段こそ、欄干を備えた回り縁を取り付けることだった。

そして、これもすでに述べたように、板校倉造りと回り縁をデザイン的に共存させるべく、正殿のコーナーに柱が立った——

こうして板校倉造りから神明造りが誕生したのでした。

この変化は、これまで見たように、まさに正殿において起きた。他の社殿では板校倉造りがつづいていたとみられ、現状のように、御饌殿以外の社殿でコーナーに柱が立つようになったのは、かなり後になってからでした。

じつは式年遷宮には百二十年以上にわたる長い中断期があった。それが復活した一五八五年に、他の社殿でもコーナーに柱が立つようになったとみられるのです。ただし回り縁が付くのは依然として正殿のみでした。その状態が現在もつづいています。

3　天武か持統か

†いつ、誰が？

それでは、正殿が板校倉造りを脱して神明造りに変わったのは、いつだったのか。そして、主導したのは誰だったのでしょうか？

つぎの二つのケースにほぼ絞られます。

（一）天武天皇が六七四年に伊勢に斎王を派遣した時
（二）持統天皇が六九〇年に挙行した第一回式年遷宮の時

†六七四年、天武主導の場合

（一）のケースから見ていきましょう。すでに述べたように、天武二年（六七三年）二月に即位した天武は大来皇女を斎王に任命し、「泊瀬斎宮」での禊を経たうえで、翌年十月に伊勢に向かわせた。この斎王派遣は約半世紀ぶりであった事情からも、この時、伊勢神宮の社殿群が整備されたとみられている。その期間は六七三年から翌年にかけての一年半余り。

問題は、板校倉造りだった社殿群のなかで、正殿だけは神明造りとされたのか、それとも他の社殿と同様、古来の板校倉造りにとどまっていたか、という点です。

当時の記録は全く残っていないのですが、斎王を派遣したころには、社殿は現在と同じ形状、つまり神明造りに整備されており、それが式年遷宮制により踏襲されて現在にいたるという先学の見解があります（福山『伊勢神宮の建築と歴史』）。「天武天皇の御代《みよ》迄 溯《さかのぼ》らしめて差支へはない」というのです。しかし、過去に向かって単純に延長線を引くのは根拠を欠いており、想像（願望？）でしかないことは否めません。

皇祖神アマテラス以前にも、皇祖母尊ないしそれ以前の段階というべき、身近な礼拝対象があったことをさきに見ました。『古事記』に登場する神名でいえば「御倉棚挙之神」、ご神体でいえば玉飾りの段階です。社殿に対応させれば、稲倉的な板校倉造りの段階といえます。飛鳥浄御原宮に見たように天武の代では、皇祖はまだ「皇祖母尊」的段階にあったわけですが、そのことが従来、見落とされていました。皇祖神アマテラスに対応する神明造りを当初から天武が生み出していたとはいい難いのです。

†六九〇年、持統主導の場合――わたしが皇祖神

つぎに（二）のケースを考えましょう。この場合、伊勢神宮の社殿においては、この時が〝再スタート〟のクライマックスだったことになります。

式年遷宮制は六八八年に定められ（拙著『伊勢神宮と天皇の謎』）、持統が即位した六九〇年に最初の式年遷宮が挙行された。したがって社殿の設計ならびに造営は六八八年から六九〇年に

かけておこなわれたことになる。正殿に回り縁が付き、四隅に柱が立つことになったのも（神明造りの誕生）、この間でしょう。

第一回式年遷宮が挙行される年の正月に鸕野は即位した。これだけでも式年遷宮、ひいては伊勢神宮との並々ならぬ関係をうかがわせますが、じつはこの女帝は、自らをアマテラスに擬していたとみられるのです（筑紫『アマテラスの誕生』ほか）。

皇后鸕野の息子・草壁皇子が早世した持統（称制）三年（六八九年）四月、さきに述べたように、葬儀の場で宮廷歌人により詠まれた挽歌に「天照らす日女の命」が登場していました。その内容は、歌人の個性のみによるものではあり得ず、そこからも、草壁の死が鸕野に重大な決意をもたらしていたことがわかります。

――草壁の幼い遺児、つまり孫の珂瑠《かる》（当時七歳、のちの文武）を将来皇位に就けるには、持統自身が即位して権力を掌握し、かつ、成立しつつあった至高の皇祖神として振る舞うに如くはない……。その皇祖神こそ持統その人に擬せられた。

天孫に降臨を命ずる皇祖神像はこのころ誕生しつつあり、それが『古事記』（七一二年）、『日本書紀』（七二〇年）の天孫降臨神話に反映している。親に代わって孫が降臨する不自然さを指摘しましたが、その意味もこれで氷解します。この神話は、当時における現実の政治的意図を如実に反映しているのです。神話は遠い昔につくられたものと思いがちですが、必ずしもそうとはいえません。むしろこの場合は逆で、望む現実をつくるために神話が創作されるのでした。

天孫降臨神話は皇祖神の直系子孫が代々この世を治めるべきことを説きます。しかし本音をいえば、直系でありさえすればよいのではなく、持統にとって自分の腹を痛めた血統でなければならなかった。これを実現させるためにこそ、持統は記紀神話に見るように、至高の皇祖神アマテラスを創造し、アマテラスとして振る舞うのでした。

自らをアマテラスになぞらえる女帝にとって、アマテラスを（ひいては自分を）まつる正殿が稲倉まがいの板校倉造りでは、不満に思うのも、もっともです。板校倉造りの稲倉はそこら中にあるからです。

稲霊をまとう人格神としてのアマテラスが持統という生身の身体を獲得したのですから、アマテラスのおわす正殿は、板校倉造りの稲倉を宮殿化する必要がある。こうしたながれのなかに、持統主導による神明造りの誕生を位置づけることができるのです。

†持統による新儀の導入

草壁皇子が没した翌六九〇年正月に皇后鸕野が即位式を挙げ、持統天皇が誕生します。『日本書紀』はその場を明記していませんが、天武没後、藤原宮・藤原京の工事は止まったままであり、天武即位の時と同じく飛鳥浄御原宮とみられます。そこでは即位儀礼として前例のない、驚くべき式次第がふくまれていたのです。

『日本書紀』によれば、持統即位の式において「天神寿詞《あまつかみのよごと》」が読み上げられ、「神璽《かみのしるし》の剣・鏡」が捧げられました。そして列席した官人が「拝みたてまつりて、手拍《う》つ」とあります。この三点は従来の即位式次第にはなく、持統の即位式で初めておこなわれるのでした（義江『古代王権論』ほか）。

神璽《しんじ》とは、従来の王権を証するだけのレガリア（＝璽《しるし》）とは全く異なる、あたらしい意味をもつものでした。すなわち、これを所有する者は神なのです。これにより、天皇が現人神であることが名実ともに明確にされました。

この神とは、いったいどのような神なのか？

天皇に捧げられた神璽なのですから、その神が数多の神々と同等なはずもない。神のなかの神にちがいなく、頂点に立つ神——。天皇家の祖先神が自ずと浮かび上がってきます。そう、皇祖神によって初めて任命された天皇持統は神になぞらえられ、神の化身となるのでした。

この時はまだ『日本書紀』は完成していません。しかし即位した持統に授けられた神璽としてのこの鏡こそ、時間的には後付けながら、『日本書紀』天孫降臨の場面でアマテラスが、

「此の宝鏡《たからのかがみ》を視《み》まさむこと、当《まさ》に吾を視るがごとくすべし」

と天孫に語りかけ、手ずから渡した鏡ということになる。文面化されることにより、皇位継承の意味、そのあり方が後世にも伝わり、末永く引き継がれることになった。

また、かしわ手を打つのは今日でもおこなわれる、列島古来の神まつりの作法。しかし即位した天皇にたいして手を打つのは、この時が初めてだったのです。

まさに神の子孫である天皇が、天上から降臨してきて即位したと演出されています。即位式が異様な緊張と興奮につつまれたことは想像に難くなく、これら新儀導入の迫力には計り知れないものがありました。自らの即位において、天皇自身が皇祖神となってしまったのですから驚天動地の出来事でした。

歴代の天皇（大王）は神まつりの頂点に立ち、神にもっとも近しい立場にありましたが、神そのものとは認められていなかったのです。ところが持統にいたって史上初めて公式に、神と遇されたのです。その内実が皇祖神であるのなら、その住まいとしての神明造りも、持統即位にともなう新儀の一環であったとみることができる。

同年九月、第一回式年遷宮が挙行されました。実在する生身の女帝が皇祖神アマテラスになぞらえられたことによって、正殿の神は一気に身体性を獲得しました。血の通った存在になったのです。この時、神明造りとなった正殿は、皇祖神であるとともに天皇である持統の宮殿という二重の意味を担うようになりました。

なお、六九〇年の即位式にアマテラスの名は見えませんでした。その文献上の初出は七一二年の『古事記』。皇祖神が公式にアマテラスの名を得たのはいつだったのか。

その可能性は六九〇年から七一二年の間になりますが、本書では即位式と同年の九月、伊勢神宮第一回式年遷宮であったとみておきたい。正月におこなわれた即位式後に神明造りが考案されたとしても、九月の式年遷宮まで、対応する時間は十分にありました。

†なぜ大極殿ではなかったのか――文武天皇即位式

持統につづく文武天皇の即位式の様子を見ておきましょう。それは後述するように持統譲位、すなわち「生前退位」によって実現された即位でした。その場所は、六九四年に持統が藤原宮に遷居していますので、当然その大極殿と思いきや、どうもそうではなかったようです。

『日本書紀』を引き継ぐのは文武朝からはじまる『続日本紀《しょくにほんぎ》』ですが、藤原宮の大極殿が出てくるのは意外に遅く、初出は文武が即位して二年目の文武二年（六九八年）正月。文武天皇が大極殿にて朝賀に臨んだとあり、もちろん、この時には完成していました。

その前年八月に挙行された文武の即位式こそ、まさに大極殿にふさわしく、そこでおこなわれて然るべきと思われます。ふつう、竣工なったばかりの大極殿で即位したとなれば、朝廷として最高のアピールになるのですから――

ところが、どうしたことか、文武即位の式がどこでおこなわれたのか、文献記録に見られないのです。おそらくこの時はまだ、大極殿が完成していなかったのでしょう。文武の即位式は祖父母の天武―持統と同じく、飛鳥浄御原宮だったと考えられるのです。なぜ大極殿の完成まで待てなかったのか？　とにかく一日も早く孫の即位を、と持統は既成事実化を急いだのか。

しかし、この間僅か四カ月余り。それも待てないほど、孫の即位を急いだのでしょうか。飛鳥浄御原宮での即位にはそれだけではない、別の理由があったのではないか。

天武の息子が多数いるなか、天孫降臨神話というあたらしい神話を設定し、齢僅《よわい》か十五歳の孫を即位させるという前代未聞の大芝居を持統は強行しました。これにリアリティをあたえるには、全くあたらしい舞台装置よりも、天武と持統が即位してきた飛鳥浄御原宮で挙行すべきではないか。場所については前例を踏襲し、そのうえに少年文武の即位を重ねたほうがむしろ説得力を増す、と考えたのではなかったか。

飛鳥浄御原宮を即位の場としたのは、持統との連続性を強調するとともに、なお燻《くすぶ》る天武遺児たちの反発をも封じ込める策だったのかもしれません。後述のように（四〇五頁）、文武即位は天武遺児たちの不満を押し切っての強行策だったのです。

なお大極殿での即位式が確認できる最初の事例は七〇七年、文武につづく元明天皇でした。文武早世のため、その遺児（＝聖武）を皇位に就けようと、草壁妃だった文武の母親が即位したのです。次いで即位したのがその娘（＝元正、亡き文武の姉）。そのようにして、ようやくにして達成されたのが「万世一系」なのでした。

†「高天原」の初出

さて六九七年におこなわれた文武即位の詔、その冒頭近くで、つぎのようなことばがつらなっていました（『続日本紀』）。

> 高天原にはじまり、遠い先祖から代々つらなり今この時にいたるまで、
> 天皇の御子としてお生まれになられた順序のままに（略）
> 天におられる神のお授けになるままに執りおこなってきた
> この天つ日《ひ》嗣《つぎ》の高御座《たかみくら》の業であると、
> 現《あき》つ御神として大八嶋国《おおやしまぐに》をお治めなされる倭根子天皇《やまとねこのすめらみこと》がお授けになり（略）

さきに『古事記』において皇祖の君臨する「高天原」を見ましたが、じつは『古事記』に先

行して、文武即位の詔で初めて公式に打ち出されていました。「天つ日嗣《ひつぎ》」は皇位、「高御座」は高天原の直下にある天皇の座です。高御座も文献上、初出で、舒明以降の八角墳と同じく八角形だったと考えられます（平城宮に設けられた高御座は八角形だった）。「大八嶋国」は島々からなる倭国のこと。「現つ御神」は現人神、天から地上に降臨してこの倭国を治める神の子孫が「倭根子天皇」で、もちろん持統を指しています。

六八九年の草壁挽歌で歌われた「天の河原」が、その八年後、文武即位の詔では「高天原」に転換されていることが注目されます。アマテラスの名こそ見えないものの、「天の河原」におわす「天照らす日女の命」から、「高天原」を治めるアマテラスに進化しているのです。七一二年に完成する『古事記』では、さきに述べたように（三六六頁）、天つ神のおわす天上の世界「高天原」が、イザナキからアマテラスにあたえられます。皇祖神アマテラスは高天原を得ることをとおして『古事記』の描き出す世界像のなかにしっかりと位置づけられるのでした。

興味深いのは『古事記』が完成する十五年前、文武の即位式において、すでに「高天原」が打ち出されていたことです。政治的に神話が形成されてゆくプロセスをそこに見ることができます。もちろん『古事記』は、そうしたことは神代の昔から定まっていたとするわけであり、それが「神話」創作の政治的威力といえましょう。

持統の即位、そして第一回式年遷宮によって六九〇年に産声を上げたばかりのアマテラスが六九七年、孫の文武を即位させるという政治的事業を初めて達成しました。皇祖として大いなる実績を挙げたことによって、アマテラスは存在の確かさを、また天皇制はその永続性をいよいよ増すのでした。以上を順を追って整理しますと(月は旧暦)、

六八九年　草壁葬儀の場にて「天の河原」の「天照らす日女の命」が、「日の皇子」すなわち天武天皇を降臨させたことが謳われた

六九〇年正月　即位式にて史上初めて持統に神璽が授けられ、天皇が神と崇められた

九月　皇祖神アマテラスをまつる伊勢神宮にて第一回式年遷宮が挙行された

六九七年　持統が皇祖神アマテラスから受けた皇位を孫の文武に「生前譲位」し、その詔で「高天原」「高御座」が初めて公式に打ち出された

七一二年「高天原」「皇祖神アマテラス」「天孫降臨」が『古事記』のなかに位置づけられ、皇祖神神話が全体としてひとつの構造を得た

神明造りの伊勢神宮は、皇祖神アマテラスの生成において、文武の即位宣命や『古事記』『日本書紀』の成立に先行していたとみることができるのです。

†具現した「万世一系」のはじまり

文武即位の詔にもどりましょう。

そこでは、神としての持統天皇が、神代から代々受け継がれてきた皇位を文武に授けたと宣言され、「高天原」からはじまる万世一系の天皇の物語が、天皇の孫の文武即位の場において公式に成立するのでした。

この時、物語を成立せしめたのは、のちに七二〇年、『日本書紀』が「高天原広野姫天皇」と和風に諡号する持統その人でした。そしていうまでもなく、このような宣命の下で文武に皇位を授けたのも、祖母の〈持統＝アマテラス〉にほかなりません。女帝は孫を即位させる場において神話を自ら演出し、揺るがぬ現実とするのでした。持統の起こしたこの壮大な事業をささえたのは、重用されていた藤原不比等であったとみられます。

†刷新された神話

さて、じつのところ、『古事記』『日本書紀』の天孫降臨神話には何通りもあります。『古事記』では天孫に降臨を命じる皇祖神は女神アマテラスだけでなく、男神タカミムスヒ（高木神）と共同しています。

七二〇年に成立した『日本書紀』の主文では、司令神はタカミムスヒ。アマテラスは登場しない。しかし数ある一書のなかにはアマテラスとするものが複数あります。降臨を命じたのはアマテラスか、タカミムスヒか、はたまた二神共同なのか？　たいそう話が混線しているのです。

それだけではありません。『日本書紀』主文には皇祖神の子に代わって孫が任命されるくだりがないのです。皇祖神がタカミムスヒなら、そこにこだわる必要もないということでしょうか。ですがアマテラスが司令神として登場する一書では、確かに子に代わって孫が降臨するくだりが詳しく語られている。

また天孫が降臨する際に、アマテラスが鏡を天孫に渡すのも一書においてです。『古事記』にせよ『日本書紀』にせよ、アマテラスが孫に降臨を命じる箇所は、やはり編纂後期の書き加えなのです。政治的な意図の下、旧来の神話や民間伝承をもちいて壮大な物語をまとめあげ、皇統を正統化するあたらしい神話を挿し込んだ可能性は否定できないように思われます。そしてそれが神話のメインストーリーを構成するのでした。

以上本節で述べてきた皇祖神をめぐるさまざまな試みは、皇祖神の子孫として天皇を位置づけ、これを権威づけようとするものでした。天皇を現人神として謳い上げる、その必死さは持統朝において最高潮に達していたとみることができます。

第13章

「生前退位」による「万世一系」

1 「万世一系」神話の形成過程

多くの読者にとって「万世一系」の天皇は遥か悠久の昔から――との思いは根づよいと思われます。七世紀後半のある時、ある女帝の「生前退位」によって政治的に決定づけられたといっても、納得するのはなかなか難しい。そこで、「万世一系」がどのように形成されたか、〈舒明―皇極〉からの前史をふくめて、あらためてその過程を総覧しておきたいと思います。

†「天照らす日女の命」の段階――皇祖神の形成（一）

すでに述べたように『日本書紀』には壬申の革命における行軍の途上、大海人が「天照太神を望拝」したという記事があります（二八三頁）。しかし「望拝」した場所から伊勢は視認できないとの指摘がある（倉本『持統女帝と皇位継承』）。この時期に「天照大神」は成立していないため、『日本書紀』の先走った過剰表現と考えられるのです。

しかし大海人にとってよほど印象的な体験だったのでしょう。おそらくは伊勢湾上に昇る太陽（霊）を遥拝し、それが皇祖母尊に重ね合わされたのかもしれません。しかしそれはまだ、皇祖神となる前の段階にあった。伊勢神宮にまつられる皇祖神へと神格を上げる過程のさなかにあったのです。

六八九年の草壁葬儀の場で謳われていた「天照らす日女《ひるめ》の命」は、天武が重視していた皇祖母尊をすでにこえています。しかしまだ皇祖アマテラスになり切ってはおらず、その成立手前の状態にありました。

この格上げの動きは、やがて持統天皇となる皇后鸕野の主導によるもの。この挽歌（六八九年）―持統天皇即位式（六九〇年）―伊勢神宮第一回式年遷宮（同年）―文武即位宣命（六九七年）―『古事記』神話（七一二年）の諸段階をへて、直系継承を根拠づける始祖としてのアマテラス像が確立されてゆきます。

この時期になされた持統天皇の即位儀礼（六九〇年）や神明造りによる伊勢神宮の第一回式年遷宮（同年）は、持統がアマテラスを演じることにより、アマテラス像を現実の存在としたのです。こうした儀礼をとおして、神話の創造に実感がともなってきます。すなわち〈天皇＝

現人神〉ということ、そして〈持統＝アマテラス〉であることが、疑いようのない現実であるかのように立ちあらわれてきたのです。

なお文献上にアマテラス（天照大御神）が初出するのは七一二年完成の『古事記』とみられますが、二つの大きな政治的・宗教的儀礼が挙行された六九〇年には、それは「天照らす日女の命」をこえた存在になっていたと考えられるのです。

†〈持統＝アマテラス〉の段階――皇祖神の形成（二）

神話が元来もつ権威とは悠遠なその古さにありますが、神話時代から歴史時代へという単純な思い込みを利用して、これを逆手に取ったといえます。神話的世界をこの世に現出させ、皇祖神アマテラスを持統に擬したのです。それは皇祖神と実在の天皇をむすぶ、あたらしい神話の創作なのでした。

これにより、アマテラスを祖先とする皇孫としての天皇、という権威ある現実がもたらされました。神話時代から歴史時代へというながれを止め、そこで屈折・反転させて、現実をあたらしい神話に従わせたのです。言い換えれば、あたらしい神話を現実としたのです。そこで生まれた天皇という現実は、至上の権威を得ます。すなわち政治的現実が神話によって権威づけられ、同時に神話が現実となるのでした。

なお朱鳥元年（六八六年）九月に起きた〝大津皇子の変〟の翌月、斎王であった姉の大来皇女は伊勢から呼びもどされ、その後、斎王不在の状態がつづいていました。それが六九七年に持統が譲位、すなわち「生前退位」して文武が即位するや翌六九八年、あたらしい斎王が伊勢に派遣されるのでした。十二年も斎王の空位がつづいていたのに、なぜ文武即位後になって、ようやく解消されたのでしょうか？

それは天皇在位中、持統がアマテラスとして振る舞っていたからです。〈持統＝アマテラス〉なのですから、持統が飛鳥浄御原宮、藤原宮にいる限り、アマテラスもそこにいたのです。したがって伊勢への斎王派遣などあり得ないことでした。

権威や権力というものは自ら充足し、自立しようとする習性を本能的にもつのでしょうか。古代においても現代においても――。権威・権力を自分の血統に集中させようと、最高権力者は直系継承で固めようとする。その結実こそ天武天皇が追い求め、持統天皇が現実のものとした「万世一系」的天皇なのでした。

こうした過程の蓄積のうえに『古事記』『日本書紀』に見られる、「万世一系」的天皇を謳い上げる天孫降臨神話が成文化されたのです（七一二年、七二〇年）。

以上に述べてきたように、それは成文化される前から、儀式や建築をとおして探求と実践を重ね、着々とリアリティを増していたのです。

†天武と持統の〝逆転〟

しかし持統天皇によるこの動きが、はたして天武天皇の意に沿ったものだったでしょうか？すでに述べたように、天武が血統上、よすがとしたのは母であり大王であった皇極（斉明）でした。「皇祖母尊」と呼ばれた皇極との繋がりこそ、かれの正統性をアピールしたのです。「皇祖母尊」は「天照らす日女の命」より、むしろ太陽霊が人格化される初期段階の「日女の命」に近かった。

天武の命により、伊勢の斎王として皇女大来が仕えたのも、皇極（斉明）がモデルの、この皇祖母尊だった。このことは、斎王任命の二カ月前ころに完成された飛鳥浄御原宮が（その前庭で天武は即位した）、皇祖母尊の王宮を母体としていたことからも窺えるのです。その時、皇祖神アマテラスはまだ成立しておらず、成長の過程にあったのです。つまるところ皇祖神は、

日女の命→皇祖母尊→天照らす日女の命→天照大神

と脱皮し変容を遂げるわけですが、最終的に仕上げたのは鸕野皇后でした。やがて即位して天皇となるや、自ら皇祖アマテラスとして振る舞います。天武にとって皇統の拠りどころは母

の皇極でしたが、持統にとっては違いました。それはアマテラス、すなわち彼女自身――。天皇を定義づける、あらたな神話が、自分自身を皇祖神になぞらえることによって誕生するのです。

その時、天武と持統の関係はどうなったでしょうか？

草壁挽歌にあらわれた天武は、天上の神「天照らす日女の命」によって地上に下された天皇でした。神から命ぜられて天皇となったのです。これに対し持統は、天皇を地上に下す、すなわち次期天皇を決める皇祖神として君臨する天皇となった。

持統が絶対的存在となり、天武、ひいては皇極は必然的に相対化されるのでした。

†「生前退位」から生まれた「万世一系」

舒明から持統をへて文武まで歴代の〈大王―天皇〉は孝徳以外、八角墳に葬られています。第Ⅱ部で述べたように、八角墳の考案は皇極（斉明）とみられ、持統の孫・文武までが確認されているのです。

孝徳が外されているのは、姉から弟への継承が、あるべき姿とみなされなかったからです。初葬が八角墳でなくても、改葬によってそうすることもできました。しかし、それもなかった。直系を旨とする「万世一系」構想にそぐわないからです。同じように『万葉集』でも孝徳は外されています。
天武の場合は、天智が後継指名した直系の大友王子に戦いを仕掛けて首を取り、皇位に就いた。王統が革まって天皇が誕生したのです。天武は母が皇極（斉明）ですが、男性大王とは遠い縁。前大王が後継者と定めた直系王子を殺害して即位したのですから、やはりこれは「革命」でした。

にもかかわらず、天武は八角墳に葬られた。これは持統主導とみられ、王（皇）統でいえば、母斉明とのつながりに正統性をもとめたのです（本書では既述のように、天武の父は高向王との前提に立っている）。皇祖神アマテラスは、天武の正統性を包含しているのでした。

孝徳とは対照的に、天武と鸕野の息子で直系筋にあたる草壁皇子は、即位にいたらなかったものの、八角墳に葬られたとみられます（束明神《つかみょうじん》古墳、奈良県高取町、橿原考古学研究所）。これも母鸕野の主導でしょう。直系による継承こそ、あるべき姿とされたのです。このことは、草壁早世の二カ月後に配布された飛鳥浄御原令が定める皇太子制と軌を一にしていました。

そして草壁の子で持統の孫である珂瑠が十五歳になった六九七年、飛鳥浄御原令にもとづき、史上初の皇太子を誕生させました。その半年後に即位させ（文武天皇）、持統はこの時、史上初の太政《だいじょう》天皇となります。太政天皇は、七〇一年に完成する大宝律令で天皇と同等の存在として明記されます。大宝律令は散逸してしまいましたが、古代の注釈書から、つぎの条文があったことが判明しています。

凡《およ》そ皇《こう》の兄弟、皇子をば、皆親王と為《せ》よ（女帝の子も亦同じ）

ここで、わざわざ女帝の場合に言及しているところが注目されます。天武天皇（漢皇子）の母が女帝斉明でしたし、太政天皇の持統も女帝。この時期、女帝の存在感がことのほか大きく、今後も輩出することが予感されたのでしょう（実際、男帝文武から女帝元明―元正をへて男帝聖武―女帝孝謙《こうけん》にいたった）。

こうして「万世一系」の第一歩が踏み出されるのでした。それは自ずからなったのではなく、持統の「生前退位」によって成就されたのです（以後、繰りかえされた）。

今日、「生前退位」に強硬に反対する意見が一部にありますが、かれらが尊崇する「万世一系」自体、「生前退位」から生まれたという歴史的事実の重さを知るべきでしょう。その後も「万世一系」は、「生前退位」と一体となって近代にまでいたるのでした（「生前退位」が閉ざされたのは、明治憲法と同時に制定された旧皇室典範においてだった）。

†八角墳でつらなる皇統譜

文武は二十五歳で早世してしまいます。持統はすでに没していましたが、この若い天皇も八角墳に葬られたとみられます（中尾山古墳、対辺距離三〇メートルほどで三段構成、明日香村平田。明日香村教育委員会ほか）。

八角墳の系譜は教科書に掲載されず、多くの現代人にとってあまり意識されることのない存在となっています。また樹木が生い茂り、形状も崩れ、見てもそうとはすぐにはわかりません。しかし古代のある時期、七世紀後半から八世紀初頭において確たる存在感を放っていたのは事実なのです。

皇極、天智から天武へ、そして持統から文武につらなる経緯を包含して説明し切り、これを末代に繋げよう。それには皇極の孫で天智の娘、かつ文武の祖母である自分自身が皇祖神になってしまうのが一番だ――。こうして女帝は、後継者決定権を発動する皇祖神たらんとするのです。

そうなると、神々の世界において〝国母〟たる女性神がどうしても必要とされるのでした。それが皇祖神アマテラスであり、持統は地上に降りたアマテラスとして君臨するのです。

2　持統自らの神格化過程

†異常な回数——吉野行幸（一）

スメミオヤノミコトと呼ばれていた皇極（斉明）は、天武によって皇祖に想定されていましたが、六九〇年に即位した持統が皇祖神アマテラスとして振る舞うにいたる。ここに皇祖の座は、皇極から持統に明け渡されたのです。

天武没後の鸕野（持統）の軌跡をたどると、奇妙なことに気づきます。即位前年の持統（称制）三年（六八九年）正月から没する大宝二年（七〇二年）十二月までの十四年間に、持統は三十二回も吉野への行幸を繰りかえしているのです。この回数は尋常ではありません。

さらに訝しさを抱かせるのは、即位前年から、孫の文武（十五歳）に皇位を譲位する六九七年まで、八年半余りの間に三十一回なのに対し、没するまでの五年間ではたったの一回。即位前年および在位期間中に吉野への行幸が集中しているのです。

王権奪取を胸に秘めた大海人王と鸕野王女がいったん隠遁すべく向かった地が吉野。そこから壬申の革命がはじまったのですから、記念すべき地であるにちがいない。また、有力皇子たちに恭順を誓約させた〝吉野の盟約〟の地でもあります。
しかし八年半の間に三十一回という、吉野への行幸回数のこの異様さを説明するには、まだ説得力が十分といえないでしょう。

†吉野宮へ――吉野行幸（二）

先述のように、吉野はスメミオヤノミコトすなわち皇極（斉明）と深い関係がありました。そこは神仙境とされた道教の聖地。道教呪術に長けていた皇極にとって、吉野は特別な場所だったとみられ、斉明時代には吉野宮を建てています。この宮は道教の宗教施設、道観であった可能性も指摘されています。そこに持統は毎回入っていたのです。

その建築遺構が見いだされています（宮滝遺跡、奈良県吉野町宮滝）。持統が吉野宮を訪れた際に随行した柿本人麻呂の万葉歌がありますので（巻一）、立地や建築をしのばせる箇所を抜粋しましょう。

八隅知《やすみ》し　我が大君の　聞こし食《を》す　天の下に（略）
吉野の国の　花散らふ　秋津の野辺に　宮柱　太敷きませば（略）
この川の　絶ゆることなく　この山の　いや高知らす　水激《たぎ》つ

滝の宮処《みやこ》は　見れど飽かぬかも
安見《やすみ》知し　我が大君　神ながら　神さびせすと　芳野川　たぎつ河内に
高殿を　高しりまして　のぼりたち　国見をせせば（略）

山中に懸かる滝の近くに建てられたこの宮は、太い柱をもつ豪壮な高殿であったようです。なお「我が大君」に懸かる枕詞「八隅知し」には、世界を八角形とみる思想が表われているとみられます。つまり、世界の隅々まで治めておられる大君――、というイメージを醸成しているわけですが、そこには先述の〝八紘〟につらなる八角墳の世界観が通底しています。

また八隅は安見とも書く。語源は前者かと思われますが、「安見」には、「八隅」からなる世界を前提として、そこに安全・安心をゆきわたらせている大君、という意味をこめているのでしょう。

†その目的――吉野行幸(三)

持統の事績をたどると、非常に才長けた女性であったことがわかります。それが時に、冷徹さをもたらしました。また類稀な胆力も備わっていた。政治権力を行使するのに絶好の資質をもって生まれたといえるでしょう。

いっぽう、祖母であった皇極（斉明）がもっていた霊的能力についてはどうであったか。皇祖神アマテラスとして振る舞うには、祖母以上の霊性がもとめられます。これを身につけるには、祖母と同じく、道教の聖地吉野に入るに如くはない。そこには斉明造営の吉野宮があるのでした。

『日本書紀』を見ると二泊から十一泊と行幸期間に幅がありますが、多くの場合、七泊から九泊。だが、その間の行状は記されていません。秘すべきことであったのでしょう。

在位中に、これほど頻繁に長逗留をするとは、やはり、抜き差しならぬ事情があったとみるしかない。皇極のように霊力を身につけるには、単に行けばよいということではなく、皇極ゆかりの吉野の山に籠り、鍛錬を重ねなければならなかったのです。

しかし目的はそれで全てだったでしょうか？

すでに述べたところですが、「皇祖母尊」である祖母の皇極を超えてしまった〈皇祖神アマテラス＝持統〉。度重なる吉野行幸は、霊力を身につけ発揮しつづけるためのみならず、祖母皇極にひたすら許しを請う行為でもあったのではないか。

†伊勢行幸の謎

吉野行幸とともに謎めくものに持統の伊勢行幸があります。

『日本書紀』によれば持統六年（六九二年）二月、翌月に伊勢行幸することを表明しました。これに対し、重臣の大三輪朝臣高市麻呂が二度にわたって持統に直接諫言する行動に出ます。一度目は文書をかざし、二度目は出発予定の当日に、冠を脱いでの、捨て身の反対表明を敢行するのでした。その理由は、農作業を開始する重要なこの時期に車駕を動かすのは大きな妨げになるというものでしたが、真意は別のところにあったでしょう。

というのは、大三輪高市麻呂は三輪山の神まつりを司る家から出ています。天武に仕えた重臣であり、従来の神観念をつよく保持するかれは、〈アマテラス＝持統〉を確立せんとする持統の伊勢行幸に賭ける真意を鋭く察知し、強硬に反対したのでしょう。

しかし持統はひるまなかった。かの女には譲れない理由があったのです。それはまさに二年前におこなわれた第一回式年遷宮の成果を確認することでした。

すなわち、アマテラスとしての自分の住まいである正殿の神明造りをこの目でしっかりと見届けること――。同時にそれは、自分がアマテラスとして振る舞うことを直接報告し、その許しを請うためだったと思われるのです。

三日遅れの出立となったものの、持統は決然と覚悟をもって、伊勢行幸に赴くのでした。『日本書紀』は明示しないものの、持統は伊勢神宮参拝をしたにちがいないと考えます。なおこの年の九月に、外宮最初の式年遷宮が催行されるのでした。その準備状況を見る目的もあったでしょう。

3 「万世一系」への建築的実践

†画期の六九〇年——持統即位式、第一回式年遷宮、新暦採用、藤原京再開へ

ここで、年明け早々、持統天皇の即位式からはじまった持統四年(六九〇年)を振りかえっておきましょう。

即位の式は、満を持して正月におこなわれた。

九月には、伊勢神宮の第一回式年遷宮が挙行される。二十年に一度の式年遷宮とはいえ、最初であれば、期日に特段の制約はない。それは持統の即位の年に合わせておこなわれました。

十一月には、あたらしい暦が採用されました。すなわち、それまでもちいられていた元嘉暦《げんかれき》にくわえ、儀鳳暦《ぎほう》が採用されたのです(元嘉暦は七年ほど併存して廃止)。あらたな京の建設が空間秩序の制定を意味するなら、暦の設定は時間秩序の制定を意味します。これにより、時間と空間を支配する存在としての天皇の実体があきらかとなるのでした。

十二月には、持統天皇が藤原宮の地を視察し、中断していた藤原京の工事を再開する運びと

なる。式年遷宮の開始と藤原京建設の本格化は、軌を一にしていたのです。

藤原京は、遷ることなく安定して存在しつづける天皇の都として建設されました（のちに平城京に遷るが、それは持統没後のこと）。恒久的な宮のあり方は権力の継続に適しています。すでに指摘したところですが、なによりもそれは安定した政権基盤をつくるからです。

†生気を吹き込む式年遷宮

反面、その恒久的な宮のあり方は、さきにも触れたように長年つづいた歴代遷宮がもっていた権威蘇生の効能を失う憾《うら》みがありました。王宮の安定化が沈滞をもたらし、天皇の権威が色褪せるおそれです。

そのような懸念を払拭するためにも、歴代遷宮の停止とまさしく入れ替わって、皇祖をまつる伊勢神宮の第一回式年遷宮が六九〇年におこなわれたのです。時が来たら建て替える、それにより皇祖の若々しい清新な力が発揮されます。建て替えること自体に意味を見いだす心性があったのです（それが今も変わらずあるのは、二〇一三年の式年遷宮からもあきらかでしょう）。

社殿を定期的に建て替えることにより、皇祖アマテラスが常に輝きを失わず、皇位のオーソライズを期す——。これが式年遷宮の目的です。このようにして、王宮の歴代遷宮がもっていた王権蘇生の力は、伊勢神宮の式年遷宮に託されるのでした。それは「万世一系」を永遠化するためのレールを敷く意味がありました。

六七四年に天武主導で社殿が整備された段階で、掘立て柱による工法を採用していました。永遠の皇祖神をまつるのですから、この時点で、定期的な建て替えの必要性を認識していたし、あえてそのような工法を採ったと考えるべきでしょう。

式年遷宮という制度の発足は六八八年、鸕野によってなされましたが、それは六九〇年の一連の大きな動きの前兆でした。前後のあらましを振りかえりますと、

六八八年　式年遷宮制の発足
六八九年　草壁葬儀、飛鳥浄御原令配布
六九〇年　持統即位式、伊勢神宮第一回式年遷宮、持統が藤原宮の地を視察
六九一年　藤原京地鎮祭
六九二年　伊勢行幸、藤原宮地鎮祭
六九四年　藤原宮遷宮

これらは全て、持統天皇の主導により遂行されました。その真の意図はどこにあったのか、ここまでお読みいただいたお一人おひとりにゆだねることにいたしましょう。

むすび

†棄てておかれていた天智陵

持統の父、天智が没したのは天智十年（六七一年）十二月。その翌年の五月、陵造営のために人夫が徴発されたと『日本書紀』にあります。ところが六月には壬申の革命が勃発。『万葉集』には着手されたばかりの天智陵から、人びとが「退《まか》り散《あら》けし時に」詠まれた歌がおさめられています（巻二、額田王）。

八隅《やすみ》しし　わご大君の　恐《かしこ》きや　御陵《みはかつか》仕ふる　山科の　鏡の山に（略）
百敷《ももし》きの　大宮人は　行き別れなむ

「仕ふる」は造っている、「鏡の山」は御陵のある山域、「行き別れる」はちりぢりに退散する意。乱の発生により、着手されたばかりの未完の陵が置き去りにされてゆく様子を歌っています。天智直系の後継王子である大友を抹殺した天武が、天智陵の造営に積極的なはずもなく、そのまま放置されていたとみられます。

✝高市皇子の死去を受けて

壬申の革命での戦功高く、藤原京の造営にも力を尽くした天武天皇の長男、高市皇子が六九六年に死去。持統治政下で太政大臣の任にありました。母の出自は低いながら、年齢および実力からすれば、かれこそ大津、草壁亡き後の天武後継にふさわしかったといえましょう。『日本書紀』は草壁皇子を「皇太子《ひつぎのみこ》草壁皇子尊《みこ》」と呼ぶのに準じて、高市を「後皇子尊《のちのみこ》」と呼んでいる。享年四十三。遺児に長屋王、十三歳がいました。

これも『万葉集』に、第Ⅲ部で引いた「渡会の　斎宮ゆ　神風に　い吹き惑はし」と歌う長歌がありましたが、柿本人麻呂による高市皇子への挽歌の一部でした。それだけ壬申の革命でのはたらきがつよく印象づけられていたのでしょう。

ですが挽歌においてはこの一点が強調されているだけで、高市の他の功績については一切触れません。かれは持統の治世において頼りになる存在でしたが同時に、次期後継をめぐって厄介な存在でもあったのでした。その死により、持統の孫珂瑠《かる》王の即位にむけて最大の差し障りが消えるのでした。

同年末ころとされますが、宮中で持統の後継者決定会議が開かれました。高市が没したのを受けてのことでしょう。即位式では皇祖神として振る舞う持統天皇でしたが、後継者を確定するためには手続きを踏む必要があったのです。

「生前退位」をなすことによって孫への譲位を期す持統のつよい執念は朝廷内に知れ渡っていても、天武遺児の男子が七名も健在でした。そのうち、生母の出自や年齢からすると、有力候補が四名いました（倉本『持統女帝と皇位継承』）。

それだけではありません。孫・珂瑠の父は即位することなく早世した草壁皇子であり、天皇を父としていないのです。この弱点を補うためにこそ天孫降臨神話の創作があったわけですが、それでも現実のハードルは高かったのです。

このような状況下、大友の息子である葛野《かどの》王三十七歳の発言が全体を制します（『懐風藻』）。大友は天智の息子であり、壬申の革命さえ起きなければ、そのまま王位に就いていたはずです。その息子の葛野王は当然、後継者でした。


「我が国家の法と為る、神代よりこのかた、子孫相承けて、天位を襲《つ》げり」

不文律の慣行としてなされ、起源も不詳だった王位継承法。それが、本文で述べた六八九年の飛鳥浄御原令の配布、六九〇年の持統天皇即位の式次第、伊勢神宮の第一回式年遷宮および天孫降臨神話の成立などをへて、皇祖神に起源をもつ「万世一系」の天皇としてすでに権威をもちはじめていました。しかし、それが必ずしも史実ではなかったことは本文で見てきたとおりです。

また六九四年の藤原宮への遷宮、そして藤原京が本格的に建ち上がってゆくさまは、持統朝が揺るぎない王権であることを如実に物語っていました。さらには『古事記』『日本書紀』の編纂事業も進んでいた。

†「若し兄弟、相及ぼさば……」

つづけて葛野王は、

「若し兄弟、相及ぼさば、即ち乱、此《ここ》より興らむ」

と言う。今、後継の範囲を天武の遺児たちにひろげたなら、兄弟たちが争うことになると。しかし「万世一系」理念が父子直系にもとづくとするなら、要件を満たす天武の遺児が後継となるのは当然のこと。

この発言は壬申の革命を否定することに重点がありました。二度とこのようなことがあってはならないと――。父を革命で喪い、めぐってきたであろうはずの王（皇）位をも失った本人のことばだけに、重く響く。そのかれが、天武の後継世代を排除して、持統の孫・珂瑠王（当時十四歳）の即位を後押ししたのです。

この時、天武遺児のひとり、弓削《ゆげ》皇子（推定二十三歳）が口を挟もうとしたが、葛野王が叱りつけ、場が納まったといいます。かれの発言と態度は、事前に持統の意を受けてのものだったでしょう。盤石と見えた持統朝に追従し、翼賛してゆくのが生き延びる道と観念するしかなかったのです。持統はかれの言葉を「国を定」めたと褒めちぎり、格別の昇進を授けるのでした。後継会議の件は『日本書紀』『続日本紀』に出てきません。

父子直系に当てはまる人物が多数いたからこそ、持統は我が身を皇祖神アマテラスに擬して〝天孫降臨〟神話を創作し、これを政治的に実践したのです。

†「天孫降臨」から「生前退位」へ

翌六九七年、持統は孫の珂瑠を首尾よく皇太子とし、この年に譲位つまり「生前退位」をおこないます（文武天皇）。念願の天孫降臨を実現したのです。この時文武は十五歳。いかに強引な天孫降臨であったかが分かろうというものです。これを達成するためにこそ、持統は自らを皇祖神に擬していた。自らをモデルとして皇祖神アマテラスを創造していたのです。

六九七年の文武即位の詔において、「高天原」が初めてあらわれていました。すでに触れたように、このときはまだ藤原宮の大極殿は完成しておらず、飛鳥浄御原宮の新宮で催されたとみられます。とにかく即位を急いだのでした。

その際の詔は本文に引きましたが、そこでは神としての持統天皇が、神代から代々受け継がれてきた皇位を文武に授けたと、「万世一系」の天皇を高々と謳い上げていました。持統による譲位、現代語でいえば「生前退位」がなされ、それが「万世一系」のレールを敷いたのです。そして持統はこの時、「万世一系」の汽笛を実際に鳴らさせました。それは『古事記』『日本書紀』の成立に先んじてのことでした。

第Ⅱ部で述べたように、史上初の「生前退位」は確かに皇極でしたが、それは大化改新、つまり飛鳥板蓋宮で起きた乙巳の変という宮中テロの収拾策でもありました。その「生前退位」は計画的であったにせよ、変則的事態をともなうものでした。平穏な状況の下、着々と天皇の明確な意思によって譲位をおこなったのは持統が初めてです。

「生前退位」した後も持統は、史上初の太政《だいじょう》天皇として実権を振るいつづけます。実際そうしなければ、十代の天皇文武ではもたなかった。政治とも神話ともつかぬ「万世一系」の皇統は、こうして公私が入り組んだ状態ではじまりました。

政治的意図の下に天孫降臨神話が創作され、政治と神話が綯《な》い交ぜとなる。これにより天皇が現人神と権威づけられ、その天皇による後継指名が一般化します。これが「生前退位」定式化のはじまりでした。ここから「万世一系」の物語が現実と化してゆくのです。

天智陵の完成

六九九年には天智陵を「営造」するため、任官があらためておこなわれています（『続日本紀』）。大がかりな人事で、すでに完成していた古墳の単なる整備とは見えません。二段の方形壇の上に八角形がのる構成で、上段の方形は一辺四五メートル余り、八角部分は対辺距離一六メートル余り（八角墳の意味については本文で述べました）。

先述のように、六九六年には天武長男で実力者の高市皇子が亡くなっていました。他の皇子たちも文武即位により、望みは絶たれています。太政天皇は誰憚ることなく、天智陵造営を指示できる状況にありました（京都市山科区、御廟野《ごびょうの》古墳）。『日本書紀』にもちいられている天智の和風諡号は天命開別《あめみことひらかすわけ》。和風諡号とはいえ、その意味内容は天が下した命令、つまり天命を受けて天子が地上世界を統治したという、きわめて中国的な世界観にもとづいています。天智は天命を開いた御方と讃えられたわけですが、そこに太政天皇の意思を読み取ることができます。

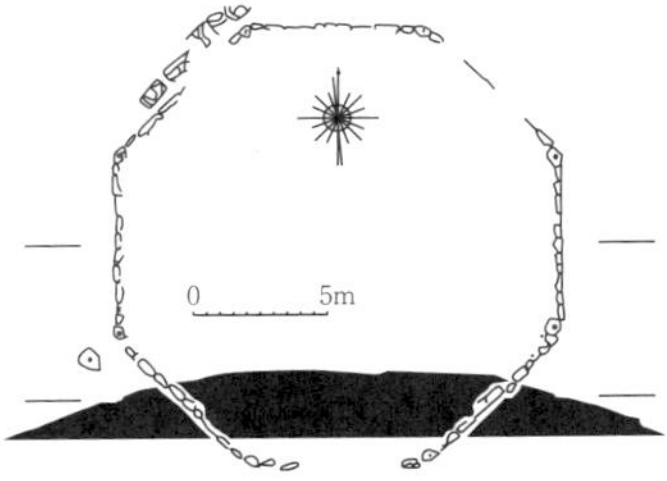

天智陵（御廟野古墳）／頂部遺構図（宮内庁書陵部『書陵部紀要第三九号』）

天智が崩御した際、近江王権によって贈られた可能性もありますが、その場合、すでに王権内で中国的な世界観が支配的であったことになります。

†天智陵と藤原宮

ところで近年、驚きをもってむかえられたひとつの指摘がありました。天智陵が藤原宮の真北の位置にあることがあきらかになったのです（藤堂「天智陵の営造と律令国家の先帝意識」）。論文タイトルからも窺えるように、論者はこの位置決めに、先帝天智を「律令国家の初代天皇」とする意図を見いだしています。

藤原宮の真北という天智陵の位置――。これが、はたして明確な意図に基づくのか、はたまた偶然によるものなのか。

第Ⅲ部で述べたように、藤原京は五・三キロという都市的スケールを内包していましたが、街路の施工に誤差が生じていました（寸法でも角度でも）。このような実態から見ても、藤原宮のある奈良県橿原市から天智陵のある京都市山科区まで、五八キロもの距離にありながら東経一三五度四八分と経度が揃うのは、やはり稀有な偶然とみるべきなのかもしれません。

しかしながら、藤原宮の中心軸を北に伸ばした線上に天智陵が存在するということの意味はあまりに重く、にわかに棄てることができないように思われます。

藤原宮の遥か北方、山科の地に未完の天智陵があるという認識は、持統の胸中につよくあったのでしょう。これを立派に完成させなければならない、八角墳として――

そこには天と地、そして方位にたいして現代とは異なる、特別の意味が付されていました。はて、宮の北に陵があることの意味とは何だったのでしょうか？

†北――方位の世界観（一）

一年をつうじ常に北の空の高みにあって、位置を変えないと見られていた北極星（太極星）。そこは全てを統御する天の〈中心〉。すでに述べたように、それは紀元前にもさかのぼる、中国最古といえる宇宙観の絶対の基準でした。

天の〈中心〉に対応して、藤原宮に大極殿が建てられました。中国で描かれていた理念モデルにもとづいて、藤原宮は地上世界を象徴する巨大正方形都市の中心に計画されたのです。

一～三世紀の中国では、東西南北の四方に四神《しじん》をあてる観念が形成されていました（四神相応）。これによるなら、北は玄武で、玄とは宇宙の根源としての暗黒のこと。その玄が、地上では北にあてられるようになりました。イマジナリーに、天上の世界を地上に降ろしたのです。

北の天に輝く北極星は古来、天極になぞらえられていました。その天極を地上に降ろそうとすれば、それは当然、遥か北方ということになりました。この方角を玄武にあてたのは道理にかないます。藤堂氏も天智陵を藤原宮の天極と位置づけています。

本文で述べた「天子、南面す」という大原則は、根源的な意味をもつ北を背に、つまり宇宙の根源をなす玄武から力を得、かつ守られて、この世を統治するということを意味したのではないか。この大原則は今述べたようなプロセスのなかで熟成されたと考えられるのです。

持統天皇は、そのような北の重要性を深く理解していた。そこは世界の根源であり、全てはそこからはじまる、と。天智の和風諡号「天命開別」に表出していたように、近江王権は中国的世界観に染まっていたのです。

――そうか！　父は飛鳥から北、大津へと遷都を強行していた。これも、北をめざしたのか。父は遷都によって天地を動かす力としての玄武を掌中のものとし、まさに玄武となって忍び寄る唐軍に対抗せんとしたのか……

実際、持統・文武朝に描かれたとみられる古墳の石室壁画を見ると、四方のうち他の三方が一匹の神獣で表されるのに対し、北の玄武だけが蛇と亀が絡み合って睨み合う、きわめてダイナミックな構図をもっています。ひとつの根源的エネルギーから二種の神獣が生まれたのでしようか（キトラ古墳）。

南――方位の世界観（二）

いっぽう、これも本文で触れたように、藤原宮の南門である朱雀門の先、宮の中軸の南延長線上には夫・天武が眠っています。さらに文武天皇陵とみられる中尾山古墳もこのライン上に造営される。朱雀の朱は燃えさかる炎。中国思想では、南に死者たちが蘇る場があるとされていました。

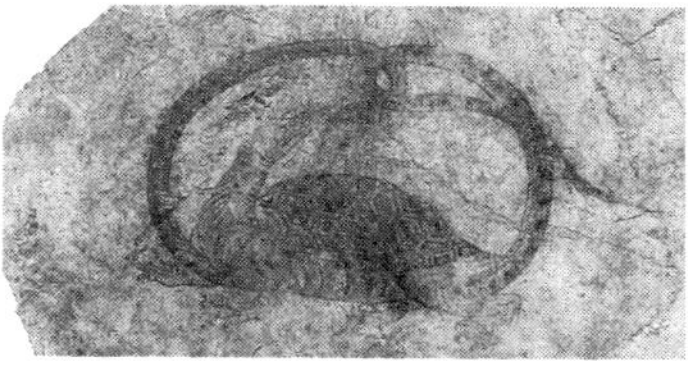
キトラ古墳／亀と蛇が絡み合う玄武の像／石室北壁（文化庁ほか『特別展　キトラ古墳壁画』より）

近年、ほぼ同じライン上に、彩色壁画をもつキトラ古墳、高松塚古墳が発見されて注目を集めました。円墳で小規模ながら、石室の四方の壁に四神が、天井には科学知識にもとづく天文図が細密に描かれていたのです（高松塚では南壁が下地の漆喰ごと剝奪されていた）。ともに七世紀末から八世紀初めと推定され、藤原宮・藤原京の造営時期と重なります。四神相応の思想がすでにこのころ具象化を見せていたのです。

南が死者たちのよみがえる葬地ゾーンであるのに対し、北は宇宙の根源。そこは万物の起源をもたらす世界――

ならば、藤原宮の遥か北方、未完の陵に眠る父天智を皇統始祖の地位にまつりあげることができるではないか……。北に亡き父が眠っていることに、持統は、はかりしれない意義を見いだしたのです。こうなると、藤原宮の中軸線、その南延長線上に眠る夫天武は相対化され、父天智が絶対的な存在となります。

天武と天智の〝逆転〟――。そこに持統は最終的な答えを見いだしたのです。

✝雲上の高天原へ……

〝山田寺の変〟がもととなって母の死を経験し、父天智を恨んでいた鸕野。大海人と共に進んで壬申の革命に身を投じ、父の遺児が率いる近江王権を倒した鸕野。その鸕野が、いまや変身を遂げている――

いや、この〝逆転〟現象の兆候は、じつは天武没後、すでにあらわれはじめていました。天武の息子・大津皇子の殺害、そして持統天皇即位式のありかた、同年におこなわれた伊勢神宮第一回式年遷宮で生まれた神明造り、そこを住まいとする皇祖アマテラス像の成立、アマテラスになりきる持統の振る舞い。

舒明から文武までつづく八角墳の系譜も、天智以降は持統の主導。それは天武と共になし遂げた武力革命を、皇統の「万世一系」的な、なめらかな連続性のなかに埋没させるものでした。そして最後に、父天智を皇統中興の祖にまつりあげる。よりひろく、大きなグランド・デザインのなかに、神代からの「万世一系」を位置づけるのでした。

七〇二年、持統没。享年五十八。

翌年、遺言にもとづき、飛鳥岡《あすかのおか》にて、天皇として史上初めて火葬に付されました。高く立ち昇る白い煙の道筋は、持統の人生を深く知ってしまった読者の目にどう映るでしょうか？

雲上の高天原へといたる女帝持統の化身……

自らアマテラスとして振る舞い、血の通うアマテラス像を創造した持統天皇にふさわしい最後の姿だったといえましょう。翌日、夫天武が眠る八角墳に合葬されました。

父天智の統べる悠久の秩序の世界の中で──

参考文献

本書は文献史学、考古学をはじめとする貴重な研究畜積を前提に成り立っています。ここに掲げる文献の著者の方がたに深甚なる謝意を表します。
なお参照することの多かったものに※印を付しました。

史料解釈

坂本太郎・家永三郎・井上光貞・大野晋校注『日本書紀（一）～（五）』岩波文庫※
倉野憲司校注『古事記』岩波文庫
石川淳『新釈古事記』ちくま文庫
東野治之校注『上宮聖徳法王帝説』岩波文庫
佐佐木信綱編『新訂 新訓万葉集 上巻』岩波文庫
佐竹昭広・山田英雄・工藤力男・大谷雅夫・山崎福之校注『万葉集（一）』岩波文庫※
江口孝夫全訳注『懐風藻』講談社学術文庫
直木孝次郎他訳注『続日本紀（一）～（四）』平凡社東洋文庫
胡麻鶴醇之・西島一郎校注「太神宮諸雑事記」『神道大系 神宮編一』神道大系編纂会

古代史文献（著者五十音順）

荒木敏夫『日本古代の皇太子』吉川弘文館
荒木敏夫『日本歴史 私の最新講義05　日本古代の王権』敬文舎

池内宏『通溝』日満文化協会
池田知久『訳注「淮南子」』講談社学術文庫
石井公成『聖徳太子――実像と伝説の間』春秋社
石母田正『日本の古代国家』岩波文庫
市大樹『飛鳥の木簡――古代史の新たな解明』中公新書
井上主税ほか「脇本遺跡（第15次）（第17次・18次）の調査成果について」奈良県立橿原考古学研究所
上田正昭『「古代学」とは何か――展望と課題』藤原書店
上田正昭『古代日本の女帝』講談社学術文庫
上田正昭「古代日本の士大夫」『「大和魂」の再発見――日本と東アジアの共生』藤原書店
上田正昭『古代の日本と東アジアの新研究』藤原書店
上田正昭『私の日本古代史（上）（下）』新潮選書
上原和『斑鳩の白い道のうえに――聖徳太子論』講談社学術文庫
上原和「統一新羅と白鳳文化」『仏法東流――飛鳥・白鳳への道』学生社
遠藤慶太『六国史――日本書紀に始まる古代の「正史」』中公新書
大津透『律令制とはなにか』日本史リブレット、山川出版社
大橋一章『飛鳥の文明開化』歴史文化ライブラリー、吉川弘文館
大橋一章「飛鳥寺建立の意義　古代文化史のなかの飛鳥寺」『古代東アジアの仏教と王権――王興寺から飛鳥寺へ』鈴木靖民編、勉誠出版
大平聡『聖徳太子――倭国の「大国」化をになった皇子』日本史リブレット、山川出版社
大山誠一『天孫降臨の夢――藤原不比等のプロジェクト』ＮＨＫ ＢＯＯＫＳ
大和岩雄『天武天皇出生の謎』ロッコウブックス、六興出版
大和岩雄『日本書紀成立考――天武・天智異父兄弟考』大和書房
大脇潔「聖徳太子関係の遺跡と遺物」『聖徳太子事典』石田尚豊他編集、柏書房

小川靖彦『万葉集――隠された歴史のメッセージ』角川選書
小澤毅「飛鳥の朝廷」「飛鳥の寺院」『史跡で読む日本の歴史3 古代国家の形成』森公章編、吉川弘文館
小澤毅「飛鳥の都と古墳の終末」『岩波講座 日本歴史第2巻 古代2』※
小澤毅『日本古代宮都構造の研究』青木書店
折口信夫「女帝考」安藤礼二編『折口信夫天皇論集』講談社文芸文庫
加藤謙吉「四天王寺と難波吉士」『日本書紀の謎と聖徳太子』大山誠一編、平凡社
加藤謙吉「蘇我氏と飛鳥寺」『古代を考える 古代寺院』狩野 久編、吉川弘文館
岸俊男「朝堂政治のはじまり」岸俊男編『日本の古代7 まつりごとの展開』中公文庫
岸俊男『日本古代宮都の研究』岩波書店
岸俊男編『日本の古代9 都城の生態』中公文庫
北山茂夫「持統天皇論」『日本古代政治史の研究』岩波書店
木下正史編『飛鳥史跡事典』吉川弘文館
木下正史『藤原京――よみがえる日本最初の都城』中公新書
木下正史・佐藤信編『古代の都I 飛鳥から藤原京へ』吉川弘文館
宮内庁書陵部『書陵部紀要第三九号』
熊谷公男「即位宣命の論理と「不改常典」法」『東北学院大学論集 歴史と文化 第45号』東北学院大学学術研究会
編、東北学院大学
熊谷公男『日本の歴史03 大王から天皇へ』講談社学術文庫
倉本一宏『蘇我氏――古代豪族の興亡』中公新書※
倉本一宏『持統女帝と皇位継承』吉川弘文館
倉本一宏『戦争の日本史2 壬申の乱』吉川弘文館
神野志隆光『古事記と日本書紀――「天皇神話」の歴史』講談社現代新書※
神野志隆光「人麻呂作歌の世界」『セミナー万葉の歌人と作品 第三巻』神野志隆光・坂本信孝企画編集、和泉書院

古代史シンポジウム「発見・検証 日本の古代」編集委員会『発見・検証 日本の古代Ⅰ 纒向発見と邪馬台国の全貌――卑弥呼と三角縁神獣鏡』KADOKAWA
西郷信綱『古代人と死――大地・葬り・魂・王権』平凡社ライブラリー
早乙女雅博『世界の考古学⑩ 朝鮮半島の考古学』同成社
佐川英治『中国古代都城の設計と思想――円丘祭祀の歴史的展開』勉誠出版
佐川正敏「王興寺と飛鳥寺の伽藍配置・木塔心礎設置・舎利奉安形式の系譜」『古代東アジアの仏教と王権――王興寺から飛鳥寺へ』鈴木靖民編、勉誠出版
篠川賢『飛鳥の朝廷と王統譜』歴史文化ライブラリー、吉川弘文館
篠川賢『日本古代の歴史2 飛鳥と古代国家』吉川弘文館
柴田博子「藤堂かほる『律令国家の国忌と廃務――八世紀の先帝意識と天智の位置づけ』、藤堂かほる『天智陵の営造と律令国家の先帝意識――山科陵の位置と文武三年の修陵をめぐって』にたいする書評」『法制史研究』四九号、法制史学会
白石太一郎『古墳とヤマト政権――古代国家はいかに形成されたか』文春新書
白石太一郎「古墳の終末」『古代を考える 古墳』白石太一郎編、吉川弘文館
白川静「初期万葉論」『白川静著作集11 万葉集』平凡社
末木文美士『日本宗教史』岩波新書
鈴木景二「律令国家と神祇・仏教」『岩波講座 日本歴史第3巻 古代3』
鈴木靖民「王興寺から飛鳥寺へ」『古代東アジアの仏教と王権 王興寺から飛鳥寺へ』鈴木靖民編、勉誠出版
鈴木靖民「日本古代国家への道」『発見・検証 日本の古代Ⅲ 前方後円墳の出現と日本国家の起源』KADOKAWA
妹尾達彦『長安の都市計画』講談社選書メチエ
積山洋『シリーズ「遺跡を学ぶ」095 東アジアに開かれた古代王宮 難波宮』新泉社
千田稔『飛鳥――水の王朝』中公新書

辰巳和弘『聖樹と古代大和の王宮』中央公論新社
田中卓「伊勢神宮の創祀と発展」『田中卓著作集四』国書刊行会
田中卓「式年遷宮の起源」『神宮の式年遷宮』皇學館大学編、皇學館大学出版部
田村圓澄『伊勢神宮の成立』吉川弘文館
筑紫申真『アマテラスの誕生』講談社学術文庫
都出比呂志『古代国家はいつ成立したか』岩波新書
坪井清足『古代日本を発掘する2 飛鳥の寺と国分寺』岩波書店
鶴間和幸『中国の歴史03 ファーストエンペラーの遺産――秦漢帝国』講談社
鶴見泰寿『シリーズ「遺跡を学ぶ」102 古代国家形成の舞台 飛鳥宮』新泉社
藤堂明保・竹田晃・影山輝國全訳注『倭国伝――中国正史に描かれた日本』講談社学術文庫
藤堂かほる「天智陵の営造と律令国家の先帝意識――山科陵の位置と文武三年の修陵をめぐって」『日本歴史』602号、日本歴史学会編、吉川弘文館
藤堂かほる「律令国家の国忌と廃務――八世紀の先帝意識と天智の位置づけ」『日本史研究』430号、日本史研究会
東野治之『遣唐使』岩波新書
遠山美都男『天智天皇――律令国家建設者の虚実』PHP新書
遠山美都男『天智と持統』講談社現代新書
遠山美都男『日本古代史の読み方 456―785』中経出版
遠山美都男『敗者の日本史1 大化改新と蘇我氏』吉川弘文館
豊島直博・木下正史編『ここまでわかった飛鳥・藤原京――倭国から日本へ』吉川弘文館
直木孝次郎『持統天皇』人物叢書、吉川弘文館
中西進『天智伝』中公文庫
中野美代子『龍の住むランドスケープ――中国人の空間デザイン』福武書店

中村修也『天智朝と東アジア──唐の支配から律令国家へ』NHK BOOKS
奈良文化財研究所ほか編『飛鳥・藤原京展』朝日新聞社
奈良文化財研究所「法隆寺若草伽藍跡発掘調査報告」『奈良文化財研究所学報 第76冊』
奈良文化財研究所編『大和吉備池廃寺──百済大寺跡』吉川弘文館
奈良文化財研究所編『奈良の寺──世界遺産を歩く』岩波新書
西岡常一・宮上茂隆著、穂積和夫イラスト『日本人はどのように建造物をつくってきたか 法隆寺──世界最古の木造建築』草思社
西宮秀紀『日本古代の歴史3 奈良の都と天平文化』吉川弘文館
仁藤敦史『女帝の世紀──皇位継承と政争』角川選書
仁藤敦史『都はなぜ移るのか──遷都の古代史』吉川弘文館※
日本建築学会編『日本建築史図集』彰国社
早川庄八『天皇と古代国家』講談社学術文庫
林部均『飛鳥の宮と藤原京──よみがえる古代王宮』歴史文化ライブラリー、吉川弘文館※
廣瀬憲雄『古代日本外交史──東部ユーラシアの視点から読み直す』講談社選書メチエ
福永光司『「馬」の文化と「船」の文化──古代日本と中国』人文書院
福永光司『道教と古代日本』人文書院
福永光司ほか『日本古代史・新考 道教と古代の天皇制』徳間書店
福山敏男『伊勢神宮の建築と歴史』日本資料刊行会
パウル・フランクル、香山壽夫監訳・武澤秀一・越後島研一・渡辺真弓訳『建築史の基礎概念──ルネサンスから新古典主義まで』SD選書、鹿島出版会
古市晃『日本古代王権の支配論理』塙書房
文化庁・東京国立博物館・奈良文化財研究所ほか編『特別展 キトラ古墳壁画』朝日新聞社
前園実知雄『奈良・大和の古代遺跡を掘る』学生社

松木武彦『古墳とはなにか――認知考古学からみる古代』角川選書
松木武彦『全集 日本の歴史 第1巻 列島創世記』小学館
松本直樹『神話で読みとく古代日本――古事記・日本書紀・風土記』ちくま新書※
溝口睦子『アマテラスの誕生――古代王権の源流を探る』岩波新書
森郁夫『日本古代寺院造営の諸問題』雄山閣
森公章『天智天皇』人物叢書、吉川弘文館
森下章司『古墳の古代史――東アジアのなかの日本』ちくま新書
矢澤高太郎『天皇陵』中公選書
矢澤高太郎『天皇陵の謎』文春新書
保田與重郎『わが萬葉集』文春学藝ライブラリー
山本崇「難波と飛鳥を結ぶ「大道」」奈良文化財研究所編・早川和子絵『飛鳥むかしむかし 飛鳥誕生編』朝日新聞出版
義江明子『古代王権論――神話・歴史感覚・ジェンダー』岩波書店
義江明子『天武天皇と持統天皇――律令国家を確立した二人の君主』日本史リブレット人、山川出版社
吉川真司『シリーズ日本古代史③ 飛鳥の都』岩波新書※
吉川真司「難波長柄豊碕宮の歴史的位置」『展望 日本歴史5 飛鳥の朝廷』吉村武彦・小笠原好彦編、東京堂出版
吉田一彦『シリーズ〈本と日本史〉①『日本書紀』の呪縛』集英社新書
吉田孝『大系 日本の歴史③ 古代国家の歩み』小学館ライブラリー
吉田孝『日本の誕生』岩波新書
吉田孝『歴史のなかの天皇』岩波新書
吉野裕子『増補 日本古代呪術――陰陽五行と日本原始信仰』大和書房
吉野裕子『蛇――日本の蛇信仰』講談社学術文庫
吉村武彦『古代天皇の誕生』角川選書

吉村武彦『聖徳太子』岩波新書
吉村武彦『シリーズ日本古代史② ヤマト王権』岩波新書
吉村武彦『蘇我氏の古代』岩波新書
吉村武彦・松木武彦「対談 ヤマトの大王と諸国の英雄たち」『HUMAN』vol.04 平凡社
米田雄介編『歴代天皇年号事典』吉川弘文館
和田萃『飛鳥』岩波新書
和田萃『古代天皇への旅――雄略から推古まで』吉川弘文館
『週刊日本遺産　伊勢神宮』朝日新聞社

著者関連文献

武澤秀一『法隆寺の謎を解く』ちくま新書
同『伊勢神宮の謎を解く――アマテラスと天皇の「発明」』ちくま新書
同『伊勢神宮と天皇の謎』文春新書
同『神社霊場　ルーツをめぐる』光文社新書Ｋｉｎｄｌｅ版
同『空海　塔のコスモロジー』春秋社

あとがき

これまでわたしが書いてきた本の多くは、法隆寺や伊勢神宮など、建築についての、いわば各論でした。一転して今回、仏教公伝から天皇制国家確立にいたるまで、この国のありかたを決定づけた古代の一世紀半を、建築から通史的に書くという型破りの試みに挑戦しました。

建築、そしてその造営にかかわる人びとの営みをとおして古代通史を描き出す、逆にいえば、従来におけるような古代史の舞台としての建築にとどまらず、古代史を牽引してきた建築の政治力に着目した日本古代史です。あまり前例のない試みといっていいかもしれません。

もっともこれまでの拙著と同様に「建築初めて」「古代史初めて」という方々も十分無理なく、興味をもって読み進めていただけるよう、建築用語や歴史用語はそのつど、解説に努めました。時に、話の緩急に変化をもたせ、またある時は、往時の人びとの心の襞にまで入り込むこともありました。それは臨場感のうちに古代に参入していただきたいという一心からです。

本書には世間で常識とされている認識とは異なる仮説、新説が数多くあります。教科書で慣れ親しんだ定説、通説とのギャップに驚かれたかもしれません。なにも奇をてらったわけではありません。建築から見てゆけば、自ずとこうなるという、ごく自然なながれであることを納得していただけたでしょうか。

なぜ五年あまりもかけてこの本を書いたのか、あらためて自分に問いかけてみました。気がつけば現行憲法が施行された年に、わたしは生まれていました。戦後憲法にどっぷりつかって育ち、今まで生きてきたといって過言ではありません。

戦後民主主義教育のなかで育ったという紛れもない事実。その恩恵は多々挙げられるいっぽうで、自分が生まれ育った国の、そもそもの成り立ちとはどういうものであったのか？ それが問われることはあまりなかったように思います。いわゆる理系出身であるわたしは、独力で模索するよりほかありません。

我が国の歴史的な成り立ちを探るうえで、天皇の存在を外すことはできません。「万世一系」とされる天皇の制度が今も存続し、我々は未来への道を模索しています。天皇という存在が確立したプロセスをあきらかにすることは、この道を見究めるためにも避けて通れないのです。

もっとも天皇は、どこまでさかのぼるのか。世間一般では漠然と、悠久の昔からとなっているのでしょう。なかには二千年以上前、初代・神武天皇からとはっきり言う人もいる。リベラルをもって任じる人でさえ、現在の天皇を第百二十五代と呼びますから、初代神武を歴史的事実と思っている人は多いのかもしれません。

そこに安住するのは心地よいでしょう。けれども、曖昧な点のある状態から決定的な転換をもたらした、ある画期があったのではないか。

本書はそれを探る旅であったように思われます。

戦後七十年をこえた現在、歩むべき道を見出すのが難しい状況がつづいています。本書をきっかけに、この国の輪郭、その成り立ちを大きく俯瞰し、あらためてこの国のありようを見なおしていただければ、と願っています。

＊＊＊

執筆には長い滞りの時期が生じ、筑摩書房の増田健史氏には大変ご心配をお掛けしました。本書のタイトルになった「建築から見た日本古代史」というテーマを、終始一貫して強調されたのは氏にほかなりません。その熱意によって、胎動を繰りかえしたすえに、ようやく誕生するのが本書です。

編集の前半段階を担当された江川守彦氏からの強力なサポートにささえられて、スタートダッシュをきることができました。刊行にむかうラストスパート段階では、伊藤笑子氏の透徹した読みから発せられる的確な指摘により、ゴールがくっきりと見えてきました。さらには松田健ちくま新書編集長からは、大所から力づよく舵取りをしていただきました。そして脱稿の一年前になりますが、評論家・稲垣真澄氏、建築家・栗生明氏は多用のなか、原稿に目を通し、勇気づけてくださいました。

多くのお力添えにより、本書は生まれます。お世話になりました全ての方々に感謝申し上げます。——どうもありがとうございました。

平成二十九年　紅梅と白梅に降る余寒の光に

武澤秀一

ちくま新書
1247

建築《けんちく》から見《み》た日本《にほん》古代史《こだいし》

二〇一七年四月一〇日　第一刷発行

著　　者　武澤秀一（たけざわ・しゅういち）

発 行 者　山野浩一

発 行 所　株式会社 筑摩書房
東京都台東区蔵前二-五-三　郵便番号一一一-八七五五
振替〇〇一六〇-八-四一二三

装 幀 者　間村俊一

印刷・製本　三松堂印刷 株式会社

乱丁・落丁本の場合は、左記宛にご送付ください。
送料小社負担でお取り替えいたします。
ご注文・お問い合わせも左記へお願いいたします。
〒三三一-八五〇七　さいたま市北区櫛引町二-六〇四
筑摩書房サービスセンター　電話〇四八-六五一-〇〇五三

ISBN978-4-480-06956-6 C0221

ちくま新書

ちくま新書

1198
天文学者たちの江戸時代
——暦・宇宙観の大転換
嘉数次人
日本独自の暦を初めて作った渋川春海を嚆矢とする「江戸の天文学者」たち。先行する海外の知と格闘し、暦・宇宙の研究に情熱を燃やした彼らの思索をたどる。

957
宮中からみる日本近代史
茶谷誠一
戦前の「宮中」は国家の運営について大きな力を持っていた。各国家機関の思惑から織りなされる政策決定を見直し、大日本帝国のシステムと軌跡を明快に示す。

1184
昭和史
古川隆久
日本はなぜ戦争に突き進んだのか。私たちは、何を失い、何を手にしたのか。開戦から敗戦、復興、そして高度成長へと至る激動の64年間を、第一人者が一望する決定版！

1136
昭和史講義
——最新研究で見る戦争への道
筒井清忠編
なぜ昭和の日本は戦争へと向かったのか。複雑きわまる戦前期を正確に理解すべく、俗説を排して信頼できる史料に依拠。第一線の歴史家たちによる最新の研究成果。

1194
昭和史講義2
——専門研究者が見る戦争への道
筒井清忠編
なぜ戦前の日本は破綻への道を歩んだのか。その原因をより深く究明すべく、二十名の研究者が最新研究の成果を結集する。好評を博した昭和史講義シリーズ第二弾。

1132
大東亜戦争　敗北の本質
杉之尾宜生
なぜ日本は戦争に敗れたのか。情報・対情報・兵站の軽視、戦略や科学的思考の欠如、組織の制度疲労——多くの敗因を検討し、その奥に潜む失敗の本質を暴き出す。

1196
戦後史の決定的瞬間
——写真家が見た激動の時代
藤原聡
時代が動く瞬間をとらえた一枚。その写真は希少な記録となり、背景を語った言葉は歴史の証言となった。日本を代表する写真家14人の１３１作品で振り返る戦後史。

ちくま新書

1037
現代のピアニスト30
——アリアと変奏
青澤隆明
グールド、ポリーニなど大御所から期待の若手まで、気鋭の若手音楽評論家が現代演奏史の中でとらえ直す。間違いなく新定番となるべきピアノ・ガイド。

1147
ヨーロッパ覇権史
玉木俊明
オランダ、ポルトガル、イギリスなど近代ヨーロッパ諸国の台頭は、世界を一変させた。本書は、軍事革命、大西洋貿易、アジア進出など、その拡大の歴史を追う。

1206
銀の世界史
祝田秀全
世界中を駆け巡った銀は、近代工業社会を生み世界経済の一体化を導いた。銀を読みといて、コロンブスから産業革命、日清戦争まで、世界史をわしづかみにする。

1105
やりなおし高校国語
——教科書で論理力・読解力を鍛える
出口汪
教科書の名作は、大人こそ読むべきだ！　夏目漱石、森鷗外、丸山眞男、小林秀雄などの名文をカリスマ現代文講師が読み解き、社会人必須のスキルを授ける。

1154
「聴能力！」
——場を読む力を、身につける。
伊東乾
「よく聴く」ことで、相手やその場を理解し、プレゼンや面接で魅力的な話し方ができ、コミュニケーション上手になる。誰もが持つ「聴能力」を効果的に使おう。

1158
美術館の舞台裏
——魅せる展覧会を作るには
高橋明也
商業化とグローバル化の波が押し寄せる今、美術館では想像以上のドラマが起きている。展覧会開催から美術品を巡る事件、学芸員の仕事……新しい美術の殿堂の姿！

1007
歌舞伎のぐるりノート
中野翠
素敵にグロテスク。しつこく、あくどく、面白い。歌舞伎は〝劇的なるもの〟が凝縮された世界。その「劇的なるもの」を求めて、歌舞伎とその周辺をめぐるコラム集。

1157
身近な鳥の生活図鑑
三上修
愛らしいスズメ、情熱的な求愛をするハト、人間をも利用する賢いカラス……。町で見かける鳥たちの生活には、発見がたくさん。カラー口絵など図版を多数収録！

1137
たたかう植物
――仁義なき生存戦略
稲垣栄洋
じっと動かない植物の世界。しかしそこにあるのは穏やかな癒しなどではない！　昆虫と病原菌と人間の仁義なきバトルに大接近！　多様な生存戦略に迫る。

1243
日本人なら知っておきたい 四季の植物
湯浅浩史
日本には四季がある。それを彩る植物がある。日本人と花とのつき合いは深くて長い。伝統のなかで培われた日本人の豊かな感受性をみつめなおす。カラー写真満載。

068
自然保護を問いなおす
――環境倫理とネットワーク
鬼頭秀一
「自然との共生」とは何か。欧米の環境思想の系譜をたどりつつ、世界遺産に指定された白神山地のブナ原生林を例に自然保護を鋭く問いなおす新しい環境問題入門。

1095
日本の樹木〈カラー新書〉
舘野正樹
暮らしの傍らでしずかに佇み、文化を支えてきた日本の樹木。生物学から生態学までをふまえ、ヒノキ、ブナ、ケヤキなど代表的な26種について楽しく学ぶ。

584
日本の花〈カラー新書〉
柳宗民
日本の花はいささか地味ではあるけれど、しみじみとした美しさを漂わせている。健気で可憐な花々は、知れば知るほど面白い。育成のコツも指南する味わい深い観賞記。

952
花の歳時記〈カラー新書〉
長谷川櫂
花を詠んだ俳句には古今に名句が数多い。その中から選りすぐりの約三百句に美しいカラー写真と流麗な鑑賞文を付し、作句のポイントを解説。散策にも必携の一冊。

ちくま新書

895 伊勢神宮の謎を解く
——アマテラスと天皇の「発明」
武澤秀一
伊勢神宮をめぐる最大の謎は、誕生にいたる壮大なプロセスにある。そこにはなぜ二つの御神体が共存するのか？神社の起源にまで立ち返りあざやかに解き明かす。

601 法隆寺の謎を解く
武澤秀一
世界最古の木造建築物として有名な法隆寺は、創建・再建の動機を始め多くの謎に包まれている。その構造から古代史を読みとく、空間の出来事による「日本」発見。

876 古事記を読みなおす
三浦佑之
日本書紀には存在しない出雲神話がなぜ古事記では語られるのか？　序文のいう編纂の経緯は真実か？　この歴史書の謎を解きあかし、神話や伝承の古層を掘りおこす。

859 倭人伝を読みなおす
森浩一
開けた都市、文字の使用、大陸の情勢に機敏に反応する外交。——古代史の一級資料「倭人伝」を正確に読みとき、当時の活気あふれる倭の姿を浮き彫りにする。

1192 神話で読みとく古代日本
——古事記・日本書紀・風土記
松本直樹
古事記、日本書紀、風土記という〈神話〉を丁寧に読みとくと、古代日本の国家の実像が見えてくる。精神史上の「日本」誕生を解明する、知的興奮に満ちた一冊。

713 縄文の思考
小林達雄
土器や土偶のデザイン、環状列石などの記念物は、縄文人の豊かな精神世界を語って余りある。著者自身の半世紀近い実証研究にもとづく、縄文考古学の到達点。

1207 古墳の古代史
——東アジアのなかの日本
森下章司
社会変化の「渦」の中から支配者が出現した、古墳時代の中国・朝鮮・倭。一体何が起こったのか。日本と他地域の共通点と、明白な違いとは。最新考古学から考える。